Olav Mueller-Reichau

Russische Grammatik und Lexikologie

Olav Mueller-Reichau

Russische Grammatik und Lexikologie

Die Corona-Seminare

Frank & Timme
Verlag für wissenschaftliche Literatur

Umschlagabbildung unter Verwendung der Abbildung:
Устный счёт. В народной школе С. А. Рачинского.
Autor: Nikolaj Bogdanov-Bel'skij.
Entstehungsjahr: 1895.
Link: https://ru.wikipedia.org/wiki/%D0%A3%D1%81%D1%82%D0%BD%D1%8B%D0%B9_%D1%81%D1%87%D1%91%D1%82#/media/%D0%A4%D0%B0%D0%B9%D0%BB:BogdanovBelsky_UstnySchet.jpg

ISBN 978-3-7329-0837-0
ISBN E-Book 978-3-7329-9123-5

Herstellung durch Frank & Timme GmbH,
Wittelsbacherstraße 27a, 10707 Berlin.
Printed in Germany.
Gedruckt auf säurefreiem, alterungsbeständigem Papier.

www.frank-timme.de

Vorwort

Die Idee, dieses Lehrbuch zu schreiben, entstand im Frühjahr 2020. Eine Epidemie war ausgebrochen, und das Sommersemester musste auch an der Universität Leipzig digital durchgeführt werden. Als Lehrkräfte waren wir angehalten, asynchronen Unterricht anzubieten, um den Studierenden ein Maximum an Flexibilität bei der Anpassung an ihren neuen Studienalltag zu ermöglichen.

In dieser Situation entschloss ich mich, die Unterrichtsfolien von zwei Lehrveranstaltungen zu verschriften, anstatt sie, wie es sonst üblich war, zu vertonen. Das lag nahe, weil ich die Seminare "Russische Grammatik" und "Russische Lexikologie/Semantik" schon seit einigen Jahren regelmäßig unterrichtet hatte und mir deswegen ausführlich betextete Slides vorlagen. Ich musste sie also nur noch "runterschreiben" und ausformulieren.

Der Unterricht wurde dann im Sinne des *flipped classroom* organisiert. Alle 14 Tage lud ich über Moodle ein neues Kapitel hoch, welches die Studierenden zunächst selbständig durcharbeiteten, damit wir es dann in den wöchentlichen BBB-Sitzungen gemeinsam besprechen konnten.

Das Konzept funktionierte den Umständen entsprechend sehr gut. Und da dieses verdammte Virus auch im Sommersemester 2021 den Präsenzunterricht unmöglich machte, erfuhr die Sache einen zweiten Durchgang. Das ermöglichte es mir, Kapitel für Kapitel nochmals gründlich zu überarbeiten und dabei um mehr und mehr aktuelle Beispiele aus dem Corona-Wortschatz zu ergänzen. Entstanden sind so die "Corona-Seminare" als Lehrbuch.

Die Lehrveranstaltungen "Russische Grammatik" und "Russische Lexikologie/Semantik" gehören zu einem Modul, das Leipziger Studierende im Bachelor Ostslawistik und im Lehramt Russisch normalerweise im zweiten Fachsemester besuchen. Hinzu kommt als dritte Lehrveranstaltung noch die "Russische Phonetik", die mein Kollege Kersten Krüger unterrichtet. Daraus erklärt sich, warum dieses Buch phonetischen Lehrinhalte ausklammert oder höchstens am Rande behandelt.

Ich verstehe die "Corona-Seminare" als eine Ergänzung in zweierlei Hinsicht. Zum einen als Ergänzung zu existierenden deutschsprachigen Einführungen in die russische bzw. slavische Sprachwissenschaft. Konkret seien genannt: Lehfeldt (1993); Lehmann (2007); Bruns (2013); Bunčić, Pitsch & Sonnenhauser (in Vorb.). Aus diesen Quellen habe ich reichlich geschöpft! Mehr als eine Ergänzung kann das vorliegende Buch schon deshalb nicht sein, weil es im Gegensatz zu den genannten Publikationen lediglich ein Fragment des für eine echte Einführung zu berücksichtigenden Lehrstoffs abdeckt. Im Bereich der

Grammatik liegt ein deutlicher Schwerpunkt auf der Morphologie, und im Bereich der Lexikologie auf der Wortbildung. Leserinnen und Leser, die sich z.B. für bestimmte Wortfelder im russischen Lexikon oder für die russische Syntax besonders interessieren, dürften enttäuscht werden.

Zum anderen verstehe ich dieses Buch als Ergänzung zu unserem sprachpraktischen Ausbildungszweig am Institut für Slavistik in Leipzig. Mit "Russisch aktuell" (https://russisch.urz.uni-leipzig.de/) steht unseren Studierenden eine einzigartige multimediale Lehr- und Übungsgrammatik des Russischen zur Verfügung. Die monomedialen "Corona-Seminare" sind auch als eine Einladung an die Studierenden zu verstehen, ihr sprach*praktisches* Wissen zu reflektieren und in Beziehung zu sprach*wissenschaftlichen* Fragestellungen zu setzen.

Bedanken möchte ich mich bei allen Mitgliedern des Instituts für Slavistik in Leipzig. Für konkrete Unterstützung in dieser oder jener Weise namentlich bei Petr Biskup, Marcel Börner, Kersten Krüger und Iuliia Shcherbina. Bei allen meinen Studierenden für die vielen Fragen und das Feedback während des Unterrichts. Ausdrücklich bei Elena Sheiko, Shorena Khubutia, Jose Nacul und Anastasija Koretskykh für wertvolle Hinweise.

Nicht genug danken kann ich Hanna Bazanava, Yulia Sorokina und, last but not least, Maria Sulimova für das kritische Lektorat des Buches inkl. Kommentaren (und Korrekturen) des russischsprachigen Materials. Bei Maria bedanke ich mich zudem für die vielen Hinweise auf passende Corona-Neologismen und Internet-Memes. Ich musste mich dagegen entscheiden, euch an allen Stellen, wo ich Anregungen von euch verarbeitet habe, mit Fussnoten zu würdigen. Das hätte am Ende sonst wirklich zu komisch ausgesehen.

Ich hoffe, dass dieses Lehrbuch nicht nur Wissen vermittelt, sondern auch ein bisschen Spaß macht. Es sei allen gewidmet, denen der Spaß in den letzten Jahren teilweise oder sogar ganz abhanden gekommen ist.

Bleibt bitte alle gesund!

Leipzig im November 2021,

Olav Mueller-Reichau

Inhaltsverzeichnis

1 Grammatische und lexikalische Bedeutungen

1.1 Überblick

Als “ein Naturelement, das uns zum Äußern unserer Gedanken gegeben ist” bezeichnete Alexander Puschkin die russische Sprache.[1] Erde, Feuer, Wasser, Luft und Russisch. Der Vergleich hinkt selbstverständlich, denn die Elemente existieren unabhängig vom Menschen, Sprache nicht. Und dennoch ist etwas dran an dem, was der Dichter sagt. Sprache ist (auch) ein Naturphänomen. Sprache ist eine Naturerscheinung insofern, als auch wir Naturerscheinungen sind. Sprache ist ein Produkt der menschlichen Evolution.

Bleiben wir noch kurz bei diesem Gedanken. Die Entwicklung von Impfstoffen ist eine zivilisatorische Errungenschaft des Menschen. Dasselbe gilt für die Beherrschung des Feuers, den Bau von Satelliten oder die Erfindung des Internets. Mit der menschlichen Sprache verhält es sich nun aber anders. Sie ist keine Zivilisationsleistung, sondern als Evolutionsprodukt untrennbar mit der biologischen Entwicklung des Homo Sapiens verbunden. Menschliche Gesellschaften sind zwar prinzipiell ohne Impfstoffe oder Satelliten denkbar, ebenso ohne Geld, Schrift oder Computer, nicht jedoch ohne Sprache.

Es würde aber zu kurz greifen, Sprache auf ein Naturphänomen zu reduzieren. Jede Sprache, so auch das Russische, ist eine zur Routine gewordene Art und Weise, wie Menschen miteinander kommunikativ kooperieren. Diese Routinen entwickeln sich in Anpassung an die gesellschaftliche Lebenswirklichkeit der Sprecherinnen und Sprecher, bauen dabei aber auf angeborenen, also genetisch bedingten Prinzipien auf, die in der neuronalen Struktur des menschlichen Gehirns ihr biologisches Korrelat haben. Erstens ist Sprache also ein soziales Verhältnis und zweitens ist der Mensch zur Sprache genetisch disponiert – insofern hat menschliche Sprache gleichzeitig eine kulturelle und eine natürliche Seite.

Weil Sprache eine (besondere) Form der Kommunikation ist, gibt es keine sprachliche Äußerung, hinter der nicht ein sprechender (oder schreibender) Mensch stehen würde. Deswegen bleiben sprachliche Botschaften, die sich

[1] “... стихия, данная нам для сообщения наших мыслей” – dieses Zitat stammt aus dem Text *O predislovii g-na Lemonte k perevodu basen I. A. Krylova* (Moskovskij telegraf, 1825).

“wie von Geisterhand” von alleine schreiben, ein schauriger Mythos, wie zum Beispiel in der biblischen Geschichte von König Belsazar (Abb. 1.1).

Abb. 1.1: Das Gastmahl des Belsazar

Wenn wir uns mit dem Phänomen Sprache auseinandersetzen wollen, müssen wir uns also dem sprechenden Menschen zuwenden, seinem sprachlichen Verhalten im Dialog mit seinen Mitmenschen. Wie ein Mensch spricht, wird, wie gesagt, von zwei großen Faktoren bestimmt. Zum einen von artspezifischen genetischen Voraussetzungen und zum anderen von der für ihn spezifischen Lebenswelt, in der er seine Sprache(n) entwickelt hat und im Prinzip ständig weiter entwickelt.[2]

> Sprachliche Botschaften, die sich von alleine schreiben, kann es nicht geben. Widerspricht ein von einem Computerprogramm im Rahmen der künstlichen Intelligenzforschung erzeugter Text dieser Aussage?

Als Linguistinnen und Linguisten interessieren wir uns für den sprechenden Menschen. Wir untersuchen das *Wissen*, das Menschen im Laufe ihres Lebens erworben haben und das ihren Sprachgebrauch anleitet. Im Gebrauch (und nur

[2] Ob sich die Sprache eines Menschen auf Grundlage teilweise sprachspezifischer oder ausschließlich allgemein-kognitiver Veranlagungen entwickelt, ist eine viel diskutierte Streitfrage. Wer sich dafür interessiert, der lese z.B. Hauser, Chomsky & Fitch (2002) und Jackendoff (2011).

dort) manifestiert sich dieses sprachliche Wissen. Oder anders gesagt: Sprachliches Wissen nimmt als konkrete Äußerung in einer konkreten Kommunikationssituation Form an. Diese Form kann dadurch festgehalten werden, dass man ansonsten flüchtige sprachliche Äußerungen aufzeichnet. Die Aufzeichnung von Sprache erfolgt nicht zuletzt durch Schrift.

Wenn wir Sprachgebrauch beobachten, stellen wir fest, dass viele Menschen sehr ähnliche sprachliche Strukturen produzieren – so ähnlich, dass man vom jeweiligen Idiolekt abstrahierend von einer ihnen gemeinsamen Sprache spricht. In diesem Seminar geht es um die russische Sprache. Man schätzt, dass das Russische eine von etwa 7000 Sprachen ist, die aktuell auf diesem Planeten gesprochenen werden (Anderson 2010). Sie alle sind Erscheinungsformen einer außergewöhnlichen Fähigkeit, die sich evolutionär nur bei der Spezies Mensch entwickelt hat und die den Menschen in die Lage versetzt, in besonders effizienter Weise zu kommunizieren (Kibrik 1992, Tomasello 2009).

Dass Sprache der Kommunikation dient, klingt selbstverständlich, aber es lohnt sich, kurz zu reflektieren, was "Kommunikation" bedeutet. Dadurch, dass ich eine Sprache spreche, bin ich in die Lage versetzt, meine persönlichen Gedanken über die Welt, in der ich lebe, anderen mitzuteilen.[3] Ich kann Subjektives intersubjektiv verfügbar machen. Das ist schon eine tolle Fähigkeit, und man möchte gerne wissen, wie das funktioniert. Die Linguistik ist diejenige Wissenschaftsdisziplin, die sich dieser Frage widmet.

Kommunikationsmodelle versuchen, wie der Name sagt, den zwischenmenschlichen Kommunikationsprozess zu modellieren. Ein frühes Kommunikationsmodell von Bedeutung ist das "Sender-Empfänger-Modell" von Shannon & Weaver (1949).

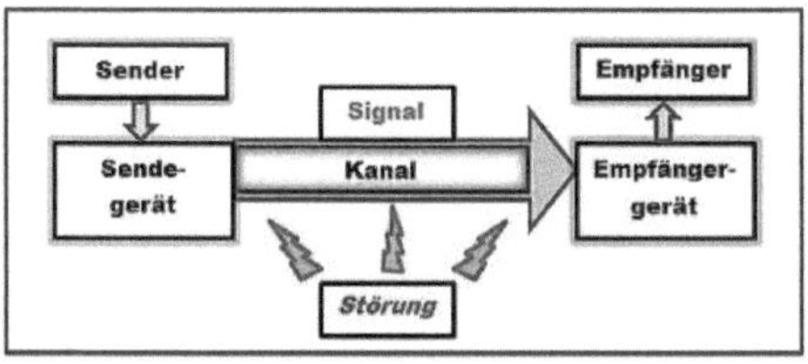

Abb. 1.2: Shannon-Weaver-Modell

Ebenfalls klassisch ist das Kommunikationsmodell von Karl Bühler (1999 [1934]). Dieses sogenannte Organonmodell kommt natürlichsprachlicher Kommunikation insofern nahe, als dass das sprachliche Signal nicht nur in binärer

[3] Vgl. das Puschkin-Zitat am Anfang des Kapitels.

Beziehung zu Sender und Empfänger steht, sondern darüber hinaus in einer Beziehung zur Welt ("Gegenstände und Sachverhalte"), über die gesprochen wird.

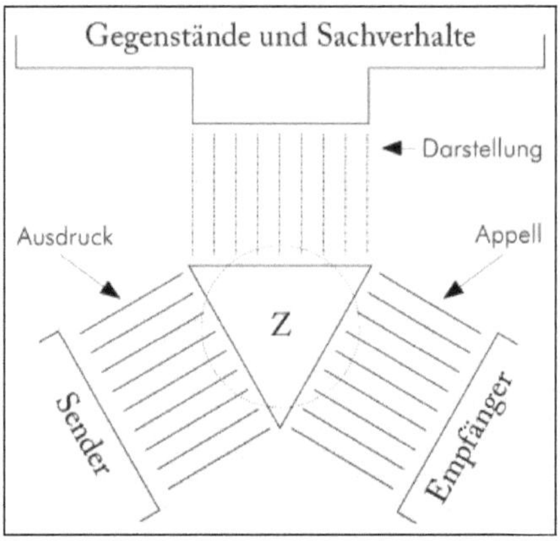

Abb. 1.3: Organon-Modell

"Organon" ist das griechische Wort für Werkzeug. Bühlers Modell inkorporiert den Gedanken, dass sich das Wissenssystem Sprache im Laufe der Evolution des Menschen als Instrument (Werkzeug) zur Kommunikation *über die Welt* entwickelt hat. Das sollten wir uns für alles, was jetzt folgt, merken. Um sich sinnvoll Gedanken über die Funktionsweise Sprache zu machen, muss man drei Ebenen sorgfältig auseinanderhalten. Erstens die Ebene der Kategorien des sprachlichen Ausdrucks (Laute, Silben, Morpheme, Wörter, Phrasen, Sätze, ...). Zweitens die Ebene der Kategorien sprachlicher Bedeutungen (was bedeutet ein Morphem, Wort, Satz, ...). Drittens die Ebene der Kategorien der Welt, über die gesprochen wird (Individuen, Substanzen, Ereignisse, Zustände, Eigenschaften, Handlungsabläufe, ...).

In diesem Kapitel führe ich das anhand eines Beispielsatzes vor. Ich konstruiere einen Kontext für den Satz (Ebene der Welt), arbeite heraus, welche Informationen in dem Satz stecken (Ebene der Bedeutung), und frage dann danach, welche Formen in dem Satz welche dieser Informationen kodieren (Ebene des Ausdrucks). Anschließend fokussiere ich auf die Bedeutungsebene und erläutere die fundamentale Unterscheidung zwischen grammatischen und lexikalischen Informationen. Im Verlauf des Kapitels lernen wir die linguistischen Grundbegriffe Wortlexem, Wortform, grammatischer (syntaktischer) Kontext und Paradigma kennen und definieren, was eine grammatische Kategorie ist.

1.2 Der goldene Fisch

Angenommen, Sie werden Zeuge der Szene in Abb. 1.4. Staunend äußern Sie den Satz (1).[4] Sie sind der "Sender" (bzw. die Senderin), soviel ist klar. Der Herr auf dem Bild ist der "Empfänger", das ist auch klar. Statt von Sender und Empfänger werde ich im Folgenden die Begriffe "Sprecher(in)" (=S) und Hörer(in) (=H) benutzen.

Abb. 1.4: Anglerglück

Machen wir uns Gedanken über die "Gegenstände und Sachverhalte", auf die sich Ihre Äußerung bezieht. Anders gesagt, wovon berichtet S mit diesem Satz?

(1) *Ты поймал золотую рыбку!*
'Du hast einen goldenen Fisch gefangen!'

Wovon also berichtet (1)? Die Aufgabe besteht darin, aus dem Satz all das Wissen herauszulesen, das sprachlich in dem Satz steckt. Nur diese sprachlich kodierten Informationen gilt es zusammenzutragen. Die Informationen, dass H eine blaue Mütze trägt und dass die Sonne scheint, gehören nicht zum sprachlichen, sondern zum außersprachlichen Wissen. Wir können sie nur dem Bild entnehmen, nicht dem Satz.

Nun, tragen wir zusammen: S berichtet von einem Sachverhalt. Ab jetzt will ich diesbezüglich von "Ereignissen" sprechen. S berichtet von einem einzelnen

[4] Dieses Beispiel und die dazugehörige Diskussion übernehme ich aus dem russischsprachigen Lehrbuch Plungjan (2011:17ff.), welches ich hiermit allen, die des Russischen bereits hinreichend mächtig sind, zur Lektüre empfehle.

Ereignis, genauer: einem Fangen-Ereignis. Das Ereignis fand in der Vergangenheit statt. An diesem Ereignis haben H und ein goldener Fisch teilgenommen. H hat dabei die Rolle des Fängers gespielt, der Fisch die Rolle der Beute. Der Fänger war erfolgreich. Aus (1) lässt sich ferner herauslesen, dass H männlich ist, dass zwischen S und H eine vertraute Beziehung besteht und dass H keine weiteren goldenen Fische gefangen hat.

Das in (1) kodierte sprachliche Wissen, zusammengefasst in einer Liste ("W" soll hier für Wissensinhalt stehen):

W01 → S berichtet von einem einzelnen Ereignis.

W02 → Es handelt sich um ein Fangen-Ereignis.

W03 → Das Ereignis fand in der Vergangenheit statt.

W04 → An dem Ereignis haben H und ein Fisch teilgenommen.

W05 → Der Fisch ist golden.

W06 → H war Fänger.

W07 → Der Fisch war Beute.

W08 → H war erfolgreich.

W09 → H ist männlich.

W10 → Zwischen S und H besteht eine vertraute Beziehung.

W11 → H hat keine weiteren goldenen Fische gefangen.

Nun stellen wir uns die folgende Frage. Welcher Wissensinhalt W01-W11 wird in (1) durch welche sprachliche Form (durch welches sprachliche Zeichen) ausgedrückt? Um diese Frage zu beantworten, muss man zunächst verstehen, dass sich sprachliches Wissen grundsätzlich aus zwei Wissensquellen speist, nämlich aus lexikalischem Wissen einerseits, und aus grammatischem Wissen andererseits. Anders gesagt: das Wissenssystem, das eine Sprache darstellt, besteht aus einem Lexikon und einer Grammatik. So besteht auch die Sprache Russisch aus dem Lexikon des Russischen und aus der Grammatik des Russischen. Diese beiden Teilsysteme interagieren natürlich miteinander, wie wir noch zur Genüge sehen werden.

Lexikalisches Wissen kann man sich wie ein Archiv vorstellen. Es handelt sich um die Informationen, die Sprecherinnen und Sprecher als permanentes Wissen über die Bedeutung sprachlicher Ausdrücke in ihrem Gedächtnis sozusagen abgespeichert haben. Das Lexikon ist nicht statisch, es unterliegt ständiger Veränderung. Man kann sich das leicht klarmachen. Wenn man etwa einen neuen Begriff lernt, z.B. *коронавирус*, so erweitert sich dadurch das eigene Lexikon um einen Lexikoneintrag. Und mit jeder neuen Information, die man über das Koronavirus lernt, wird diesem Lexikoneintrag eine neue Bedeutungskomponente hinzugefügt. Da es sich bei dem Wissensspeicher Lexikon um Wissen "in unserem Kopf" handelt, nennt man es auch mentales Lexikon – im Gegensatz etwa zu in Buchform gedruckten Lexika (Wörterbüchern), die ja ebenfalls Wissensspeicher sind.

Das mentale Lexikon ist komplett anders organisiert als ein Wörterbuch. So sind die Einträge in Wörterbüchern, lexikographischen Konventionen folgend, in der Regel alphabetisch sortiert. Also von A bis Z (bzw. von A bis Я). Bei der Organisation des mentalen Lexikons spielen Buchstaben, oder generell Schrift, eine wenn überhaupt untergeordnete Rolle. Das kann auch gar nicht anders sein, denn schließlich sprachen die Menschen schon sehr lange miteinander, ehe sie für besondere kommunikative Zwecke Schriftsysteme entwickelten. Als Beginn des slawischen Schrifttums wird gemeinhin das Jahr 862 identifiziert (Birnbaum & Schaeken 1999). Ferner sind die meisten der ca. 7000 auf der Erde gesprochenen Sprachen nicht verschriftet. Dennoch verfügen auch diese Sprecherinnen und Sprecher natürlich über ein mentales Lexikon.

Wie das mentale Lexikon organisiert ist, dieser Frage widmet sich, als Teilbereich der Linguistik, die Lexikologie. Obwohl intensiv beforscht, herrscht zu vielen grundsätzlichen Aspekten noch Uneinigkeit. Grammatisches Wissen kann man sich wie ein Regelsystem vorstellen, das mit dem Lexikon eng verknüpft ist. Sprecherinnen und Sprecher des Russischen wissen, nach welchen Regeln die Wissensinhalte, die ihr mentales Lexikon bereithält, kombiniert und geäußert werden müssen, damit sie zu zweckmäßigen (d.h. an das jeweilige situative Kommunikationsbedürfnis angepassten) Signalen werden.

Damit haben wir schon eine fundamentale Lektion über das Phänomen Sprache gelernt. Sprachliches Wissen besteht aus lexikalischem Wissen und grammatischem Wissen. Hinzu kommt als außersprachliches Wissen das Wissen über die Welt, in der gesprochen wird. Angepasst an dieses Weltwissen (manchmal auch Hintergrundwissen genannt), entfaltet sprachliches Wissen seine faszinierende Wirkung, wenn Menschen es zur Anwendung bringen, also: sprechen.[5]

[5] Da das geteilte Hintergrundwissen der Sprecherinnen und Sprecher eine unabdingbare Voraussetzung für sprachliches Handeln ist, wird diese Wissensressource innerhalb der Linguistik nicht unisono als "außersprachlich" bezeichnet, vgl. insbesondere die sog. kognitive Grammatik (Langacker 1987, 1991, 2008).

Das Zusammenspiel von lexikalischem und grammatischem Wissen kann man sich, in einer ersten Annäherung, vielleicht am besten als arbeitsteilig vorstellen. Obwohl das Lexikon ein enormer Wissensspeicher ist, ist es doch begrenzt. Allzu oft findet man sich in einer Situation wieder, in der einem die Bedeutungen, die das Lexikon bereithält, für die konkreten kommunikativen Zwecke nicht ausreichen. In diesem Fall, der den absoluten Normalfall darstellt, kommt nun die Rolle der Grammatik zum Tragen. Mit ihrer Hilfe nämlich können (lexikalisch) verfügbare Bedeutungen spontan an in der Kommunikationssituation benötigte Bedeutungen angepasst werden.

Für den Anfang begnügen wir uns mit einem primitiven Beispiel. Angenommen, S möchte nicht über den einen derzeit grassierenden Coronavirus SARS-CoV-2 sprechen, sondern über die ganze Gruppe von Coronaviren (von der eine Variante 1960 erstmals identifiziert wurde). Die russische Grammatik hält für dieses Kommunikationsbedürfnis die Operation der Pluralbildung bereit. Anstatt der Wortform *коронавирус* erscheint entsprechend dieser grammatischen Regel die Wortform *коронавирусы*. Wir haben es hier mit einer Suffigierungsstrategie zu tun.[6]

Da S davon ausgeht, dass H hinreichend kompetent in der russischen Sprache ist (sonst hätte S die Kommunikationsanstrengung gar nicht unternommen), äußert S das Wort *коронавирусы* in der berechtigten Hoffnung, dass H die angewendete grammatische Regel erkennt, das Pluralsuffix *-ы* identifiziert, und sich die intendierte Bedeutung erschliesst. So speist sich die intendierte Bedeutung aus zwei Quellen. Die lexikalische Einheit *коронавирус* liefert die lexikalische Bedeutung ‘Koronavirus’, und das grammatische Suffix *-ы* liefert die grammatische Bedeutung ‘davon mehr als eins’, also Plural.[7]

In Bezug auf Beispiel (1) lautete unsere Frage: Welche Wisseneinheit W01 bis W11 wird durch welche sprachliche Form zum Ausdruck gebracht? Durch die kurze Reflexion über das Lexikon und die Grammatik wissen wir bereits, dass manche Informationen ihre Quelle im lexikalischen Wissen haben wer-

[6] Grammatische Bedeutungen werden in slavischen Sprachen nicht immer, aber in den allermeisten Fällen durch Variation der Wortendung zum Ausdruck gebracht. Morpheme, die als Endungen zum Einsatz kommen heißen “Suffixe”. Dazu mehr in Kapitel 3.

[7] So einfach wie der Sachverhalt auch zu sein scheint, die von mir hier gewählte Illustration am Beispiel der Pluralbildung wirft bereits umstrittene theoretische Fragen auf. So ist z.B. mitnichten klar, dass die Nominativ Singular Form *коронавирус* tatsächlich die Formseite des mentalen Lexikoneintrags mit der Bedeutung ‘Koronavirus’ darstellt (“die lexikalische Bedeutung liefert”). Siehe unten. Auch habe ich Pluralbildung stillschweigend als “Operation” bezeichnet, was direkt auf kontroverse, im linguistischen Teilbereich der Morphologie angesiedelte wissenschaftliche Diskurse verweist.

den und andere im grammatischen Wissen. Diese Informationen müssen wir in unserem Satz suchen und zueinander in Beziehung setzen. Gehen wir sie also einmal durch (ich weiche von der Reihenfolge der obigen Liste ab).

Die Information W02, dass in (1) von einem Fangen-Ereignis berichtet wird, erschließt sich aus der lexikalischen Bedeutung des (finiten) Verbs des Satzes. Allerdings muss mitgedacht werden, dass diese Informationsgewinnung zur Voraussetzung hat, dass ich das finite Verb des Satzes überhaupt erkennen kann, was wiederum grammatisches Wissen ist. Zudem muss ich wissen, was ein Verb sprachlich leistet. Dem widmen wir uns noch gezielt.

Dass an dem Ereignis H und ein Fisch teilgenommen haben, W04, erschließt sich uns aus den lexikalischen Bedeutungen der nominalen Ausdrücke im Satz. Auch ein Pronomen wie *ты* ist ein nominaler Ausdruck. Auch dafür ist Voraussetzung, dass ich die Wortarten Pronomen und Nomen bestimmen kann und ihre sprachliche Funktion kenne, was jeweils grammatisches Wissen darstellt.

Die Information W05, dass der Fisch golden ist, erschließt sich aus der lexikalischen Bedeutung des Adjektivs im Zusammenspiel mit dem grammatischen Wissen, das mir sagt, wozu Adjektive dienen und dass sich das Adjektiv (hier) inhaltlich auf das ihm nachfolgende Nomen bezieht.

Um mir Information W06 zu erschliessen, dass H der Fänger war, brauche ich dann schon eine ganze Menge grammatisches Wissen. Ich muss einiges über den Lexikoneintrag des Verbs wissen, das in (1) in finiter Form erscheint. Ich muss wissen, dass dieses Verb transitiv ist. Das bedeutet, dass die Realisierung des Verbs als Wort in einem Satz die Realisierung von zwei anderen Wörtern unbedingt nach sich zieht. Genauer müsste es heißen, dass die Realisierung des Verbs als Satzkonstituente (auch: Satzglied) Prädikat die Realisierung von zwei anderen Konstitutenten unbedingt nach sich zieht, dem Subjekt und dem (direkten) Objekt. Konstituenten sind die "Bausteine", aus denen ein Satz zusammengebaut ist. Solche syntaktischen Bausteine können im einfachsten Fall Wörter sein, aber auch Wortgruppen, üblicherweise Phrasen genannt. Die zwei Konstituenten, die zusammen mit der in (1) realisierten Verbform (*поймал*) erscheinen, sind *ты* und *золотую рыбку*. Für die korrekte Interpretation muss ich darüber hinaus wissen, dass die zwei Komplemente des transitiven Verbs – als Komplemente von X bezeichnet man von einer Konstituente X als zu realisieren eingeforderte weitere Konstituenten – im Kasus Nominativ und Akkusativ stehen müssen.[8] Dann muss ich wissen, dass im Russischen bei einer

[8] Dass die Subjekt-Nominalphrase ein Komplement des Verbs wäre, würden viele bestreiten. Die Alternative wäre eine (verbunabhängige) syntaktische Regel anzunehmen, wonach jeder

bestimmten Klasse von Verben, nämlich bei Handlungsverben, der Nominativ den Handelnden identifiziert und der Akkusativ denjenigen oder dasjenige, auf das die Handlung gerichtet ist (was eine "Handlung" ist, ist zwar intuitiv klar, aber wie so vieles gar nicht so einfach zu definieren). Und natürlich muss ich erkennen, welche Nominalphrase im Nominativ und welche im Akkusativ steht. All dies ist interpretationsrelevantes grammatisches Wissen. Sprecherinnen und Sprecher des Russischen verfügen über dieses Wissen und erkennen – auch wenn ihnen das so normalerweise nicht bewusst ist –, dass *ты* eine Nominativform ist und dass *рыбку* eine Akkusativform ist. So erschließt sich ihnen, dass H im berichteten Ereignis die semantische Rolle des Fängers spielt und dass der Fisch die Rolle der Beute spielt, womit wir auch W07 erklärt haben. Wir werden dieses recht komplizierte Zusammenspiel von grammatischen und lexikalischen Informationen im Bereich des Kasus später noch genauer unter die Lupe nehmen.

W03 besagt, dass dass Ereignis in der Vergangenheit stattgefunden hat. Woher wissen wir das? Diesmal ist die Antwort überschaubarer. Wir müssen wissen, dass die russische Sprache über die grammatische Kategorie des Tempus verfügt, dass einer der Tempuswerte 'Vergangenheit' ist und dass man diesen an dem Verbsuffix *-л* erkennt, welches wir unschwer in *поймал* entdecken.

Dieses Suffix *-л* liefert uns auch den eindeutigen Hinweis, dass H männlich ist (W09). Denn im Vergangenheitstempus wird nach den Regeln der russischen Grammatik am Verb signalisiert, ob die Subjekt-Konstituente maskulin, feminin oder neutral ist – allerdings nur im Singular: *-л* signalisiert den Wert Maskulin, *-ла* signalisiert den Wert Feminin und *-ло* signalisiert den Wert Neutrum. Wenn wir jetzt noch einblenden, dass *ты* ein *Personal*pronomen ist und dass man bei Personenreferenz vom grammatischen (Genus-)Wert Maskulin auf den biologischen (Sexus-)Wert Männlich schließen darf, haben wir alle Information beieinander, die uns zweifelsfrei zu dem Schluss W09 führen, dass H männlich ist. Sie sehen, wieviel grammatisches Wissen zu aktivieren ist, um zu der korrekten Interpretation zu gelangen.

Wie gelange ich zu der Interpretation W01, dass S von einem einzelnen Ereignis berichtet? Dazu muss ich wissen, dass die russische Grammatik über die grammatische Kategorie des Verbalaspekts verfügt, dass das Verb *поймал* diesbezüglich den grammatischen Wert Perfektiv trägt und dass perfektive Verben immer nur zur Referenz auf einzelne Ereignisse verwendet werden können

Satz ein Subjekt braucht. Das würde die Frage aufwerfen, wie man dann russische subjektlose Sätze wie (i) *Temneet.* ('Es wird dunkel'), oder (ii) *Cholodno.* ('Es ist kalt') analysiert.

(es gibt scheinbare Ausnahmen von dieser grammatischen Regel, aber diese Komplikation unterschlage ich an dieser Stelle, um die Darstellung nicht zu überfrachten).

Die grammatische Perfektiv-Information ist es auch, die uns zu dem eindeutigen Schluss führt, dass das Fangen-Ereignis vollendet wurde, dass H also erfolgreich war (W08). Der arme Fisch!

Dass zwischen S und H eine vertraute Beziehung besteht, lesen wir daraus ab, dass S das Pronomen *ты* gewählt hat, und nicht etwa das alternative Anredepronomen *Вы*, das eine größere soziale Distanz zum Ausdruck bringt - ebenfalls eine grammatische Regel.

Die Information W11 schließlich, dass H hat keine weiteren goldenen Fische gefangen hat, erschließt sich aus dem Numeruswert, den S für das direkte Objekt gewählt hat: Singular. Würde H's Beute aus mehr als einem goldenen Fisch S bestehen, hätte S nach den Regeln der russischen Grammatik eine Pluralform wählen müssen, um das Ereignis tatsachengerecht zu beschreiben.[9]

> Stimmt es wirklich, dass die Grammatik die Wahl des Plurals für das direkte Objekt erzwingt, wenn de facto mehr als ein Ding von dem durch das Verb bezeichneten Ereignis betroffen ist? Stellen Sie sich ein Spiel vor, bei dem reihum mit drei Würfeln gewürfelt wird und in dem man immer dann ein Glas Wodka trinken muss, wenn bei dem eigenen Wurf mindestens eine 6 dabei ist. Angenommen, jemand würfelt zwei Sechsen und eine Drei. Oder drei Sechsen. Dann können die anderen in diesem Kontext sehr wohl sagen: "Du hast eine Sechs gewürfelt, du musst trinken!". Sie sind nicht gezwungen, den Plural zu bilden. Was ist besonders an dem hier beschriebenen Kontext?

Apropos tatsachengerecht. Selbstverständlich verhalten sich Sprecherinnen und Sprecher in ihren Äußerungen nicht immer tatsachengerecht. Man kann auch lügen. Eine fundamentale Eigenschaft von Sprache besteht aber darin,

[9] Die Sache ist in Wirklichkeit komplizierter. Der Satz *Ty pojmal rybu* erlaubt eine Pluralinterpretation ("mehr als ein Fisch"), obwohl der Singular verwendet wird. Das Singularnomen *rybu* steht dann für eine Art von Tier, nämlich Fisch (von der möglicherweise viele Exemplare gefangen wurden). Dass der Satz *Ty pojmal zolotuju rybu* keine pluralische Interpretation erlaubt, könnte daran liegen, dass es keine etablierte Art 'Goldener Fisch' im Hintergrundwissen der Gesprächsbeteiligten gibt. Das wäre dann kein grammatischer Grund, sondern ein pragmatischer. Wenn ich schreibe, die Regeln der russischen Grammatik würden eine Pluralform für Pluralreferenz fordern, stimmt das also genau betrachtet gar nicht.

dass sie das gemeinsame Interesse der Kommunikationsteilnehmenden an der Wahrheit quasi zur Voraussetzung hat. Wenn zwei Menschen miteinander sprechen, schließen sie sozusagen vorab einen stillschweigenden Vertrag ab, dass das, was sie sich mitteilen, tatsachengerecht ist. Seit Grice (1999) spricht man vom Kooperationsprinzip, das S und H befolgen. Das Phänomen der Lüge ist ebenso wie die rhetorischen Figuren der Übertreibung oder der Ironie nur vor dem Hintergrund dieser wechselseitigen "Wahrheitsverpflichtung" verstehbar.[10]

1.3 Welche Form trägt welchen Inhalt?

Wir haben jetzt alle (?) Informationen zusammengetragen, die in der sprachlichen Form das Satzes (1) stecken. In linguistischen Texten ist es natürlich oft angeraten, solche Metainformation über die jeweils untersuchte Sprachstruktur für die Leserin bzw. den Leser möglichst genau zu explizieren. Zu diesem Zweck hat sich die Technik des Glossierens etabliert: Wenn ich ein sprachliches Datum im wissenschaftlichen Text präsentiere, präsentiere ich in einer Extrazeile gleichzeitig die grammatischen und lexikalischen Informationen, die "in den Formen stecken". Das Verfahren wurde in den Leipziger Glossierungsregeln normiert (https://www.eva.mpg.de/lingua/pdf/Glossing-Rules.pdf). Zur Glossierung unseres Beispielsatzes benutze ich englische Begriffe, um lexikalische Informationen zu skizzieren. Grammatische Informationen werden durch Abkürzungen in Großbuchstaben wie PST oder ACC notiert, entsprechend den Empfehlungen der Leipziger Glossierungsregeln. Den Wörtern der Objektsprache (Zeile 1) entsprechen Blöcke der Glossierung (Zeile 2). Einzelne grammatische Bedeutungen sind durch Punkte getrennt (Ausnahme: Person-Numerus-Kombinationen werden ohne Punkt glossiert). Eine Übersetzung (Zeile 3) rundet die Beispielpräsentation in der Regel ab.

(2) *Ты поймал золотую рыбку!*
2SG.NOM catch.PST.PFV.M.SG golden.ACC.SG.F small_fish.ACC.SG.F
'Du hast einen goldenen Fisch gefangen!'

In dieser glossierten Darstellung unseres Beispiels sind die Informationen, die die sprachlichen Formen tragen, diesen graphisch durch paarweise Alinie-

[10] Das Gricesche Kooperationsprinzip ist wesentlich komplizierter (und interessanter) als hier dargestellt, und hat vielfältige Modifikationen erfahren. Wer mehr zu diesem Aspekt der Linguistik, der Pragmatik, erfahren will, dem sei das Studienbuch Liedtke (2016) ans Herz gelegt.

rung der Einheiten in Zeile 1 und 2 zugeordnet. Das erscheint plausibel. Die Information 'Fisch' steckt sicherlich nur im vierten Wort, die Information 'Vergangenheit' nur im zweiten Wort usw. Doch beachten Sie die Information 'Singular' im zweiten Wort. Sie betrifft inhaltlich gar nicht das zweite Wort. Hier signalisiert das zweite Wort, welches in diesem Satz das Prädikat bildet, eine Information über den Referenten des ersten Worts, des Subjekts. Dieses Phänomen nennt man Kongruenz. Da es hierbei um die Beziehung zwischen Wörtern (Konstituenten) im Satz geht, gehört dieses Phänomen in der linguistischen Bereich der Syntax.

Richtig kompliziert wird es, wenn wir uns der inneren Struktur der Wörter im Satz zuwenden, dem Phänomenbereich der Morphologie. Welche der in (2) unter den Wörtern notierten Informationen wird von welchem Teil des jeweils alinierten Wortes signalisiert? Oder anders gefragt: Welche sprachliche Einheit innerhalb des Wortes ist der Träger der jeweiligen, darunter notierten Information? Diese Frage wird uns in diesem Seminar noch ausgiebig beschäftigen. Nicht immer werden wir endgültige Antworten finden. Soviel sei schon mal vorweggenommen: in den slavischen Sprachen, in unserem Falle im Russischen lassen sich die *grammatischen* Informationen relativ gut bestimmten Wortsegmenten zuordnen. Segmente von Wörtern, die eine isolierbare Bedeutung tragen, heißen Morpheme. Die slawischen Sprachen lassen sich, anders als viele andere Sprachen, sehr gut einer Morphemanalyse unterziehen. Das schauen wir uns später im Detail an (Kapitel 3).

Zunächst wenden wir uns den lexikalischen Informationen zu, die in den Wörtern unseres Satzes stecken. In (2) habe ich sie durch englische Begriffe wiedergegeben (da es sich bei den Informationen in Zeile 2 um metasprachliche[11] Informationen handelt, ist es völlig beliebig, welche Sprache wir hier wählen; ich benutze gerne das Englische, schlicht und einfach weil englische Wörter in der Regel kurz sind). Wir kommen jetzt zu einer ebenso fundamentalen wie interessanten Frage. Was sind die materiellen Träger lexikalischer Bedeutungen?

Ausgangspunkt des Problems ist, dass uns in Texten, und eine sprachliche Äußerung wie (1) ist ein Text, grundsätzlich nur grammatikalisierte Wörter begegnen, also Wörter in einer bestimmten grammatischen Gestalt. Wir möchten aber davon ausgehen, dass die Bedeutungen 'fangen', 'golden' und 'Fisch'

[11] Metasprache ist, wie der Name sagt, Sprache über Sprache. Linguistische Diskurse sind per se Diskurse über Sprache. Zur Desambiguierung dienen die zwei Begriffe "Objektsprache" (die Sprache, die untersucht wird, über die gesprochen wird) und "Metasprache" (die Sprache, in der über die Objektsprache gesprochen wird).

im Lexikon zu Hause sind, also lexikalische Bedeutungen sind. Die Wissenseinheiten unseres mentalen Lexikons sollten logischerweise (sonst würde die Unterscheidung zwischen lexikalischem und grammatischem Wissen ja keinen Sinn ergeben) von grammatischer Gestaltgebung unberührt sein. Dass *рыбку* als Textwort nun aber eine grammatikalisierte Form ist, wirft die Frage danach auf, welcher Teil von *рыбку* denn eigentlich der Träger der lexikalischen Information 'Fisch' ist. Denn diese muss ja zweifellos auch irgendwo in dieser Form stecken.

Es gibt prinzipiell zwei Lösungen für dieses Problem. Die erste lautet: Entferne von dem grammatikalisierten Wort, das im Text erscheint, alle morphologischen Bestandteile, die eine grammatische Bedeutung tragen. Was danach übrig bleibt, ist der Träger der lexikalischen Bedeutung. Der Vorteil dieser Lösung besteht darin, dass die klassische Vorstellung vom sprachlichen Zeichen gewahrt bleibt. Klassischerweise wird nämlich davon ausgegangen, dass Sprache ein System von Zeichen ist, die miteinander kombiniert werden, und dass Zeichen ihrer Natur nach untrennbare Form-Inhalt-Paare sind (vgl. de Saussure 1967). Genaueres dazu in Kapitel 3.

Betrachten wir z.B. das Wort *золотую*. Plausiblerweise assoziieren wir die Endung *-ую* mit den Informationen 'Akkusativ', 'Singular' und 'Feminin'. Was übrig bleibt ist der Wortstamm *золот-*, den wir bequem als Träger der lexikalischen Information 'golden' identifizieren. Für die russische Sprache funktioniert dieses Verfahren erstaunlich gut, stößt allerdings auch an seine Grenzen. Für andere Sprachen erweist es sich schnell als ungeeignet. Versuchen Sie nur einmal, den Träger der lexikalischen Information in den ersten zwei Wörtern in (3) durch Wegstreichen der grammatischen Informationsträger zu ermitteln.

(3) *Dümmere Kühe geben mehr Milch.*

Der Vokalumlaut in *Kühe* dient ganz offensichtlich zusammen mit dem Suffix *-e* der Pluralmarkierung, also einem grammatischen Zweck. Man hat hier irgendwie das Gefühl, dass hinter der im Text erscheinenden, sichtbaren Form *Kühe* die unsichtbare Form *Kuh* versteckt ist und dass diese die lexikalische Bedeutung 'Kuh' in die Interpretation einspeist. Und das ist sie dann im Wesentlichen auch schon, die zweite mögliche Antwort auf unsere Frage: Der Träger der lexikalischen Information eines Wortes ist kein Teil der konkreten Form, die uns im Text begegnet, sondern eine abstrakte Form, die sich in geheimnisvoller Weise hinter der konkreten Form verbirgt. Sie ist einerseits gestaltlos in dem Sinne, dass sie selbst nicht konkret realisiert im Text erscheint. Sie ist andererseits nicht gestaltlos insofern, als dass sie an die im Text konkret erscheinende Form gekoppelt ist.

Zu dem Eintrag in meinem mentalen Lexikon, den ich aktiviere, um über Milchkühe zu sprechen, gehört das Wissen darüber, dass die Versprachlichung dieses Konzepts in einer der Formen *Kuh* oder *Kühe* münden muss. Man erkennt, dass die unmittelbare (zeichenhafte) Verbundenheit von sprachlicher Form und lexikalischem Inhalt nun streng genommen nicht mehr gegeben ist. Die Form des grammatikalisierten Worts verweist in seiner Gestalt nur indirekt auf den Inhalt eines für sich genommen gestaltlosen Lexikoneintrags.

In der Linguistik werden grammatikalisierte Wörter, wie sie in Texten erscheinen, oft als Wortformen bezeichnet, während das abstrakte Wort, das ihnen lexikalisch zugrundeliegt, als Wortlexem (auch: lexikalisches Wort) bezeichnet wird. Dieser Praxis folge ich ab jetzt. Lexeme sind Wissenseinheiten. Sie haben keine eigene Form, und sind somit keine Zeichen, beinhalten aber quasi Anweisungen, welche Gestalt eine Wortform annehmen soll, die von diesem Lexem gebildet wird.

Versuchen wir etwas Ordnung in die konfuse Situation zu bringen. In einem Text (in einer Äußerung) erscheinen Wortformen. An der Gestalt der Wortformen lassen sich direkt grammatische Informationen ablesen, die für die Textinterpretation relevant sind. Da jede Wortform notwendig Wortform eines zugrundeliegenden Wortlexems ist, verweist jede Wortform auf ein Lexem. Dieses Lexem speist die lexikalische Bedeutung in den Text.

Will man im linguistischen Fachdiskurs über ein bestimmtes Lexem sprechen, muss man es beim Namen nennen. Da das Lexem per definitionem, wie wir gerade sahen, keine eigene Form hat, steht man vor einem Dilemma. Man behilft sich, in dem man eine der Wortformen, die das Lexem generiert, zum Repräsentanten des Lexems erklärt. Das ist im Russischen für Verblexeme die Infinitivform und für nominale Lexeme die Form des Nominativ Singular. Um graphisch klar zu machen, dass man nicht die Wortform im Infinitiv bzw. im Nominativ Singular meint, schreibt man Lexemnamen oft in Großbuchstaben. Die Form *поймал* ist demnach eine Wortform des Lexems ПОЙМАТЬ, das die lexikalische Bedeutung ‘fangen’ trägt; *золотую* ist eine Wortform des Lexems ЗОЛОТОЙ, das die lexikalische Bedeutung ‘golden’ trägt; und *рыбку* ist eine Wortform des Lexems РЫБКА, das die lexikalische Bedeutung ‘Fisch(lein)’ trägt.

In (4) habe ich versucht, die grammatischen Informationen von (2) konstant zu halten und nur die lexikalischen Informationen zu verändern.

(4) *Ты* *поцеловал* *противную* *лягушку!*
2SG.NOM kiss.PST.PFV.M.SG disgusting.ACC.SG.F frog.ACC.SG.F
'Du hast den ekelhaften Frosch geküsst!'

Wer genau hinschaut sieht, dass ich die lexikalische Bedeutung von *лягушку* nicht als 'small frog' glossiert habe, während ich die von *рыбка* als 'small fish' widergebe. Der Grund ist, dass man zwar *рыбка* im Russischen als Ableitung von *рыба* ansehen kann, es aber zu *лягушка* wohl keine gebräuchliche Basis gibt, von der man diese Form ableiten könnte. Rein formal käme *лягуха* in Frage, aber dieses Wort ist extrem ungebräuchlich.[12] Außerdem wird auch der Amerikanische Ochsenfrosch als *лягушка* bezeichnet, genauer: *лягушка-бык*. Und finden Sie den, siehe Abb. 1.5, etwa diminutivwürdig?[13]

Abb. 1.5: лягушка-бык

Was ist eigentlich der Grund dafür, dass ich in der Übersetzung von (2) einen indefiniten Artikel (*einen goldenen Fisch*) und in der Übersetzung von (4) einen definiten Artikel (*den ekelhaften Frosch*) gewählt habe? So ganz genau weiß ich das selber nicht.

Es folgt eine Kaskade von Beispielsätzen, in denen ich bei konstanten lexikalischen Bedeutungen jeweils einen grammatischen Wert im Vergleich zu (2) variiere, was dann natürlich jeweils Eigenschaften des berichteten Ereignisses ändert. Achten Sie auf die Änderungen in den Glossen!

(5) *Я* *поймал* *золотую* *рыбку!*
1SG.NOM catch.PST.PFV.M.SG golden.ACC.SG.F small_fish.ACC.SG.F
'Ich habe einen goldenen Fisch gefangen!'

Hier hat sich der Person-Wert des Subjekt-Pronomens geändert, von 2.Person zu 1.Person.

[12] Es finden sich ganze 23 Einträge im Russischen Nationalkorpus (Stand 15.04.20).

[13] Ein weiteres Argument ist die Existenz der Diminutivbildung *лягушечка*.

(6) *Мы* *поймали* *золотую* *рыбку!*
1PL.NOM catch.PST.PFV.PL golden.ACC.SG.F small_fish.ACC.SG.F
'Wir haben einen goldenen Fisch gefangen!'

In (6) hat sich der Numerus-Wert des Subjekt-Pronomens geändert, von Singular zu Plural. Beachten Sie die damit einhergehende Änderung des Numeruswerts am Verb – Stichwort Kongruenz.

(7) *Вы* *поймали* *золотую* *рыбку!*
2PL.NOM catch.PST.PFV.PL golden.ACC.SG.F small_fish.ACC.SG.F
'Sie haben einen goldenen Fisch gefangen!'

Das ist die sozial distanziertere Variante unseres Ausgangsbeispiels. Der Effekt wird durch Umstellen der grammatischen Werte von 2.Person Singular auf 2.Person Plural (sog. Höflichkeitsform) erzielt. Das Verb kongruiert entsprechend.

(8) *Ты* *поймаешь* *золотую* *рыбку!*
2SG.NOM catch.FUT.PFV.SG golden.ACC.SG.F small_fish.ACC.SG.F
'Du wirst einen goldenen Fisch fangen!'

In (8) habe ich den Tempus-Wert des verbalen Prädikats von Vergangenheit auf Futur gesetzt. Bei perfektiven Verben führt eine Form, die rein Formal wie eine Präsensform aussieht, zu einer futurischen Bedeutung. Wir kommen darauf zurück.

(9) *Ты* *поймала* *золотую* *рыбку!*
2SG.NOM catch.PST.PFV.F.SG golden.ACC.SG.F small_fish.ACC.SG.F
'Du hast einen goldenen Fisch gefangen!'

Das verbale Prädikat in (9) gleicht dem in (2) in allen grammatischen Eigenschaften bis auf den Genus-Wert. Der ist hier Feminin, was sich in der Übersetzung ins Deutsche aber nicht niederschlägt (wohl aber in der Interpretation).

(10) *Ты* *поймал* *золотых* *рыбок!*
2SG.NOM catch.PST.PFV.M.SG golden.ACC.PL.F small_fish.ACC.PL.F
'Du hast goldene Fische gefangen!'

Hier steht die Konstituente, die das direkte Objekt bildet, im Plural. Zu beachten ist die bislang unerwähnte grammatische Kategorie der Belebtheit, die das Russische besitzt: für belebte Dinge gilt, dass der Akkusativ im Plural der Form des Genitiv Plurals gleicht. Deswegen *золотых рыбок* und nicht etwa *золотые рыбки*. Auch dazu später Genaueres.

(11) *Ты* *ловил* *золотую*
2SG.NOM catch.PST.IPFV.M.SG golden.ACC.SG.F
рыбку!
small_fish.ACC.SG.F
'Du hast einen goldenen Fisch geangelt!'

Die Verbform *ловил* ist das imperfektive Pendant zur perfektiven Verbform *поймал*. In (11) hat sich also der Aspektwert geändert. Ihnen fällt sicher auf, dass die zwei Verbformen in ihrer morphologischen Gestalt völlig unterschiedlich sind – anders etwa als das Paar *писал* (Imperfektiv) ↔ *написал* (Perfektiv). Dieses Phänomen nennt man Suppletion. Eine imperfektive Verbform bietet ein ganzes Spektrum verschiedener Interpretationsmöglichkeiten, davon wird noch die Rede sein. Man kann (11) u.a. so kontextualisieren: 'Ich habe gehört, du warst einen goldenen Fisch angeln. Und? Hat es geklappt?'

1.4 Von der Freiheit der Wahl

Wir haben soweit eine Sortierung der aus den Wortformen des Satzes (1) heraus kommunizierten Bedeutungen in lexikalische und grammatische Informationen vorgenommen. Diese Sortierung erscheint intuitiv plausibel. Aber was genau ist eigentlich das Kriterium für diese Unterscheidung?

(12) **These 1:** Lexikalische und grammatische Informationen unterscheiden sich dahingehend, dass das Inventar lexikalischer Informationen in allen Sprachen identisch sind, wohingegen das Inventar grammatischer Informationen von Sprache zu Sprache variiert.

Auch im Deutschen gibt es ja schließlich lexikalische Kategorien (lexikalische Wörter) mit den Bedeutungen 'golden', 'Fisch' und 'fangen'. Aber es gibt im Deutschen keine grammatische Kategorie Verbalaspekt, mit den Bedeutungen 'Perfektiv' und 'Imperfektiv', und es gibt im Russischen keine grammatische Kategorie Determiniertheit, mit den Bedeutungen 'Determiniert' und 'Indeterminiert'. Nun ja, diese These ist schnell widerlegt.

Erstens gibt es lexikalische Kategorien in einer Sprache, die die andere Sprache nicht kennt. Solche lexikalischen Divergenzen bestehen dabei nicht nur dort, wo es um die Bezeichnung abstrakter, philolosophisch diskutierter "Dinge" geht, man denke an unübersetzbare Konzepte wie die schon Folklore gewordenen Lexeme ANGST im Deutschen oder ДУША im Russischen (der Einfachheit halber repräsentiere ich ab sofort Lexeme durch die Nominativ Singular Form, sofern keine Verwechslungsgefahr mit der entsprechenden Wortformen besteht: also ANGST → *Angst*; ДУША → *душа*). Auch im Bereich der Konkreta wird man schnell fündig.

Nehmen wir als Beispiel die Domäne der Trinkgefäße (Pavlenko & Malt 2011). Betrachten wir hier das russische Lexem *стопка*. Die folgende Abbildung zeigt die ersten Ergebnisse einer Bilderanfrage zu diesem Begriff mittels der Suchmaschine Yandex.

Abb. 1.6: Ergebnisse Suchanfrage 'stopka'

Welche Entsprechung hat das russische Lexem *стопка* im mentalen Lexikon einer Sprecherin oder eines Sprechers des Deutschen? Keine, zumindest nicht in meinem. Exemplare der Kategorie *стопка* scheinen kleine Trinkgefäße aus Glas zu sein, bei denen sich dieses Material auffällig asymmetrisch in der Vertikalen verteilt: die meiste Masse Glas bildet den Gefäßboden. Dadurch wirken sie aufgrund ihrer geringen Größe relativ schwer. Für dieses Konzept verfügt die deutsche Sprache über kein lexikalisches Wort.[14] *Schnapsglas* kommt der Sache vielleicht noch am nähesten, aber zu den Schnapsgläsern zählen auch die Dinge, die im mentalen Lexikon einer Russischsprecherin bzw. eines Russischsprechers als *рюмка* verwaltet werden...

[14] Zumindest nicht die Standardsprache. Ob es dialektal lexikalische Wörter gibt, die in ihrer Bedeutung dem russischen *стопка* gleichen, entzieht sich meiner Kenntnis.

> Suchen Sie nach einem weiteren, möglichst anschaulichen lexikalischen Wort des Russischen, für das es keine lexikalische Entsprechung im Deutschen gibt. Und umgekehrt: Suchen Sie nach einem lexikalischen Wort des Deutschen, für das es keine lexikalische Entsprechung im Russischen gibt.

Was gegen These 1 spricht ist, zweitens, dass die Reichweiten lexikalischer Kategorien, die in verschiedenen Sprachen auf den ersten Blick bedeutungsgleich zu sein scheinen, bei genauerer Hinsicht oftmals unterschiedlich sind. Mit "Reichweite" ist gemeint, welche Dinge in der Welt mit Wortformen des Lexems bezeichenbar sind. Der entsprechende Fachausdruck aus dem linguistischen Teilbereich der Semantik wäre "Extension". Betrachten wir hierzu die Abbildung 1.7.

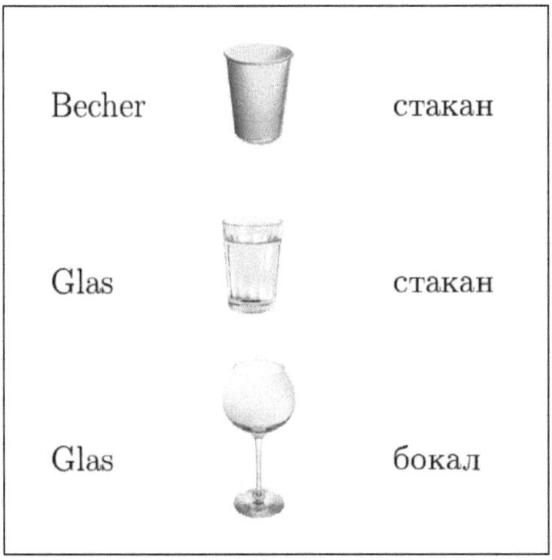

Abb. 1.7: Bezeichnungen für Trinkgefäße

Man könnte zunächst glauben, dass die Lexeme *Glas* im Deutschen und *стакан* im Russischen bedeutungsidentisch sind. Abbildung 1.7 zeigt aber, dass das falsch ist. Das oberste Trinkgefäß wird als *стакан* (*стаканчик*) bezeichnet, aber nicht als *Glas*, sondern als *Becher*. Und der unterste Gegenstand wird von Deutschsprachigen als *Glas* (*Weinglas*) bezeichnet, aber von Russischsprachigen eher nicht als *stakan*, sondern häufiger als *бокал*.

Unsere These 1 können wir damit als falsifiziert (widerlegt) betrachten.

(13) **These 2:** Lexikalische Informationen und grammatische Informationen unterscheiden sich prinzipiell in Bezug auf ihren Status relativ zu der Botschaft, die S mitteilen will.

a. Die lexikalischen Informationen hat S ausgedrückt, weil S sie ausdrücken wollte.

b. Die grammatischen informationen hat S dagegen *nicht unbedingt* ausgedrückt, weil S sie ausdrücken wollte.

Grundsätzlich gilt, dass man frei ist zu sagen, was man sagen will, und zu verschweigen, was man nicht sagen will. Trotzdem gestaltet sich diese Freiheit unterschiedlich je nachdem, ob man es mit lexikalischen oder grammatischen Kategorien zu tun hat.

Will ich über etwas sprechen, muss ich dieses etwas zunächst identifizieren und sprachlich kategorisieren. Das bedeutet, dass ich in meinem mentalen Lexikon eine Wissenseinheit bestimmen muss, in deren Extension mein Redegegenstand fällt. Finde ich keine passende lexikalische Kategorie, so kann ich immer einen lexikalischen Joker ziehen, und meinen Redegegenstand als z.B. *Ding* oder *штука* bezeichnen. *Ding* und *штука* sind umgangssprachlich eingesetzte Lexeme, die eine maximal große semantische Reichweite (Extension) besitzen. Beliebte Joker-Wörter in der Wissenschaftssprache sind *Individuum* oder *Entität*.

In Bezug auf unser Beispiel von oben hätte S also auch tatsachengerecht, aber natürlich weniger präzise (und stilistisch markiert) sagen können:

(14) *Ты* *поймал* *золотую* *штуку!*
2SG.NOM catch.PST.PFV.M.SG golden.ACC.SG.F thing.ACC.SG.F
'Du hast ein goldenes Ding gefangen!'

Die Extension des Lexems ШТУКА umfasst, neben vielen anderen Dingen, auch Fische. Deswegen ist (14) tatsachengerecht. Was, wenn S anstelle des Lexems РЫБКА eines gewählt hätte, das keine Fische denotiert? Zum Beispiel:

(15) *Ты* *поймал* *золотой*
2SG.NOM catch.PST.PFV.M.SG golden.ACC.SG.M
сапожок!
little_boot.ACC.SG.M
'Du hast einen goldenen Stiefel gefangen!'

Das wäre dann keine tatsachengerechte Beschreibung des beobachteten Ereignisses mehr. Der Sprechakt würde aufgrund der lexikalischen Fehlkategorisierung wohl scheitern. Ganz analog, wenn S das Ereignis durch die Wahl eines anderen Verblexems nicht als ein Fangen klassifiziert hätte:

(16) *Ты купил золотую рыбку!*
2SG.NOM buy.PST.PFV.M.SG golden.ACC.SG.F small_fish.ACC.SG.F
'Du hast einen goldenen Fisch gekauft!'

Auch diesmal hat sich die Ereignisbeschreibung, die der Satz leistet, durch die Wahl des lexikalischen Sprachmaterials so verändert, dass sie nicht mehr tatsachengerecht zu der Szene passt, die S - wie wir hier unterstellen - versprachlichen will.

Und noch einmal das Spiel, für die dritte lexikalische Kategorie in unserem Bespielsatz, das Adjektiv: Hätte S den Fisch nicht als golden klassifiziert wissen wollen, so hätte S vielleicht (17) gesagt:

(17) *Ты поймал серебряную рыбку!*
2SG.NOM catch.PST.PFV.M.SG silver.ACC.SG.F small_fish.ACC.SG.F
'Du hast einen silbernen Fisch gefangen!'

Auch diese Äußerung würde angesichts des Kontexts (Bild, Seite 2) Irritationen auslösen. Der Punkt ist: Was lexikalische Kategorien angeht, haben Sprecherinnen und Sprecher bei der Versprachlichung ihrer Botschaft sozusagen freie Auswahl. Sie können prinzipiell auf alle Lexeme zugreifen, die ihnen ihre Sprache zur Verfügung stellt, und sie werden sich für die entscheiden, die für ihr Kommunikationsziel am besten sind. Lexeme, die semantisch "passen" (das Ding fällt unter die Extension des Lexems) sind trivialerweise besser als Lexeme, die semantisch nicht passen. Und von zwei Lexemen, die semantisch passen, ist mutmaßlich das besser, das die kleinere Extension hat.

Was nun grammatische Kategorien angeht, so sieht die Sache ein wenig anders aus. Wir hatten schon gesagt, dass ein Lexem keine eigene Form hat, aber so etwas wie Konstruktionsanweisungen für die Wortformen beinhaltet, die auf seiner Basis gebildet werden können. Die Gesamtheit aller Wortformen, die von einem Lexem gebildet werden können, stellt sein Flektionsparadigma dar. Nun zeigt sich, dass verschiedene Einheiten des mentalen Lexikons verschiedene Arten von Formenparadigmen generieren.

Meine Behauptung, wonach von zwei Lexemen immer dasjenige gewinnt, das die kleinere Extension hat, ist so nicht haltbar, vgl.:

(a) *Hans hat sich ein Auto gekauft.*

(b) *Hans hat sich einen Mercedes gekauft.*

(c) *Peter wurde von einem Auto überfahren.*

(d) *Peter wurde von einem Mercedes überfahren.*

Angenommen, Hans hat sich einen Mercedes gekauft und damit Peter überfahren. In diesem Kontext wären alle vier Sätze wahr, und *Mercedes* hat eine kleinere Extension als *Auto*. Vergleicht man (a) und (b), so gelangt man zu dem Schluss, dass (b) insofern "besser" als (a) ist, als dass man irgendwie mehr über Hans erfährt; der Satz ist informativer. Vergleicht man aber (c) und (d), so stellt sich dieser Effekt nicht ein. Obwohl (d) den Ausdruck mit der kleineren Extension hat, fühlt sich dieser Satz nicht "besser" an als (c). Warum?

Die Listen (18) – (23) zeigen für sechs verschiedene Lexeme das Spektrum der Formen, die einem in russischsprachigen Texten begegnen können (leicht vereinfacht).

(18) *читаю читаешь читает читаем читаете читают читал читала читало читали читай читайте читать*

(19) *красный красного красному красный красным красном красная красной красной красную красной красной красное красного красному красное красным красном красные красных красным красные красными красных красен красна красно красны*

(20) *газета газеты газете газету газетой газете газеты газет газетам газеты газетами газетах*

(21) *пишу пишешь пишет пишем пишете пишут писал писала писало писали пиши пишите писать*

(22) *старый старого старому старый старым старом старая старой старой старую старой старой старое старого старому старое старым старом старые старых старым старые старыми старых стар стара старо стары*

(23) *книга книги книге книгу книгой книге книги книг книгам книги книгами книгах*

Vergleichen wir diese Formenlisten miteinander, so stellen wir schnell fest, dass sie sich zu Klassen zusammenfassen lassen. Welche Listen bilden eine gemeinsame Klasse? Die Antwort ist offensichtlich: die Lexeme ЧИТАТЬ und ПИСАТЬ fallen nach Maßgabe ihres Formeninventars in eine Klasse; die Lexeme КНИГА und ГАЗЕТА fallen in eine andere Klasse; die Lexeme КРАСНЫЙ und СТАРЫЙ fallen in eine dritte Klasse. Solch verschiedene Lexikonklassen nennt man Wortarten. ЧИТАТЬ und ПИСАТЬ sind Verblexeme, ihre Formen in (18) und (21) sind Formen der Wortart Verb. КНИГА und ГАЗЕТА sind Nominallexeme, ihre Formen in (23) und (20) sind Formen der Wortart Nomen. Und КРАСНЫЙ und СТАРЫЙ sind Adjektivlexeme, ihre Formen in (19) und (22) sind Formen der Wortart Adjektiv.

Oben hatten wir festgehalten, dass sich Sprecherinnen und Sprecher freiwillig entscheiden, ob sie dieses oder jenes Lexem sprachlich zum Ausdruck bringen möchten. Sie werden sich nur für solche Lexeme entscheiden, die zu ihrer Botschaft passen. Und jetzt kommt ein wichtiger Punkt: Wenn man sich einmal auf ein Lexem festgelegt hat, dann ist die sprachliche Handlungsfreiheit plötzlich einigermaßen eingeschränkt. Denn nun gilt es, sich für eine der Wortformen, die das Lexem bereithält, zu entscheiden.

Angenommen, Ira besucht zum ersten Mal die Leipziger Buchmesse. Sie ist beeindruckt von so vielen Büchern an einem Ort. Ihre Emotion versprachlicht sie wie folgt:

(24) *Я никогда не видела так много*
1SG.NOM never NEG see.PST.IPFV.F.SG so many
книг!
book.GEN.PL.F
'Ich habe noch nie so viele Bücher gesehen!'

Warum ist in diesem Fall aus dem Paradigma von КНИГА die Wortform *книг* zu wählen? Weil der grammatische Kontext, in dem sich dieses Lexem in (24) materialisieren soll, Eigenschaften hat, die nur mit der Wortform *книг* assoziiert sind. Alle anderen Wortformen in (23) würden sich mit den spezifischen Eigenschaften dieses grammatischen Kontexts beißen. Der Name des grammatischen Kontexts lautet: Genitiv Plural. Er wird in diesem Fall von der vorangehenden Wortform, dem quantifizierenden Ausdruck *много* determiniert, der semantisch zwei Dinge tut. Erstens bezeichnet er ein großes Quantum und zweitens verlangt *много*, dass eine Substanz genannt wird, von der ein großes Quantum gemeint ist. Syntaktisch fordert *много*, dass der Ausdruck, der die verlangte Substanz bezeichnet, im Genitiv steht (dieses syntaktische Phänomen nennt man Rektion). Wenn der Ausdruck, der die verlangte Substanz liefert, eine zählbare Substanz bezeichnet, wie im Falle (24) (Bücher sind zählbar), dann ist darüber hinaus gefordert, dass der Ausdruck im Plural stehen muss.

Warum muss der Komplement-Ausdruck von *много* im Plural stehen, wenn er zählbare Dinge bezeichnet? Finden Sie ein Beispiel, in dem der Komplement-Ausdruck im Singular erscheint.

1.5 Grammatische Kategorien

Jetzt sollte der Begriff des "grammatischen Kontexts", den ich oben benutzt habe, präzisiert werden. Jede Sprache verfügt über eine Grammatik. Die Grammatik einer Sprache ist ihre wahre Identität, zumindest aus Sicht der Linguistik. Man kann sich die Grammatik einer Sprache in erster Annäherung als die Menge ihrer grammatischen Kategorien vorstellen. Eine grammatische Kategorie ist eine Wisseneinheit, die sich als eine Attribut-Werte-Matrix beschreiben lässt.

Ein Beispiel für das Russische wäre etwa die grammatische Kategorie 'Tempus' (Attribut), mit den drei Werten 'Vergangenheit', 'Gegenwart' und 'Zukunft'. Diese grammatische Kategorie ist eine Verbalkategorie, d.h. sie ist relevant für solche Verballexeme wie z.B. ЧИТАТЬ oder ПИСАТЬ. Eine andere grammatische Kategorie wäre 'Numerus', relevant für Nominallexeme wie z.B. КНИГА oder ГАЗЕТА ebenso wie für Adjektivlexeme wie z.B. КРАСНЫЙ oder СТАРЫЙ. Das Attribut 'Numerus' besitzt im Russischen zwei mögliche Werte, 'Singular' oder 'Plural'.

Die Gesamtheit der Wortformen eines Lexems ergibt sich aus der Gesamtheit der für das Lexem relevanten Attribute und ihrer grammatischen Werte: für alle denkbaren Kombinationen von Attribut-Werte-Paaren muss eine Wortform bereitstehen. Betrachten wir (23) zur Illustration. (23) listet die möglichen Wortformen des Lexems КНИГА auf. Es handelt sich hierbei um ein Nominallexem, im Russischen relevante Attribute sind Kasus, Numerus und Genus. Mögliche Kasuswerte sind 'Nominativ', 'Genitiv', 'Dativ', 'Akkusativ', 'Instrumental' und 'Lokativ'; mögliche Numeruswerte sind 'Singular' und 'Plural'; mögliche Genuswerte sind 'Maskulin', 'Feminin' und 'Neutrum'.

Diese Wissenskomplexe lassen sich graphisch anschaulich wie folgt darstellen:

(25)

Kasus					
Nom	Akk	Gen	Dat	Lok	Ins

(26)

Numerus	
Singular	Plural

(27)

Genus		
Maskulin	Neutrum	Feminin

Jeder der "Blöcke" (25) bis (27) steht für eine grammatische Kategorie. Die erste Zeile repräsentiert das Attribut; notiert ist hier der Name der grammatischen Kategorie. Die zweite Zeile zeigt eine Partition des "Bedeutungsraums" der Kategorie. Jede Zelle repräsentiert dabei einen möglichen Wert des Attributs; notiert sind hier die gängigen Namen für die verschiedenen Werte.

Es gibt in der Grammatik des Russischen noch eine vierte grammatische Kategorie des Nomens, nämlich die Kategorie der Belebtheit:

(28)

Belebtheit	
Belebt	Unbelebt

Die Belebtheitskategorie können wir vorerst aus der Betrachtung ausklammern. Warum das an dieser Stelle möglich ist, darauf gehe ich später ein. Wenn wir die Belebtheitskategorie ignorieren, lässt sich die grammatische Dimension eines russischen Nominallexems als Bündel von Attributen mit ihren jeweiligen Werten wie in Tabelle 1.1 zusammenfassen.

Attribute	Werte					
Kasus	Nom	Akk	Gen	Dat	Lok	Ins
Numerus	Sg	Pl				
Genus	m	f	n			

Tab. 1.1: Nominale Attribute und ihre Werte

(29) zeigt die Gesamtheit aller möglichen Wertekombinationen, die sich daraus ergibt (6 x 2 x 3 = 36):

(29) Nom.Sg.m; Gen.Sg.m; Dat.Sg.m; Akk.Sg.m; Ins.Sg.m; Lok.Sg.m; Nom.Sg.f; Gen.Sg.f; Dat.Sg.f; Akk.Sg.f; Ins.Sg.f; Lok.Sg.f; Nom.Sg.n; Gen.Sg.n; Dat.Sg.n; Akk.Sg.n; Ins.Sg.n; Lok.Sg.n; Nom.Pl.m; Gen.Pl.m; Dat.Pl.m; Akk.Pl.m; Ins.Pl.m; Lok.Pl.m; Nom.Pl.f; Gen.Pl.f; Dat.Pl.f; Akk.Pl.f; Ins.Pl.f; Lok.Pl.f; Nom.Pl.n; Gen.Pl.n; Dat.Pl.n; Akk.Pl.n; Ins.Pl.n; Lok.Pl.n

> Es wurde gesagt, dass für alle denkbaren Kombinationen von lexemrelevanten Attribut-Werte-Paaren eine Wortform bereitstehen muss. In (29) sehen wir 36 Möglichkeiten für russische Nominallexeme, КНИГА stellt aber nur 12 Wortformen bereit, vgl. (23). Warum?

Von einer (noch) höheren Abstraktionsebene aus betrachtet sieht die Struktur einer minimalen grammatischen Kategorie nach dem Gesagten wie folgt aus, wobei A das Attribut ist und a bzw. b für seine Werte stehen:

(30)

A	
a	b

Der Wert einer grammatischen Kategorie wird traditionell auch als Grammem bezeichnet (Zaliznjak 1967:27). Die hier abgebildete abstrakte grammatische Kategorie ist minimal in dem Sinne, dass sich in ihr nur zwei Grammeme gegenüberstehen. Wir sahen oben ja bereits, dass auch mehr Grammeme möglich sind, vergleiche etwa die russische Kasus-Kategorie mit ihren sechs grammatischen Werten. Weniger als zwei Grammeme sind aber ausgeschlossen. Überlegen wir mal: Wenn eine grammatische Kategorie A nur einen Wert a hätte, dann hieße das, dass sich die Formen bei der sprachlichen Realisierung eines Lexems in Hinblick auf A nicht voneinander unterscheiden. Immer, wenn das Lexem als Wortform realisiert wird, kommt a zum Ausdruck. Wenn eine Bedeutung alternativlos ist, dann gibt es aber keinen Grund zu der Annahme, dass hier ein Bedeutungsunterschied von grammatischer Relevanz vorliegt. Mit anderen Worten, A wäre keine grammatische Kategorie. Sondern? A wäre eine lexikalische Kategorie, und a wäre eine Information, auf die man, wenn A gegeben ist, zwingend schließen kann. A könnte zum Beispiel die Bedeutung 'Hund' sein, und a die Bedeutung 'hat vier Beine'.[15]

[15] Wenn wir von typischen Hunden ausgehen, sind vierbeinige Hunde alternativlos.

Grammatische Kategorien, und das ist jetzt der entscheidende Unterschied, funktionieren anders. In ihnen stehen sich immer und notwendig mindestens zwei Bedeutungen (Grammeme) gegenüber (vgl. Plungjan 2011:26):

(31) **Definition:** Eine Menge von sich wechselseitig ausschließenden (alternativen) Bedeutungen, von denen eine für eine natürliche Teilmenge (Wortart) der Lexeme einer Sprache bei ihrer Versprachlichung obligatorisch auszudrücken ist, heißt grammatische Kategorie

Die drei zentralen Eigenschaften grammatischer Kategorien noch einmal zusammengefasst:

- Kandidatenmenge: Jede grammatische Kategorie einer Sprache bietet einen endlichen Pool von mindestens zwei alternativen Werten (Grammemen) zum Ausdruck an.
- Obligatheit: Eine der alternativen Werte einer grammatischen Kategorie *muss* zum Ausdruck kommen.
- Eindeutigkeit: Niemals kommen in einer Wortform mehrere Werte derselben grammatischen Kategorie zum Ausdruck.

Die Gesamtheit der grammatischen Kategorien einer Sprache ist für die Sprache charakteristisch, sie bildet die Grammatik einer Sprache. Verwandte Sprachen haben ähnliche Grammatiken.

1.6 Was sind Paradigmen?

Wie schon gesagt nennt man die Bedeutungen, die im Rahmen einer grammatischen Kategorie als Alternativen zum obligatorischen Ausdruck der Kategorie zur Wahl stehen, grammatische Werte oder Grammeme. In sprachwissenschaftlichen Diskursen ist es nützlich, auch für die Form, die einen solchen Inhalt transportiert, einen praktischen Begriff zur Hand zu haben. An dieser Stelle haben sich in der linguistischen Fachsprache die Termini *Marker* oder *Gram* [gɹæm] etabliert, um den materieller Träger eines grammatischen Werts zu bezeichnen.

Wir können versuchen, den Unterschied zwischen lexikalischen und grammatischen Wissenseinheiten, wenn sie beim Akt des Sprechen benutzt werden, wie folgt auf den Punkt zu bringen: Wenn S einen Satz in einer Sprache L formuliert, komponiert S damit eine komplexe Bedeutung (Satzbedeutung). Die

Satzbedeutung speist sich aus lexikalischen und grammatischen Informationen, die L bereithält. Die lexikalischen Informationen lässt S in die Satzbedeutung einfliessen, weil S sie ausdrücken *will*. Die grammatischen Informationen lässt S dagegen *nicht unbedingt* einfliessen, weil S sie ausdrücken will. Es ist vielmehr so, dass die Grammatik von L S dazu zwingt, bestimmte Bedeutungen in seine Komposition einfließen zu lassen. In dem Augenblick, in dem S sich entschieden hat, ein bestimmtes Verb-, Nominal- oder Adjektivlexem zu versprachlichen, muss S die Grammatik des Verbs, Nomens oder Adjektivs berücksichtigen und jedes für die betreffende Wortart relevante grammatische Attribut mit einem Wert belegen. Nach dieser Wertebelegung richtet sich dann die Bildung der zu der Botschaft von S passenden Wortform.

Kehren wir einmal zu Beispiel (24) zurück. Als Ira (blitzeschnell) diesen Satz produzierte, hatte sie sich u.a. entschieden, ein Wort mit der lexikalischen Bedeutung ‘Buch’ zu benutzen. Angesicht ihrer Sprechmotivation liegt das ja auch nahe, denn – erinnern wir uns – sie wollte ihr Staunen über den Eindruck mitteilen, den die Buchmesse auf sie gemacht hatte. Ihre Sprache Russisch hält für ihr Bedürfnis nicht zuletzt das Nominallexem КНИГА bereit. Als Nominallexem verlangt es die Fixierung der Werte von vier grammatischen Attributen, den vier grammatischen Kategorien des russischen Nomens: Kasus, Numerus, Genus und Belebtheit. Die grammatischen Werte der zu bildenden Nominalform werden in diesem Fall wie in (32) festgelegt. Aufgrund dieser Wertebelegung erscheint das Lexem КНИГА in der beschriebenen, konkreten Sprechsituation als Wortform *книг*. Oder anders formuliert: *книг* ist diejenige Form aus dem Flexionsparadigma des Lexems КНИГА, die zu (32) passt.

(32) Kasus = Genitiv
Numerus = Plural
Genus = Feminin
Belebtheit = Unbelebt

Jetzt können wir genauer sagen, was ein Paradigma ist. Es ist die Gesamtheit aller Wortformen, in denen ein Lexem in einem Text erscheinen kann. Jede Wortform entspricht einer Zelle, und jede Zelle ist mit einer uniken Wertebelegung der für das Lexem relevanten grammatischen Kategorien assoziiert. “Unik” soll hier heißen, dass es keine zwei Zellen mit derselben Wertebelegung geben darf.

Vier grammatische Kategorien mit je sechs (Kasus), zwei (Numerus), drei (Genus) oder zwei (Belebtheit) Grammemen spannen einen logischen Raum von 72 Kombinationsmöglichkeiten auf, wie in Tabelle 1.2 visualisiert. Der grammatische Kontext 31 wäre bspw. Akk.Sg.n.belebt, der grammatische Kontext 38 wäre Nom.Pl.m.unbelebt usw.

	m	Sg	Pl	f	Sg	Pl	n	Sg	Pl
belebt:	Nom	1	2	Nom	13	14	Nom	25	26
	Gen	3	4	Gen	15	16	Gen	27	28
	Dat	5	6	Dat	17	18	Dat	29	30
	Akk	7	8	Akk	19	20	Akk	31	32
	Ins	9	10	Ins	21	22	Ins	33	34
	Lok	11	12	Lok	23	24	Lok	35	36

	m	Sg	Pl	f	Sg	Pl	n	Sg	Pl
unbelebt:	Nom	37	38	Nom	49	50	Nom	61	62
	Gen	39	40	Gen	51	52	Gen	63	64
	Dat	41	42	Dat	53	54	Dat	65	66
	Akk	43	44	Akk	55	56	Akk	67	68
	Ins	45	46	Ins	57	58	Ins	69	70
	Lok	47	48	Lok	59	60	Lok	71	72

Tab. 1.2: Grammatische Kontexte eines russ. Nominallexems

Die 72 logischen Möglichkeiten stellen den *grundsätzlichen* Möglichkeitsraum russischer Nominalformen dar. Mit der Wahl eines konkreten Lexems reduziert sich dieser logische Raum erheblich. Es ist nämlich immer der Fall, dass eine Teilmenge der 72 grammatischen Kontexte mit der lexikalischen Bedeutung des gewählten Nominallexems inkompatibel ist. Vollziehen wir das an unserem Beispiel einmal nach.

Ira hatte (u.a.) das Lexem КНИГА gewählt. Für dieses Lexem gilt, dass die Attribute Genus und Belebtheit sozusagen auf die Werte Feminin und Unbelebt "voreingestellt" sind. Das heißt, die Kontexte 1 – 36 entfallen ebenso wie die Kontexte 37 – 48 und 61 – 72 als mögliche Wertebelegung. Was bleibt ist das folgende Paradigma des Lexems КНИГА, das nur noch zwölf Zellen umfasst.

(33)

f	Sg	Pl
Nom		
Gen		
Dat		
Akk		
Ins		
Lok		

Grammatische Kategorien, die wie Genus und Belebtheit für alle Formen eines Lexems denselben Wert fordern, nennt man klassifizierende Kategorien (Zaliznjak 1967). Darauf gehe ich später in Kapitel 9 noch genauer ein.

Jede Zelle des Flexionsparadigmas eines Lexems ist mit einer Form assoziiert. Hier die Formen für КНИГА:

(34)

f	Sg	Pl
Nom	*книга*	*книги*
Gen	*книги*	*книг*
Dat	*книге*	*книгам*
Akk	*книгу*	*книги*
Ins	*книгой*	*книгами*
Lok	*книге*	*книгах*

Manchmal ist eine Zelle im Paradigma auch mit mehr als einer Form assoziiert. Man spricht dann von Dubletten. Dies ist auch in unserem Beispiel der Fall. Für den grammatischen Kontext Instrumental-Singular hält das russische Lexem КНИГА zwei Formen bereit. Man vergleiche die folgenden zwei Beispiele aus dem russischen Nationalkorpus (http://www.ruscorpora.ru).

(35) *Немчинов работал над книгой восемь*
N. work.PST.IPFV.M.SG over book.INS.SG.F eight.ACC
лет.
year.GEN.PL.M
'Nemčinov arbeitete acht Jahre an dem Buch.'

(36) *Я работал тогда над книгою "Крылья*
1SG work.PST.IPFV.M.SG then over book.INS.SG.F wing.NOM.PL.N
Родины".
homeland.GEN.SG.F
'Ich arbeitete damals an dem Buch "Die Flügel der Heimat".'

Im Nationalkorpus findet man 391 Belege für *книгою*, im Gegensatz zu 3.584 Belegen für *книгой* (Stand 27.03.2020). Die Form *книгою* ist also vergleichsweise selten. Dennoch existiert sie, wie (36) beweist.

> Zu der Wortform *лет* in (35) findet sich ebenfalls eine Dublette. Wie lautet die zweite Form, die das Russische für den grammatischen Kontext bereithält, in dem *лет* erscheint? Finden Sie ein Beispiel mit der zweiten Form.

1.7 Obligatheit

Wir sahen: Lexikalische Bedeutungen werden von der Sprecherin (bzw. dem Sprecher) aufgerufen, weil sie sie aufrufen will. Das Aufrufen einer lexikalischen Bedeutung muss in der Artikulation einer Wortform des Lexems münden. Die Artikulation einer Wortform hat nun aber zur Bedingung, dass für jede mit dem Lexem verbundene grammatische Kategorie ein Wert aus einer Menge alternativer Werte festgelegt wird. Zwar kann es sich ergeben, dass die zur Wahl stehenden Alternativen der Sprecherin alle "ins kommunikative Konzept passen". Es kann aber auch passieren, dass die Grammatik die Sprecherin dazu zwingt, eine Information zu kommunizieren, die sie im Sinne ihrer Botschaft eigentlich gar nicht kommunizieren will. Hier lassen sich zwei Fälle unterscheiden.

Im schwächeren Fall muss die Sprecherin qua Grammatik eine Information kommunizieren, die redundant ist. Dieser Fall ist uns bereits begegnet, ich wiederhole das Beispiel.

(37) *Ты поймал золотую рыбку!*

Hier wird explizit zum Ausdruck gebracht, dass der Addressat der Äußerung männlich ist. Dieses Signal ergibt sich daraus, dass das Subjekt des Satzes das Personalpronomen der zweiten Person Singular ist und dass das verbale Prädikat in Hinblick auf die Kategorie Genus mit dem Subjekt kongruieren muss. Der Genuswert der Verbform ist maskulin, woraus folgt, dass die angesprochene Person männlich ist. Aber: zu signalisieren, dass die angesprochene Person männlich ist, ist völlig überflüssig – das wird sie schon selber wissen.

Im stärkeren Fall muss die Sprecherin bzw. der Sprecher qua Grammatik etwas kommunizieren, was der Botschaft inhaltlich zuwiderläuft. Sehen wir uns ein Beispiel an. Hätte Galileo seinen berühmten Satz nicht auf Italienisch, sondern auf Russisch gesagt, dann wahrscheinlich so:

(38) *И всё-таки она вертится!*
and yet 3SG.F circulate.PRS.IPFV.SG
'Und sie dreht sich doch!'

Galileo unterstreicht mit diesem Satz bekanntlich den Wahrheitsanspruch seiner Schlussfolgerung, dass die Erde sich um die Sonne dreht, und nicht andersrum. Um diese Botschaft zu kommunizieren, benutzt er eine Verbform mit dem Tempuswert Gegenwart. Aber er will ja gar nicht sagen, dass die Erde sich *jetzt gerade* um die Sonne dreht und früher vielleicht nicht und in Zukunft vielleicht nicht mehr. Er will sagen, dass die Erde sich zu allen Zeiten um die Sonne gedreht hat, dreht und drehen wird. Ein omnitemporales Tempusgrammem stellt das Russische aber nicht bereit. Deshalb wäre seine Botschaft präziser vielleicht wie folgt ausgedrückt.

(39) *И всё-таки она вертелась, вертится и*
and yet 3SG.F circulate.PST.IPFV.SG circulate.PRS.IPFV.SG and
будет вертеться!
circulate.FUT.IPFV.SG
'Und doch drehte sie sich, dreht sich und wird sich immer drehen!'

Doch diese Formulierung mit drei (!) Verbformen[16] ist ihm viel zu umständlich. Galileo möchte nur ein Verb benutzen und ist deswegen auf die Auswahl Vergangenheit, Gegenwart oder Zukunft geworfen, und er entscheidet sich angesichts dieser Möglichkeiten sozusagen für das kleinste kommunikative Übel, die Präsensform – obwohl diese Entscheidung möglicherweise einen Kontrast zu den alternativen Tempuswerten Vergangenheit und Futur suggeriert, was seiner Botschaft eigentlich zuwiderläuft.

Vielleicht akzeptieren sie meine Argumentation hier nicht. Sie könnten einwenden, dass die Wahl der Präsensform überhaupt nicht nahelegt, dass Galileo die Vergangenheitsform vermieden hat, weil er nicht kommunizieren wollte, dass die Erde sich in der Vergangenheit um die Sonne gedreht hatte. Wenn gesagt ist, dass die Erde sich *jetzt gerade* um die Sonne dreht, dann beinhaltet das auch die Möglichkeit, dass die Erde sich immer schon um die Sonne gedreht hat. Ich möge doch erstmal beweisen, dass die von mir behauptete "Suggestion

[16] Die dritte ist eine analytische Verbform: eine grammatische Form, die aus zwei Wortformen besteht.

eines Kontrasts zu den alternativen Tempuswerten Vergangenheit und Futur" auch tatsächlich existiert. Meine Argumentation hat hier eine Lücke, das gebe ich zu. Aber wie denken Sie über das folgende Beispiel:

(40) *Мой* *муж* *работает* *в*
my.NOM.SG.M husband.NOM.SG.M work.PRS.IPFV.SG in
поликлинике.
hospital.LOC.SG.F
'Mein Mann arbeitet im Krankenhaus.'

Stellen wir uns einmal vor, Ira und Andrej haben ihre neuen Nachbarn zum Abendessen eingeladen. Während des Essens äußert Ira (40). Sie benutzt die Präsensform, obwohl sie *nicht* mitteilen will, dass Andrej jetzt gerade im Krankenhaus arbeitet (er sitzt ja neben ihr). Was bliebe ihr auch anderes übrig? Mit der Vergangenheitsform hätte sie kommuniziert, dass Andrej nicht mehr, und mit der Futurform, dass er noch nicht im Krankenhaus arbeitet. Da richtet die Präsensform noch vergleichsweise wenig kommunikativen Schaden an. Insbesondere, da die grammatisch nahegelegte, aber falsche Interpretation durch Andrejs Anwesenheit in der Gesprächssituation ausscheidet.

Sollten Sie das letzte Beispiel auch nicht akzeptieren (mir scheint es schlüssig), so habe ich noch das Paradebeispiel im Köcher. Um eindeutige Belege dafür zu liefern, dass die Grammatik einer Sprache einen zu Entscheidungen zwingen kann, die man nicht treffen will, weil sie den eigenen Kommunikationsbedürfnissen entgegenstehen, führt man am besten die grammatische Kategorie des Genus an. Problemlagen wie die folgende haben einen ganz neuen linguistischen Forschungszweig entstehen lassen, die Genderlinguistik.

Saša ist eine intergeschlechtliche Person. Wie soll Saša bloß auf die Frage *Где Вы родились* antworten?

(41) a. *Я* *родился* *в Москве.*
1SG.NOM being_born.PST.PFV.SG.M in Moscow.LOC.SG.F
'Ich bin in Moskau geboren.'

b. *Я* *родилась* *в Москве.*
1SG.NOM being_born.PST.PFV.SG.F in Moscow.LOC.SG.F
'Ich bin in Moskau geboren.'

c. *Я* *родилось* *в Москве.*
1SG.NOM being_born.PST.PFV.SG.N in Moscow.LOC.SG.F
'Ich bin in Moskau geboren.'

Keine dieser Möglichkeiten ist passend, aber weitere Möglichkeiten stehen nicht zur Wahl. (41a) kommt einer sprachlichen Eigenkategorisierung als männlich gleich. (41b) bedeutet eine Selbstausweisung als weiblich. Und auch (41c) ist keine gute Lösung, da der Genuswert Neutrum Saša jede Geschlechtlichkeit abspricht (vgl. Kirey-Sitnikova 2021).

Wir sehen hier: Unsere Sprache zwingt uns zu kategorialen Grenzziehungen, die der Welt, über die gesprochen werden soll, manchmal nicht gerecht werden. Dieses linguistische Phänomen hat seine Wurzel in der Grammatik, speziell in der Obligatheit grammatischer Kategorien (31). Ich muss nolens volens aus einer beschränkten Auswahl eine Alternative auswählen. Wie ein Raster oder eine Schablone geben die Grammeme meiner Sprache Kategorien vor, in die ich die Welt, über die ich spreche, hineinsortieren muss, um von ihr zu berichten.

Dasselbe lässt sich im Prinzip auch vom Lexikon sagen, aber gegenüber der Grammatik ist das Lexikon viel liberaler. Denn wenn im Lexikon meiner Sprache für ein kommunikatives Bedürfnis die passende Alternative fehlt, kann ich sie ihm im Prinzip einfach hinzufügen, sprich mein Lexikon kreativ erweitern. Ich kann zum Beispiel das Lexem INTER vorschlagen, um intergeschlechtliche Menschen zu bezeichnen, ohne sie zu diskriminieren (s. TrIQ-Projekt 2015). Nominativ-Singular-Form: *Inter*, geschrieben: *Inter**. Das ganz praktische Problem hier ist nur, ob mein Vorschlag in meiner Sprachgemeinschaft genügend Widerhall findet, um sich zu etablieren, d.h. um über den Status eines Okkasionalismus hinauszukommen. Zu der Frage, wie Lücken im Lexikon durch die Bildung neuer Lexeme geschlossen werden können, und welche Verfahren dabei insbesondere für das Russische typisch sind, kommen wir später.

1.8 Was eine Sprache einzigartig macht

Worin unterscheiden sich Sprachen voneinander? Nach einer weit verbreiteten Meinung unterscheiden sich Sprachen dahingehend, was sie ausdrücken können. Angeblich sei die deutsche Sprache sehr präzise, und deswegen sehr gut zum Philosophieren geeignet. Und die Hopi haben kein lineares Zeitkonzept, weil ihre Sprache das nicht hergibt. Der angebliche Primitivismus der Hopi-Sprechenden und die angebliche Überlegenheit der Deutsch-Sprechenden sind natürlich Mythen. Sprachen unterscheiden sich voneinander nicht in ihrer Ausdrucksmächtigkeit, also darin, was Sprecherinnen und Sprecher mit ihnen ausdrücken können. Sprachen sind grundsätzlich ineinander übersetzbar (Kibrik

1992).[17] Das, was eine konkrete Sprache einzigartig macht, ist etwas anderes.

> [T]he true difference between languages is not in what may or may not be expressed but in what must or must not be conveyed by the speakers. (Roman Jakobson)[18]

Mit anderen Worten, Sprachen unterscheiden sich voneinander in Hinblick auf ihre Grammatiken. Das grammatisch Unumgängliche haben wir versucht anhand des hier noch einmal wiederholten Beispiels nachzuvollziehen:

(42) *Ты поймал золотую рыбку!*

Mit diesem einfachen Satz wird, wie wir sahen, eine recht komplexe Situation beschrieben, d.h. es wird eine große Menge an Informationen kommuniziert. Einige der kommunizierten Informationen mussten ausgedrückt werden, einfach weil die russische Grammatik dies verlangt. So *musste* ausgedrückt werden, dass es sich um ein vergangenes Ereignis handelt, denn das Russische besitzt die für Verblexeme relevante grammatische Kategorie des Tempus. Es *musste* ausgedrückt werden, dass es sich um nur einen Fisch handelt, denn das Russische besitzt die für Nominallexeme relevante grammatische Kategorie des Numerus. Und so weiter und so fort (s.o.).

Das Deutsche besitzt, anders als Russisch, im Bereich der Grammatik des Nomens die Kategorie der Determiniertheit. Deswegen muss in der deutschen Übersetzung eine Information kommuniziert werden, die im russischsprachigen Originalsatz ungesagt bleibt. Wenn Sie (42) übersetzen, müssen Sie sich für die definite oder indefinite Form entscheiden. Ich hatte die indefinite Variante gewählt. Wie würden Sie sich entscheiden?

(43) a. *Du hast einen goldenen Fisch gefangen.*
b. *Du hast den goldenen Fisch gefangen.*

Aus diesem Kapitel ist mitzunehmen: Die Bedeutung von Wörtern in Texten (= Wortformen) speist sich aus lexikalischen und grammatischen Informationen. Bei einer grammatischen Bedeutung/Information handelt es sich stets um eine Information aus einem (kleinen) Pool von Alternativen. Soll zu einem Lexem eine Wortform gebildet werden, so muss zu jeder für das Lexem relevanten

[17] Es kann aber sein, dass das, was eine Sprache mit einem kurzen Wort referenziert, in einer anderen Sprache umständlich umschrieben werden muss.

[18] Zitat aus Jakobson (1971 [1959]: 492).

grammatischen Kategorie eine der alternativen Informationen ausgewählt werden. Welche grammatischen Kategorien im Einzelfall relevant sind, entscheidet sich anhand der Art des Lexems, von dem die Wortform gebildet werden soll. Der etablierte Begriff für "Art des Lexems" lautet: Wortart. Sprachen unterscheiden sich voneinander in Hinblick auf ihre Wortarten, in Hinblick auf die für ihre Wortarten jeweils relevanten grammatischen Kategorien und in Hinblick auf die für ihre grammatischen Kategorien jeweils zur Auswahl stehenden Grammeme. Dem Thema Wortart ist das nächste Kapitel gewidmet.

Sollten Sie wie in (a) aufgefordert werden, eine Wortform zu bestimmen, gehen Sie wie in (b) vor. Nennen Sie zuerst die Wortform in Transliteration. Nach einem Doppelpunkt führen Sie dann auf, jeweils durch ein Semikolon abgetrennt: die Wortart; die grammatischen Bedeutungen; die lexikalische Bedeutung (dass die grammatische Kategorie der Belebtheit im Falle des Lexems РЫБКА auf den Wert 'belebt' festgelegt ist, zeigte sich in Beispiel (10)).

(a) Bestimmen Sie die Wortform *рыбку*!
(b) *rybku*: Nomen; Akkusativ, Singular, feminin, belebt; 'Fischlein'

Bestimmen Sie bitte die Wortform *учительницами*!

2 Wortarten

2.1 Überblick

In diesem Kapitel setze ich den Unterschied zwischen Lexem und Wortform als bekannt voraus. Aus Kapitel 1 wissen wir ebenfalls bereits, was Wortarten sind. Die Wortarten einer Sprache entsprechen einer Partition des Lexikons der Sprache nach Maßgabe ihrer Grammatik. Das Ziel dieses Kapitels besteht darin, unser Wissen über Wortarten am Beispiel des Russischen zu vertiefen.

Mit den lexikalischen Wörtern (Lexemen) untrennbar verbunden sind "Gebrauchanweisungen" für ihre jeweilige Realisierung als diese oder jene Wortform in einer sprachlichen Äußerung. Die für die lexikalischen Wörter einer Sprache geltenden grammatischen Anwendungsregeln lassen sich sortieren. Entsprechend sind Wortarten also Klassen von Lexemen mit gemeinsamen sprachlichen Gebrauchsregeln. Oder, in den Worten von Fuß & Geipel (2018:36):

(1) **Wortart:** Bei einer Wortart handelt es sich um eine für einen Stamm (bzw. ein Lexem) im Lexikon festgelegte grammatische Klasse, die sein morphologisches und syntaktisches Verhalten (bzw. das Verhalten seiner Wortformen) bestimmt.

Im Russischen etwa gibt es z.B. eine Lexemklasse, für die u.a. gilt, dass ihre Wortformen die grammatische Kategorie des Tempus ausdrücken müssen. Das bedeutet, genauer gesagt, dass sie eines der Grammeme Präteritum, Präsens oder Futur ausdrücken müssen, denn das sind die drei Grammeme der russischen Tempuskategorie. Lexeme dieser Klasse nennt man Verblexeme. Wortformen, die Verblexeme realisieren, nennt man Verbformen, oder einfach Verben. Diese Wortformen gehören zur Wortart Verb.

Für eine andere Lexemklasse gilt, dass ihre Wortformen die Kategorie des Numerus mit ihren Werten Singular und Plural ausdrücken müssen. Zu welcher Wortart gehört ein Lexem dieser Klasse? Wer jetzt Nomen (oder Substantiv) sagen wollte, hat nur teilweise Recht. Denn auch Adjektive und (viele) Pronomina bringen in ihren Formen systematisch eine der Bedeutungen Singular oder Plural zum Ausdruck. In der folgenden Tabelle werden aus Gründen der Übersichtlichkeit nur die Wortformen im Nominativ berücksichtigt.

	Singular	Plural
Lexem КНИГА	*книга*	*книги*
Lexem КРАСНЫЙ	*красный*	*красные*
Personalpronomen 2.Ps.	*ты*	*вы*
Possessivpronomen 2.Ps.Sg.	*твой*	*твои*

Tab. 2.1: numerussensitive Wortarten

Das entscheidende Kriterium für die Postulierung einer Wortart ist also, ob für eine Menge von Lexemen eigene grammatische Realisierungsregeln gelten, d.h. andere, als für alle anderen Lexeme. Im ersten Teil dieses Kapitels werden wir sehen, dass sich "eigene grammatische Regeln" – wie in (1) bereits gesagt – auf die morphologische Realisierung als Wortform ebenso beziehen kann wie auf die Kombinatorik mit koartikulierten ("benachbarten") Wortformen. Wir erfahren, welche Wortarten es in ausnahmslos jeder Sprache gibt, und lernen die Unterschiede zwischen Funktionswörtern und Inhaltswörtern kennen. Im zweiten Teil stelle ich dann den Kanon der traditionell für das Russische angenommenen Wortarten vor.

2.2 Wie man Wortarten entdeckt

Woher weiss man, über welche verschiedenen Wortarten eine Sprache verfügt? Wir hatten ja bereits gesehen, dass Lexeme per definitionem keine eigene materielle Gestalt haben. Ihre materielle Erscheinungsform sind die Wortformen, die wir in Texten vorfinden. Deswegen können wir Lexeme auch nicht direkt beobachten. Nur Wortformen (Textwörter) sind unserer direkten Beobachtung zugänglich. Die Aufgabe besteht also darin, die Wortformen in Texten zu sammeln und nach formalen und inhaltlichen Ähnlichkeiten zu sortieren. Verfahren wir so mit den Wortformen des Russischen, dann stellen wir fest, dass sich die Wortformen oftmals zu Gruppen sortieren lassen, deren gemeinsamer Nenner derselbe Wortstamm ist. Das heißt, wir finden Gruppen von Wortformen mit demselben Wortstamm, aber verschiedenen Wortendungen vor. Die Begriffe "Stamm" und "Endung" werden erst in Kapitel 3 erklärt. An dieser Stelle hoffe ich auf ein intuitives Verständnis.

Beobachten wir also die Wortformen in Texten. Vergleichen wir dabei die inhaltlichen Kontraste, die die formalen Kontraste (verschiedene Endungen) zum Ausdruck bringen, so stellen wir auch hier Regelmäßigkeiten fest. Jetzt beginnt ein großes Spiel. Gesucht wird das optimale System von zugrundeliegenden Bedeutungsoppositionen, das erklären kann, warum die Wortformen, die wir in russischsprachigen Texten vorfinden, die Muster bilden, die sie bilden. Die "zugrundeliegenden Bedeutungsoppositionen" sind die Grammeme. Diesen Begriff haben wir im vorigen Kapitel kennen gelernt. Die große Frage lautet also: Welche Grammeme sind für die Wortformen mit identischem Wortstamm obligatorisch?

Weil das so vielleicht etwas zu abstrakt erklärt war, versuche ich es noch mal anders: Stellen Sie sich vor, Sie begegnen als erster Mensch einer bislang unbekannten Sprache. Das muss dokumentiert und untersucht werden! Sie sammeln zunächst Datenmaterial, d.h. Texte in dieser Sprache, indem Sie die Äußerungen der Sprecherinnen und Sprecher aufzeichnen. Dann transkribieren Sie diese Tonaufnahmen. Ausgehend von den umfangreichen phonetischen Daten, die Sie nun haben, versuchen Sie das Phoneminventar der Sprache zu ermitteln. Da Phoneme bedeutungsunterscheidende Lauteinheiten sind, müssen Sie dazu schon etwas über die Bedeutungen der sprachlichen Formen, die Sie aufgenommen haben, wissen. Wenn Ihnen das gelungen ist, können Sie sich für Ihre Zwecke ein phonembasiertes Alphabet für die neue Sprache überlegen und die Texte aus der phonetischen Transkription in ihre Alphabetschrift übertragen. Dabei werden Sie versuchen, Wortgrenzen zu identifizieren und (z.B. durch Lücken im Text) abzubilden. Was ein Wort eigentlich ist, darauf gehe ich später noch genauer ein (Kapitel 4).

Ihnen fällt auf, dass viele Textwörter gemeinsame grammatische Eigenschaften an den Tag legen. Je größer Ihre Textsammlung wird, desto deutlicher kristallisiert sich dies heraus. Es lassen sich Klassen von Wörtern bestimmen. Eine Klasse umfasst ganz verschiedene Wörter, die aber in ähnlichen Verwendungskontexten mit gleichen Formelementen (z.B. Endungen) auftreten. Sie sammeln Paare von Kontexten und Formelementen und ermitteln so die Grammeme, die für Wörter einer Klasse relevant im Sinne von formgebend sind. Am Ende haben Sie einen Kanon von Grammemen mit ihren jeweiligen Markern für eine Wortklasse gefunden, und einen anderen Kanon von Grammem-Marker-Paaren für eine andere Wortklasse. In diesem Moment haben Sie in Ihrer Sprache verschiedene Wortarten identifiziert.[1]

[1] Diese Skizze einer linguistischen Feldforschung ist natürlich hochgradig idealisiert. In der Praxis sehen Sie sich mit vielfältigen Detailproblemen konfrontiert. Nichtsdestoweniger, das Prinzip ist hoffentlich klar geworden.

2.3 Indeklinablia

Für das Russische müssen wir diese Arbeit zum Glück nicht auf uns nehmen, da diese Sprache bereits extrem gut untersucht ist. Was nicht heißen soll, dass es im Russischen nichts mehr zu entdecken gibt.

Wenn wir für das Russische so vorgehen, wie oben beschrieben, werden wir wahrscheinlich auf die folgenden Wortarten stoßen: 1. Verben; 2. Nomina; 3. Adjektive; 4. Zahlwörter; 5. Adverbien; 6. Pronomina (verschiedener Sorte); 7. Sonstige.

Die siebte Klasse ("Sonstige") unterscheidet sich von den übrigen dahingehend, dass diese Wörter indeklinabel sind, d.h. über alle Texte hinweg in allen ihren Verwendungskontexten immer in derselben Form erscheinen. Das heißt, es gibt im mentalen Lexikon von Sprecherinnen und Sprechern des Russischen viele Lexeme, die in Äußerungen stets in derselben Wortform erscheinen. Zum Beispiel:

(2) *над, или, уже, спасибо, в, назад, ух, а, вот, просто, да, ага, ура, через, когда, тьфу, если, такси, о*

Alle Wortformen in (2) unter ein und dieselbe Wortart zu subsumieren, wäre aber zu kurz gegriffen, denn auch innerhalb dieser Gruppe können wir unterschiedliches grammatisches Verhalten nachweisen. Allerdings zeigt sich dies nicht "im Wort", d.h. durch das Auftreten unterschiedlicher Marker (wie z.B. Endungen) in verschiedenen Verwendungskontexten. Diese Wortformen sind ja gerade dadurch gekennzeichnet, dass sie nicht flektieren; sie sind indeklinabel. Ihr besonderes grammatisches Verhalten zeigt sich nur "außerhalb ihrer selbst", anhand der Kombinatorik mit anderen Wortformen im Text.

Die Wortformen *над*, *в*, *назад*, *через* und *о* erscheinen stets in Kombination mit einem nominalen Element, mit dem sie zusammen eine syntaktische Konstituente bilden.

(3) *над облаками* ('über den Wolken')
в этом доме ('in diesem Haus')
два года назад ('vor zwei Jahren')
через границу ('über die Grenze')
об этом ('darüber')

Bereits innerhalb dieser wenigen, ausgewählten Beispiele lassen sich bestimmte Beobachtungen machen. Meistens steht der nominale Ausdruck hinter diesen Wörtern, die Ausnahme bildet *назад*. Obwohl die Wörter im Text oft adjazent zum Nomen erscheinen, können unter Umständen bestimmte andere, das Nomen modifizierende Wortformen dazwischentreten, vgl. *в этом доме*. Der nominale Asudruck ist stets ein Nomen oder auch ein Pronomen, vgl. *об этом*. Letzteres Beispiel zeigt, dass auch diese Wörter manchmal in ihrer Gestalt variieren. Hier handelt es sich jedoch um keine grammatische, sondern eine rein phonetisch bedingte Formänderung (*о* → *об*), um einen Hiatus zu vermeiden, so dass die oben getroffene Aussage, die Wörter in (2) seien indeklinabel, in Kraft bleibt.

Wortformen dieser Art werden Adpositionen genannt. Neben wenigen Postpositionen wie *назад* oder *спустя*, wobei letzteres auch vor dem Nominal auftritt, verfügt die russische Sprache über ein großes Inventar an Präpositionen.

Die Wortformen *или*, *а*, *когда* und *если* haben gemeinsam, dass sie zwischen zwei Sätzen erscheinen können, um diese diskursiv in Beziehung zueinander zu setzen.

(4) a. *Кошка мяукает, или петух кукарекает.*
'Die Katze miaut oder der Hahn kräht.'

b. *Кошка мяукает, а петух кукарекает.*
'Die Katze miaut, aber der Hahn kräht.'

c. *Кошка мяукает, когда петух кукарекает.*
'Die Katze miaut (zu der Zeit), wenn der Hahn kräht.'

d. *Кошка мяукает, если петух кукарекает.*
'Die Katze miaut (immer dann), wenn der Hahn kräht.'

(4a) besagt, dass entweder die Bedeutung des ersten Satzes (dass die Katze miaut) oder die Bedeutung des zweiten Satzes (dass der Hahn kräht) wahr ist. (4b) drückt aus, dass die Bedeutung des ersten Satzes und die Bedeutung des zweiten Satzes wahr sind, und dass die Sprecherin bzw. der Sprecher findet, dass das Wahrsein der zwei Sachverhalte einen Gegensatz impliziert. Der Gegensatz besteht in unterschiedlichen Eigenschaften der jeweiligen Redegegenstände (=Topiks) der zwei Sätze, also der Katze und des Hahns: erstere miaut, letzterer kräht. (4c) drückt aus, dass die Zeit, zu der die Bedeutung des zweiten Satzes wahr ist, auch die Zeit ist, zu der die Bedeutung des ersten Satzes wahr ist. (4d) drückt einen kausalen Zusammenhang aus. Das Wahrsein der Bedeutung des zweiten Satzes löst demnach das Wahrsein der Bedeutung des ersten Satzes aus.

Überlegen Sie sich einen Kontext, in dem der Satz (4a) sinnvoll geäußert werden kann.

Übrigens: Dass die Bedeutungen sprachlicher Ausdrücke mit ihrem Wahrsein in der Welt, über die gesprochen wird, in Verbindung stehen, ist das Credo der wahrheitskonditionalen Semantik. Zu Beginn von Kapitel 1 wurde kurz das Kommunikationsmodell von Karl Bühler erwähnt ("Organon-Modell"). Neben dem "Sender" und dem "Empfänger" enthält es als dritte kommunikationsrelevante Komponente die "Gegenstände und Sachverhalte", über die gesprochen wird. Ein Gegenstand könnte zum Beispiel eine Katze oder ein Hahn sein, und ein Sachverhalt könnte zum Beispiel sein, dass eine Katze miaut und dass ein Hahn kräht. Die wahrheitskonditionale Semantik geht von der Annahme aus, dass die Bedeutung eines Satzes eine Teilbeschreibung von einem Sachverhalt ist, der in der Welt, über die "Sender" und "Empfänger" sprechen, wahr oder falsch sein kann. Wird ein Satz als Deklarativsatz geäußert (z.B. *Кошка мяукает*), so behauptet der "Sender" damit die Wahrheit der mit dem Satz gelieferten Sachverhaltsbeschreibung. Ein Satz ist wahr, wenn die Struktur seiner Beschreibung der Welt (bzw. des Weltausschnitts, um den es im Gespräch gerade geht) mit der Struktur der Welt (bzw. des Weltausschnitts/Sachverhalts) übereinstimmt. Eine deutschsprachige Einführung in die wahrheitskonditionale Semantik bietet Löbner (2015, Kapitel 13).

Damit zurück zu den Wortformen in (4). Sie exemplifizieren die Wortart Konjunktion. Im Gegensatz zu *а*, *когда* und *если* kann *или* nicht nur zwei Sätze koordinieren, sondern auch andere Konstituenten, z.B. zwei Nominalphrasen (*чай или кофе?*) oder zwei Präpositionalphrasen (*перед свадьбой или после неё?*). Wichtig ist nur, dass die zwei Konstituenten denselben syntaktischen Status haben. Während die von *или* und *а* zueinander in Bezug gesetzten Konstituenten auf gleicher Hierarchiestufe stehen, herrscht zwischen den von *когда* und *если* zueinander in Bezug gesetzten Konstituenten ein Hierarchiegefälle (Hauptsatz-Nebensatz). Deshalb werden letztere als subordinierende Konjunktionen bezeichnet, im Gegensatz zu koordinierenden Konjunktionen wie *или* und *а*.

Damit bleiben in unserer "Sonstige"-Kategorie vorerst noch:

(5) *уже*, *спасибо*, *ух*, *вот*, *просто*, *да*, *ага*, *ура*, *тьфу*, *такси*

Doch auch diese Indeklinablia lassen sich noch weiter nach Maßgabe ihrer Funktion im Text gruppieren. Interessant sind die Wortformen *ух*, *ага*, *ура* und *тьфу*. Man nennt sie Interjektionen: “Interjektionen sind Wörter, die gewisse Gefühls- und Willensäußerungen des Sprechenden widergeben, ohne deren Inhalt genau zu bestimmen” (Tauscher & Kirschbaum 1958:422). Möglicherweise wird ihnen auch folgender Versuch einer Definition gerecht: Interjektionen sind sprachliche Gesten, die versuchen, mit sprachlichen Mitteln nicht-sprachliche Gesten zu imitieren. Ziehen wir Interjektionen ab, verbleiben noch:

(6) *уже*, *спасибо*, *вот*, *просто*, *да*, *такси*

Es ist schwer, diese Wörter auf einen gemeinsamen Nenner zu bringen. Sie erfüllen alle ihre jeweils eigene, teilweise gar nicht so leicht beschreibbare Funktion in russischsprachigen Texten. Doch Moment, für *такси* gilt das nicht. Dieses Wort kommt, wenn wir es beobachten, in genau denselben Kontexten vor wie Nomina, was per definitionem nichts anderes heißt, als dass es ebenfalls ein Nomen ist. Ein indeklinables Nomen. Sein Paradigma ist (indeklinable Nomina haben im Russischen den Genuswert Neutrum, wenn sie unbelebte Dinge bezeichnen, vgl. Corbett 1991):

(7)

n	Sg	Pl
Nom	*такси*	*такси*
Gen	*такси*	*такси*
Dat	*такси*	*такси*
Akk	*такси*	*такси*
Ins	*такси*	*такси*
Lok	*такси*	*такси*

Wozu dient das Wort *спасибо*? Kein großes Rätsel, die Artikulation von *спасибо* ist die allernormalste sprachliche Geste, um im Russischen seinen Dank für etwas zum Ausdruck zu bringen. Wozu dient das Wort *да*? Auch klar, die Artikulation von *да* ist die allernormalste Geste, um sein Einverständnis mit etwas zu signalisieren. Allerdings kommt *да* nicht nur als sog. *response particle* (Krifka 2013) vor, sondern findet auch noch in ganz anderen Kontexten Verwendung, etwa als nebenordnende Konjunktion (8a) oder als adversative Konjunktion (8b). Außerdem in Wendungen wie (8c), in denen *да* eine Jussiv-Funktion zu erfüllen scheint (vgl. Dobrushina 2012).

(8) a. *Жили-были* *кот* *да* *петух*.
there_once_lived tomcat.NOM.SG.M and cock.NOM.SG.M
‘Es waren einmal ein Kater und ein Hahn.’

b. *Ты-то не хочешь, да я*
2SG.NOM NEG want.PRS.IPFV.2SG but 1SG.NOM
хочу.
want.PRS.IPFV.1SG
'Du willst also nicht, aber ich will.'

c. *Да здравствует революция!*
long live revolution.NOM.SG.F
'Es lebe die Revolution!'

Übersetzen Sie den folgenden Minidialog. Welche Funktion hat hier das Wörtchen *да*?

A: *Устала?*
B: *Да нет.*

2.4 Universale Wortarten

Zwischenfazit: Wortarten sind grammatisch relevante Partitionen des Lexikons. Verschiedene Wortarten erkennt man an der unterschiedlichen Art und Weise, in der Lexeme nach grammatischen Kategorien flektieren. Verschiedene Flektionsmuster (Paradigmen) sind aber keine notwendige Bedingung für das Konstatieren verschiedener Wortarten. Das große Sammelsurium indeklinabler russischer Wörter gliedert sich in ganz verschiedene Wortarten auf, und zwar ebenfalls nach unterschiedlichen grammatischen Eigenschaften der entsprechenden Wortformen im Text. Die für sie relevanten grammatischen Eigenschaften betreffen aber nicht die Morphologie dieser Wörter (sie sehen ja schließlich immer gleich aus bzw. hören sich immer gleich an), sondern ihre Kombinatorik mit anderen Wortformen im Text, d.h. ihre Syntax.

Bei so vielen Sprachen, wie es auf dem Planeten gibt (man schätzt ca. 7000), ist strukturelle Vielfalt zu erwarten. Das ist auch definitiv der Fall, wovon man sich im World Atlas of Language Structures (www.wals.info) ein Bild machen kann. Allerdings ist in Bezug auf die Wortarten bemerkenswert, dass – soweit man weiß – alle menschlichen Sprachen in ihren Lexika eine Partition für Verben und eine Partition für Nomina vorhalten. Die Wortarten Nomen und Verb sind offenbar universell. Das verlangt nach einer Erklärung. Es folgt eine mögliche und, wie mir scheint, plausible Erklärung.

Sprachen haben sich in ihrer evolutionären Entwicklung an Umweltfaktoren adaptiert. “Umweltfaktoren” heißt im Falle von Sprachen: Kommunikationsbedürfnisse. Zwei Bedürfnisse scheinen dabei so fundamental für die menschliche Kommunikation zu sein, dass sie sich immer und überall in den Grammatiken der Sprachen der Welt niederschlagen, nämlich die Referenz und die Prädikation. Referenz ist die Lenkung der Aufmerksamkeit des Gesprächspartners bzw. der Gesprächspartnerin auf ein Ding (oder mehrere Dinge), über die etwas gesagt werden soll, den Redegegenstand. Prädikation ist das Informieren darüber, dass der Redegegenstand diese oder jene Eigenschaft hat.

Nominallexeme sind Lexeme, die dafür prädestiniert sind, dass ihre Wortformen zum Zwecke der Referenz eingesetzt werden; Verballexeme sind demgegenüber Lexeme, die dafür prädestiniert sind, dass ihre Wortformen zum Zwecke der Prädikation eingesetzt werden (Croft 2001). Nach Croft (2001:89) ist ein prototypisches Nomen ein Wort, das ein Ding bezeichnet und in der Funktion der Referenz benutzt wird. Ein prototypisches Verb ist ein Wort, das eine Handlung bezeichnet und in der Funktion der Prädikation benutzt wird.

Wenn wir uns später die grammatischen Kategorien des russischen Nomens und des russischen Verbs genauer ansehen, wird uns auffallen, dass die Nominalkategorien vor allem mit der Individuation des Referenten zu tun haben. Ist einer oder sind viele gemeint? Ist ein belebtes Wesen oder ein unbelebtes Ding gemeint? Verbalkategorien haben stattdessen mit dem Charakter der prädizierten Handlung zu tun. Ist sie von langer oder kurzer Dauer? Liegt sie zum Sprechzeitpunkt vor oder nicht mehr oder noch nicht?

Während alle Sprachen über Nomen und Verben verfügen, verfügen nicht alle Sprachen über eine eigene Wortart Adjektiv. Die prototypische Funktion eines Adjektivs ist nach Croft (2001) die Modifikation. Modifizieren bedeutet, etwas salopp, eine Bedeutung zu verfeinern. Wenn ich mit einem Nomen, z.B. *Buch* oder *книга*, auf einen bestimmten Gegenstand referieren will, dann kann es sein, dass die lexikalische Bedeutung dieser Nomina für meine Zwecke nicht hinreichend ist, weil zum Beispiel zwei Bücher im Kontext gegeben sind. Um eindeutig zu referieren, kann ich mit dem Finger auf das gemeinte Buch zeigen und dadurch die Aufmerksamkeit auf den intendierten Referenten lenken. Oder aber ich “verfeinere” die Bedeutung des Nomens, indem ich ihm eine Wortform an die Seite stelle, die die Bedeutung ‘Buch’ um eine Eigenschaft ergänzt, z.B. *rotes* oder *красная*. Eine so eingesetzte Wortform heißt Modifikator.

Ein prototypisches Adjektiv ist ein Wort, das eine Eigenschaft bezeichnet und in der Funktion der Modifikation benutzt wird. Lexeme der Wortart Adjektiv sind, sofern in einer Sprache vorhanden, demnach dafür prädestiniert, als Modifikatoren zu fungieren. Während keine Sprache auf Nominal- und Verballexeme zu verzichten scheint, verzichten nicht wenige Sprachen auf Adjektivlexeme. In solchen Sprachen übernehmen entweder Nominallexeme oder Verballexeme die Funktion der Modifikation. Man spricht in der Sprachtypologie entsprechend von adjektivischen Sprachen (Adjektive vorhanden), nominalen Sprachen (Nominallexeme werden zur Referenz und zur Modifikation eingesetzt) und verbalen Sprachen (Verblexeme werden zur Prädikation und zur Modifikation eingesetzt), vgl. Plungjan (2011:107).

2.5 Inhalts- und Funktionswörter

Nomina, Verben und Adjektive werden oft als Inhaltswörter zusammengefasst. Ihnen stehen die Funktionswörter gegenüber. Innerhalb der Wortarten einer Sprache ist die Unterscheidung zwischen Inhaltswörtern und Funktionswörtern fundamental. Diese Begriffe lassen sich ganz intuitiv verstehen. Ich erinnere zunächst an eine Prämisse, von der ich ausgehe: Sprachen haben sich evolutionär entwickelt zum Zwecke der Kommunikation über die Welt der Sprecherinnen und Sprecher. Das unterstellt, kann man Inhaltswörter als Lexeme definieren, die kraft ihrer Bedeutung ein Stückchen Welt beschreiben (oder, wie es in der Semantik gerne ausgedrückt wird: sie denotieren). Nomina bezeichnen typischerweise Dinge, Verben typischerweise Ereignisse, Adjektive typischerweise Eigenschaften von Dingen und Adverbien, von denen bisher noch gar nicht die Rede war, Eigenschaften von Ereignissen. Funktionswörter dagegen denotieren keine Substanz ("Stückchen Welt"). Sie sind stattdessen dafür da, zusammen mit den Inhaltswörtern komplexe sprachliche Ausdrücke mit differenzierten Bedeutungen zu bilden, die den immer wieder neuen Kommunikationszielen der Sprechenden in konkreten Kontexten gerecht werden. Eine traditionelle Terminologie unterscheidet hier zwischen "Autosemantika" ($\approx$ Inhaltswörter) und "Synsemantika" ($\approx$ Funktionswörter). In der modernen Linguistik werden Inhaltswörter auch als "lexikalische Kategorien" bezeichnet, Funktionswörter als "funktionale Kategorien".

Das intuitive Verständnis von Inhaltswörtern und Funktionswörtern ist nicht scharf genug, um Streitfälle auszuschließen. In welche Kategorie fallen etwa Präpositionen? Sind sie "synsemantische" Funktionswörter? Oder haben sie nicht doch aus sich heraus auch einen bestimmten eigenen semantischen Gehalt, und sind entsprechend auch "autosemantisch"?

Wenn man sich den grundsätzlichen Unterschied zwischen Inhaltswörtern und Funktionswörtern vor Augen führt, versteht man auch, warum erstere im Lexikon offene Klassen, letztere hingegen (mehr oder weniger) geschlossene Klassen von Wisseneinheiten darstellen. Inhaltswörter beschreiben, wie gesagt, Aspekte der Welt, über die gesprochen werden soll, also potenzielle Redethemen. Da nun die Welt immer neue Themen bereithält, kommt es auf die allerselbstverständlichste Weise zu einer permanenten Erweiterung des mentalen Lexikons um neue Lexeme. Eine Sache, für die es kein Lexem gibt, muss innerhalb einer sozialen Gruppe nur oft genug thematisiert werden, schon werden es die Sprecherinnen und Sprecher als hinreichend nützlich ansehen, für diese Sache ein neues, eigenständiges Lexem vorzuhalten (Fleischer & Barz 2012:24). Deswegen sind "Inhaltswort-Wortarten" (= lexikalische Kategorien) prinzipiell offene Klassen. Die Mengen von Funktionswörtern innerhalb einer "Funktionswort-Wortart" (= funktionalen Kategorie) sind dagegen sehr viel statischer in dem Sinne, dass die Sprache über ein festes, etabliertes Inventar solcher Mittel verfügt. Dennoch kommt es natürlich auch hier vor, dass neue Funktionswörter entstehen. Teilweise sogar einigermaßen massiv, wenn sich zum Beispiel durch den Einfluss des Englischen Interjektionen der Art *окей*, *шит* oder *фак* im Russischen etablieren.

2.6 Der traditionelle Kanon

Wieviele Wortarten hat das Russische? Das hängt ganz davon ab, wie grob- oder feinkörnig man das Kriterium der grammatischen Relevanz einer Lexikonpartition ansetzt. Je feiner, desto mehr Wortarten. Die Zahl der traditionell angenommenen Lexikonpartitionen schwankt so um die Zahl 10 herum. Beispielhaft ist das folgende Zitat:

> Man unterscheidet im Russischen zehn Wortarten: das Substantiv, das Adjektiv, das Zahlwort, das Pronomen, das Verb, das Adverb, die Präposition, die Konjunktion, die Partikel, die Interjektion. (Tauscher & Kirschbaum 1958:50)

Hier noch einmal die in dieser Quelle angesetzten Wortarten im Überblick, in variierter Reihenfolge, mit ihren russischen Namen.

1 глагол (Verb)

2 существительное (Nomen)

3 прилагательное (Adjektiv)

4 числительное (Zahlwort)

5 наречие (Adverb)

6 местоимение (Pronomen)

7 предлог (Präposition)

8 союз (Konjunktion)

9 частица (Partikel)

10 междометие (Interjektion)

Ich werde nun im Schnelldurchlauf jede dieser Wortarten kurz thematisieren. Das Vorgehen hat lediglich episodischen Charakter und erhebt keinerlei Anspruch auf Vollständigkeit. Mein Ziel ist es, ein kurzes Schlaglicht auf jede Wortart zu werfen, um so einen Eindruck von der Vielfalt der Einheiten des Lexikons zu geben. Außerdem erhoffe ich mir, dass sich die zehn Kategorien auf diese Weise ein wenig einprägen. Sie zu kennen gehört einerseits zum Basiswissen der Linguistik des Russischen. Darüber hinaus ist es wichtig, sie gut zu kennen, um russischsprachige Textkorpora – nicht zuletzt das russische Nationalkorpus – benutzen zu können. Ich beginne mit den Inhaltswörtern.

2.6.1 Das Verb (глагол)

Wenn man die (unsinnige) Frage gestellt bekommt, welches die wichtigste aller Wortarten ist, muss man wahrscheinlich mit "das Verb" antworten. Das Verb bildet das syntaktische Zentrum der meisten Sätze einer Sprache. Es legt das semantische Grundthema der Satzbedeutung fest. Wenn Sie Russisch als Fremdsprache lernen, ist es geschickt, sich vor allem auf das Lernen der Verben mit ihrer Rektion zu konzentrieren.

Wie bereits oben erwähnt sind Verben prädestiniert dafür, im Satz als Prädikate zu fungieren. Nomen und Adjektive können ebenfalls das Prädikat stellen, aber nur zusammen mit einem Extrawort, einem Hilfsverb.

(9) a. *Собака* *музицировала.*
dog.NOM.SG.F make_music.PST.IPFV.SG.F
'Der Hund musizierte.'

b. *Собака* *была* *музыкантом.*
dog.NOM.SG.F be.PST.IPFV.SG.F musician.INS.SG.M
'Der Hund war Musiker.'

c. *Собака* *была* *музыкальная.*
dog.NOM.SG.F be.PST.IPFV.SG.F musical.NOM.SG.F.LF
'Der Hund war musikalisch.'

In jedem dieser Sätze ist *собака* das Subjekt. Das übrige Satzmaterial bildet das Prädikat. Lediglich in (9a) besteht das Prädikat aus nur einer Wortform, einer Form eines Verblexems. In (9b) besteht das Prädikat aus einem Hilfsverb und einer Form eines Nominallexems. Man beachte übrigens, dass das Hilfsverb und das prädikativ verwendete Nomen in Hinblick auf ihre Genuswerte nicht kongruieren (das Hilfsverb kongruiert mit dem Subjekt). In (9c) besteht das Prädikat aus einem Hilfsverb und einer Form eines Adjektivlexems. Bei der Adjektivform handelt es sich um die sog. Langform, hier glossiert als LF.

> Oben hatte ich gesagt, dass russische Nomen und Adjektive eines Hilfsverbs bedürfen, um das Prädikat des Satzes zu bilden. Wie ist diese Aussage mit den folgenden zwei Sprachdaten verträglich?
>
> (a) *Собака музыкант.* ('Der Hund ist Musikant')
> (b) *Собака музыкальная.* ('Der Hund ist musikalisch')

Als Prädikat stellt das Verb das syntaktische Zentrum des Satzes dar. Seine grammatischen Eigenschaften sind maßgebend für alle anderen Wortformen im Satz. Im Rahmen der syntaktischen Theorie der Dependenzgrammatik (vgl. Weber 1992) wird dies besonders sichtbar. Betrachten wir den folgenden Satz (dessen Wahrheitsgehalt mir aufgrund persönlicher Erfahrungen etwas fragwürdig erscheint).

(10) *Даже* *маленькие* *дети* *быстро*
even small.NOM.PL.M.LF child.NOM.PL.M quickly
приучаются *учиться* *на удалёнке.*
acquire.PRS.IPFV.3PL learn.INF.IPFV on distance.LOC.SG.F
'Selbst kleine Kinder eignen sich das Lernen im Distanzunterricht schnell an.'

Die Dependenzgrammatik expliziert die Abhängigkeiten der Wortformen im Satz voneinander. Satz (10) erhält dann die Analyse in Abbildung 2.1.

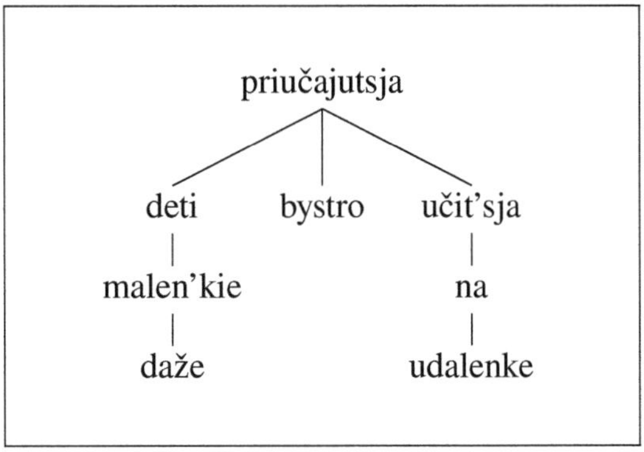

Abb. 2.1: Syntaktische Analyse von (10)

Die Striche symbolisieren syntaktische Abhängigkeiten zwischen zwei Formen. Die obere von zwei Wortformen, die durch einen Strich verbunden sind, regiert immer die untere Wortform. Wir sehen, dass alle Wortformen des Satzes zueinander in direkten oder indirekten Abhängigkeitsverhältnissen stehen und dass nur das finite Verb *приучаются* von keiner anderen Wortform abhängig ist. Das (finite) Verb regiert also direkt die Wortformen *дети*, *быстро* und *учиться* und indirekt den ganzen Satz.

Dem russischen Verb und seiner Grammatik ist noch ein eigenes Kapitel gewidmet. Allerdings wird es da vornehmlich um Morphologie gehen und weniger um Syntax.

2.6.2 Das Nomen (существительное)

Kommen wir zum Nomen, auch Substantiv genannt. Die traditionelle lateinische Bezeichnung dieser Wortart ist "Nomen substantivum", ins Russische lehnübersetzt als имя существительное. Der Terminus bedeutet "Substanzname". Mit Substanz ist das gemeint, was sprachunabhängig existiert. Also die Welt, über die gesprochen wird.

Ob eine Welt unabhängig von uns existiert, oder ob wir sie uns erst konzeptuell herbeikonstruieren, diese Frage ist für die Linguistik (zum Glück) völlig egal. Sprachen haben sich nämlich unter den Bedingungen der Alltagskommunikation entwickelt, und unter diesen Bedingungen wird einfach vorausgesetzt, dass es eine materielle Welt voller konkreter Dinge gibt, in die wir hineingeboren werden, die wir entdecken und über die wir uns verständigen.

Antworten auf philosophische Streitfragen werden wir durch die Erforschung sprachlicher Strukturen also eher nicht erhalten. Dafür können wir durch Freilegen sprachlicher Strukturen aber Einblicke in die Struktur der von den Sprecherinnen und Sprechern als existent vorausgesetzten Welt hinter der Sprache gewinnen. Modelle der Inventarisierung der (Dinge der) Welt nennt man Ontologien. Eine vielleicht doch gar nicht so unphilosophische Frage, zu deren Beantwortung die Linguistik aktiv beiträgt, lautet: Welche ontologischen Kategorien muss ich in der Welt annehmen, damit die sprachlichen Kategorien, die ich entdecke, wenn ich Texte untersuche, sinnvoll interpretierbar sind?

Als "Substanznamen" benennen verschiedene Nomina verschiedene Aspekte der Welt. Sie werden nicht nur, aber nicht zuletzt dafür benutzt, Aufmerksamkeit auf die von ihnen benannten Aspekte der Welt zu lenken. Sie sind, mit anderen Worten, dafür prädestiniert, beim sprachlichen Akt des Referierens zum Einsatz zu kommen. Jetzt gilt es aber aufzupassen: Auch durch die Benutzung von Wortformen wie *Казбек*, *Чехов* oder *Мусик* lenkt man die Aufmerksamkeit auf Aspekte der Welt, nämlich auf einen Berg in Georgien, den bekannten Schriftsteller und den Hund einer Freundin von mir. Dennoch handelt es sich bei diesen sprachlichen Ausdrücken nicht um Nomina im Sinne von имя существительное.

Ein Wort wie *Чехов* ist kein "Substanzname", sondern ein Eigenname, russisch: имя собственное. Eigennamen könnten aufgrund ihrer besonderen grammatischen Eigenschaften mit Fug und Recht als eigenständige Klasse in den Kanon der Wortarten aufgenommen werden, im Russischen wie im Deutschen. Für gewöhnlich werden sie aber als Spezialfall unter die Substantive subsumiert. Worin besteht der prinzipielle Unterschied?

Eigennamen bezeichnen, wann und wo sie auch geäußert werden, immer dasselbe Individuum. Was nicht ausschließt, dass ein Name zweimal (oder öfter) vergeben ist, wie zum Beispiel der Eigenname *Москва* – einmal für die Stadt und einmal für den Fluss. Wie ein unsichtbares Etikett klebt ein Eigenname an einem Ding der Welt, wenn man so will. Normale Nomina/Substantive sind dagegen *Gattungs*namen. Als Gattungsname verweist ein Nomen nicht auf ein einzelnes Ding, wie ein Eigenname, sondern auf eine Menge von Dingen. Zum Beispiel denotiert das Nomen *гора* die Menge aller Berge, das Nomen *поэт* die Menge aller Dichter (und Dichterinnen) und das Nomen *собака* die Menge aller Hunde.

Handelt es sich bei den folgenden Formen im Nominativ Singular um Eigennamen oder um Gattungsnamen?

(a) ИИСУС ХРИСТОС, (b) ЛЯГУШКА, (c) ЛУНА,
(d) БЕЛЫЙ МЕДВЕДЬ, (e) СПУТНИК, (f) МЕРСЕДЕС,
(g) МАКДОНАЛДС, (h) ЗОЛОТО, (i) ДЕД МОРОЗ,
(j) ДАЛАЙ-ЛАМА, (k) КОРОНАВИРУС

Jedes Nominallexem im Lexikon einer Sprache legt davon Zeugnis ab, dass die Sprecherinnen und Sprecher der Sprache all die Dinge in der Welt, die durch das Lexem bezeichenbar sind, als einander in irgendeiner Weise ähnlich erachten. Sonst hätte sich diese lexikalische Kategorie ja nicht ausgebildet! Das ist zwar etwas idealisiert, aber dennoch: Der nominale Wortschatz einer Sprache legt sich wie ein Raster über die Dinge in der Welt und sortiert sie nach Ähnlichkeiten. Beim Erstspracherwerb versuchen Kinder, die Extensionen der lexikalischen Wörter auszuloten, die ihre Muttersprache bereithält, um sich die (mutter)sprachliche Sortierung der Welt anzueignen. Gewissermaßen bekommen wir dadurch einen durch unsere Muttersprache verzerrten Blick auf die Welt (Dietrich 2004), denn verschiedene Sprachen unterscheiden sich grundsätzlich in der Art und Weise, wie sie die Weltsubstanz lexikalisch partitionieren.

2.6.3 Das Adjektiv (прилагательное)

Oben wurde gesagt, dass Lexeme der Wortart Adjektiv dafür prädestiniert sind, die Bedeutung eines Nomens zu modifizieren. Wenn Adjektive als Modifizierer fungieren, spricht man von *attributiv* verwendeten Adjektiven. Die zweite Möglichkeit ist, dass Adjektive als Prädikate zum Einsatz kommen, dann spricht man von *prädikativ* verwendeten Adjektiven. In (11a) wird die Adjektivform *тяжелый* attributiv gebraucht, in (11b) prädikativ.

(11) a. *Это* *был* *тяжёлый*
this.NOM.SG.N be.PST.IPFV.SG.M heavy.NOM.SG.M.LF
год.
year.NOM.SG.M
'Dies war ein schwieriges Jahr.'

b. *Этот* *год* *был*
this.NOM.SG.M year.NOM.SG.M be.PST.IPFV.SG.M
тяжёлый.
heavy.NOM.SG.M.LF
'Dieses Jahr war schwierig.'

Wir hatten auch gelernt, dass in vielen Sprachen der Welt Nominallexeme oder Verballexeme die Funktion der Modifikation übernehmen, was dann natürlich mit einer Reduktion der Anzahl der Adjektivlexeme einhergeht. Manchmal bis auf Null, so dass die betreffenden Sprachen keine lexikalischen Adjektive mehr besitzen. Als ein Beispiel sei das Niwchische genannt, dass auf der Insel Sakhalin gesprochen wird. In dieser Sprache werden Eigenschaftswörter auf Basis von Verblexemen, sog. qualitativen Verben, gebildet (Otaina 1978).

Interessanterweise gibt es aber offenbar bestimmte Eigenschaften, die der Übernahme durch Nomina oder Verben hartnäckig widerstehen. Wenn eine Sprache nur (noch) über eine kleine Menge von Adjektivlexemen verfügt, dann bezeichnen diese Lexeme genau diese Arten von Eigenschaften (Dixon 1977, vgl. Rakhilina 2000:105). Es handelt sich bei diesen widerständigen Eigenschaften um Eigenschaften der Grösse (*groß, klein, ...*), der Farbe (*rot, weiß, ...*), des Alters (*alt, jung, ...*) und der Bewertung (*gut, schlecht, ...*).

Wenden wir uns einer Domäne aus dieser Gruppe zu, den Farbeigenschaften. Das deutsche Adjektivlexem BRAUN findet keine eindeutige Entsprechung im Russischen. Die Übersetzungsplattform Leo bietet uns folgende Varianten an (https://dict.leo.org/russisch-deutsch/braun):

(12) коричневый
карий (über Augen)
каштановый (über Haare)
бурый
гнедой (über Pferde)
смуглый (über Haut)
загорелый (i.S.v. sonnengebräunte Haut)

Ignorieren wir die auf die Kontexte Augen, Haare, Pferd und Haut spezialisierten Lexeme, so bleiben noch zwei Adjektive übrig, die die Farbe Braun bezeichnen: КОРИЧНЕВЫЙ und БУРЫЙ. In der Textsammlung des russischen Nationalkorpus, das 288.727.494 Wortformen umfasst, kommt das erste Lexem КОРИЧНЕВЫЙ als Wortform 7.061 mal vor, das Lexem БУРЫЙ 5.211 mal.

Diese Zahlen beinhalten Vorkommen zusammengesetzter Wortformen der Art чёрно-коричневая ('schwarz-braun') (http://www.ruscorpora.ru; alle Zahlen vom 5.4.20).[2] Die Tabelle 2.2 zeigt die absolute Häufigkeit von Adjektivformen dieser zwei Lexeme in unmittelbarer linker Nachbarschaft der jeweils genannten Nominallexeme. Die Lexeme werden von mir in der Tabelle wieder in ihrer Nominativ Singular Grundform repräsentiert.

Nomen	коричневый	бурый	
ботинок	12	0	'Schuh'
глаз	66	6	'Auge'
жидкость	29	18	'Flüssigkeit'
земля	13	20	'Erde'
корова	3	12	'Kuh'
крыша	2	4	'Dach'
лужа	5	6	'Pfütze'
медведь	1	113	'Bär'
мороженое	0	0	'Eis'
дым	6	24	'Rauch'
уголь	1	14	'Kohle'
форма	17	0	'Uniform'
сахар	14	0	'Zucker'
стена	20	12	'Wand'

Tab. 2.2: rechte Nachbarn von KORIČNEVYJ und BURYJ

Können Sie sich einen Reim auf diese Verteilung machen? Wann benutzt man КОРИЧНЕВЫЙ, wann БУРЫЙ? Gibt es irgendeine Systematik hinter diesen Zahlen?

[2] Um nach allen Wortformen eines Lexems, also nach dem Lexem selbst, zu suchen, muss man auf der Suchseite des NKRJa (das steht für Национальный корпус русского языка) die zweite Suchmaske "Лексико-грамматический поиск" benutzen und hier in das Feld "слово" die Grundform aus dem Wortformenparadigma des Lexems eingeben. Bei Adjektivlexemen ist die Grundform per Konvention die Langform im Nominativ Singular Maskulinum.

Das Lexem КАРИЙ kommt im NKRJa (https://ruscorpora.ru) insgesamt 2.508 mal als Wortform vor (Stand 10.11.21). Wie oft erscheint es als unmittelbar linker Nachbar einer Wortform des Lexems ГЛАЗ?

Das russischsprachige Wortschatz-Korpus umfasst 1.800.364.710 Wortformen (https://corpora.uni-leipzig.de/de?corpusId=rus_mixed_2013). Wenn wir die Grundform des jeweiligen Lexems in die Suchmaske eingeben, erhalten wir u.a. die häufigsten Kookkurenzen der beiden Adjektivlexeme. Niemand hat gern signifikante rechte Nachbarn, коричневый und бурый haben laut dieser Ressource die in Abb.2.2.

Signifikante rechte Nachbarn:

цвет (7,062), карлик (1,837), оттенок (1,767), , (1,146), рис (941), сахар (821), цвета (528), пояс (527), окрас (433), тростниковый (375), пигмент (357), или (317), костюм (273), RAL8017 (259),) (250), рис. (229), металлик (208), ((188), жир (172), чемодан (167), и (163), налет (139), пиджак (135), . (128), кожаный (127), SULTANAS (118), кирпич (116), свитер (112), порошок (104), жакет (102), цвет» (93), мрамор (88), конверт (85), Бит (84), RAL (83), эль (81), дерматин (75), пудель (72), бульон (69), паук-отшельник (67), окрасы (67), осадок (66), плащ (65), нос (63), крафт (62), Демерара (59), оттенки (56), королек (55), 8017 (54), загар (54), ; (53), отлив (53), тон (50), паучок (49), щенок (48), медведь (45), балахон (45), полушубок (44), пеликан (43), сюртук (43)

Signifikante rechte Nachbarn:

медведь (6,986), уголь (2,894), цвет (1,202), жир (1,128), мишка (364), рис (249), или (180), железняк (155), оттенок (151), пеликан (150), медвежонок (149), осадок (143), ушан (121), скот (84), дым (76), карлик (75), окрас (63), рис. (63), налёт (62), кролик (55), хищник (55), подшерсток (48), гофрокартон (46), голубь (42), песок (37), медведи (34), налет (33), , (24), цвета (15),) (12), и (9.7), ; (5.6)

Abb. 2.2: häufigste Kookkurenzen KORIČNEVYJ (oben), BURYJ (unten)

Nach Rachilina (2000:177ff.) ist das Adjektiv коричневый semantisch auf die Modifikation von Nomina spezialisiert, die vom Menschen hergestellte Dinge (Artefakte) bezeichnen. Die Verwendung von бурый ist demgegenüber auf in der Natur vorkommende Dinge eingeschränkt; dieses Adjektiv modifiziert entsprechend so gut wie keine Artefakte. Komplexer wird das Bild, weil der russische Adjektivwortschatz noch eine Reihe weiterer Lexeme umfasst, die in relativ speziellen Kontexten benutzt werden, die mit der Domäne der Artefakte und der Dinge aus der Natur überlappen. Genannt werden u.a. рыжый, пятнистый und пегий. Wie langweilig ist demgegenüber doch der Wortschatz des Deutschen in diesem Bereich!

Im NKRJa erscheint kein einziges Mal eine Wortform des Lexems МОРОЖЕНОЕ ('Speiseeis'), deren Bedeutung durch die Bedeutung von КОРИЧНЕВЫЙ oder БУРЫЙ spezifiziert wäre. Warum?

Was sich hier auch zeigt, ist, dass der Wellenlängenbereich des Spektrums sichtbaren Lichts als Kriterium dafür, wie sich Sprecherinnen und Sprecher in Bezug auf Farbbezeichnungen sprachlich verhalten, eine untergeordnete Rolle spielt. An der kontextuellen Verteilung der Farbadjektive lässt sich vielmehr eine Art Arbeitsteilung ablesen. Das eine Lexem ist auf diese Referenzdomäne spezialisiert, das andere auf jene Domäne, beide im Rahmen desselben Spektralbereichs. Wie sich die vielen Adjektive mit der Bedeutung 'braun' im heutigen Russisch ganz genau kontextuell verteilen, bleibt zu erforschen.

Apropos heutiges Russisch. Rachilina weist darauf hin, dass sich der Gebrauch von бурый in der heutigen russischen Sprache auf einen sehr engen Kreis von Bezugsnomina beschränkt. Schauen wir uns die "signifikanten rechten Nachbarn" von бурый an (Abb.2.2), können wir das nachvollziehen: die ersten zwei Nachbarn, медведь und уголь, dominieren zahlenmäßig deutlich. Rachilina vermutet, dass sich in diesem Bereich des Lexikons heute ein Sprachwandel vollzieht derart, dass das Lexem КОРИЧНЕВЫЙ mehr und mehr die Kontexte von БУРЫЙ übernimmt. Zu beachten ist, dass Rachilinas "heute" auch schon wieder 20 Jahre her ist...

2.6.4 Das Zahlwort (числительное)

Sind Zahlwörter Inhaltswörter? Es gibt in der Welt keine Zahlen, aber es gibt Dinge, die sprachlich von Nominallexemen, wie wir gesehen haben, zu Klassen gleicher Art zusammengefasst werden. Und diese Dinge gleicher Art treten natürlich nicht immer einzelnd auf, sondern oft in Mengen. Das Bedürfnis, innerhalb solcher "Mengen gleicher Dinge" sprachlich zu differenzieren, hat auch im Russischen zu der Etablierung der Wortart Zahlwort mit seiner spezifischen Grammatik geführt. Zahlwörter denotieren also, wenn auch auf einer gewissen Abstraktionshöhe, sehr wohl Aspekte der Welt – und sollten entsprechend auch zu den Inhaltswörtern gezählt werden.

(13) bis (15) zeigen die Kombinatorik der russischen Grundzahlwörter 1 bis 5 mit Nomina, die durch ein Adjektiv modifiziert werden. Die drei Beispielgruppen repräsentieren Nominallexeme aller drei Genuswerte: ДИВАН ('Sofa') = maskulin; СКАМЕЙКА ('Bank') = feminin; КРЕСЛО ('Sessel') = neutrum.

Das Adjektiv wird jeweils vom Lexem СТИЛЬНЫЙ ('stilvoll') gebildet. Alle gezeigten Syntagmen aus drei Wortformen werden in Kontexten benutzt, in denen der Kasus Nominativ gefragt ist.

(13) *один стильный диван*
два стильных дивана
три стильных дивана
четыре стильных дивана
пять стильных диванов

(14) *одна стильная скамейка*
две стильные скамейки
три стильные скамейки
четыре стильные скамейки
пять стильных скамеек

(15) *одно стильное кресло*
два стильных кресла
три стильных кресла
четыре стильных кресла
пять стильных кресел

Das Kuriose an diesen Sprachdaten sind die Wortformen der Zahlwörter 2, 3 und 4. Betrachten wir aber zunächst das Zahlwort 1. Sowohl das Bezugsnomen als auch das attributive Adjektiv wird von der Form des Nominativ Singular gestellt. Die Adjektivform kongruiert dabei in Hinblick auf Kasus, Numerus und Genus mit dem Kopfnomen. Der "Kopf" einer Wortgruppe (Phrase) ist diejenige Wortform innerhalb der Phrase, die die grammatischen Eigenschaften der anderen Wortformen in der Phrase bestimmt. Da sich das Adjektiv in seiner Form nach dem Nomen richtet, ist das Nomen der Kopf. Betrachten wir die Formen des Zahlworts von (13) bis (15), *один – одна – одно*, so stellen wir fest, dass sich auch das Zahlwort in Kasus und Genus nach dem Nomen richtet. Warum richtet sich das Zahlwort nicht auch im Numerus nach dem Nomen? Weil es in Bezug auf die Grammemalternativen, die die Numeruskategorie bereithält, aufgrund seiner Semantik auf Einermengen-Referenz, also den Singular, festgelegt ist.

Wenden wir uns nun dem Zahlwort 5 zu. Anders als 1 erscheint es in allen Genera in derselben Form, *пять – пять – пять*. Das heißt, es ist offenbar autonom gegenüber den grammatischen Eigenschaften des Nomens, so dass das

Nomen hier nicht das Kopfnomen der Phrase sein kann. Der syntaktische Kopf ist vielmehr das Zahlwort, da es den anderen Wortformen, dem Adjektiv und dem Nomen, ihre jeweilige morphologische Gestalt diktiert. Konkret müssen diese in allen Fällen die grammatischen Werte Genitiv und Plural annehmen. Man sagt, das Zahlwort *пять* regiert den Genitiv Plural.

Was passiert nun in den Fällen 2, 3 und 4? Wenn man die Adjektive zunächst ignoriert, kommt man auf den Gedanken, dass diese Zahlwörter den Genitiv Singular regieren. Aber Achtung, beim Zahlwort 2 gibt es eine Komplikation. Anders als 3 und 4 ist seine Wortform nämlich nicht über alle drei Genera hinweg identisch. Wenn das Nomen feminin ist, erscheint das Zahlwort in der Form *две*, nicht *два*. Zu attestieren, dass das Zahlwort der regierende Kopf der Phrase ist, wäre also vorschnell. Wir können daran festhalten, dass es qua Rektion den Genitiv Singular des Nomens einfordert, müssen aber gleichzeitig feststellen, dass es sich in Hinblick auf das Genus dem Nomen unterordnet, zumindest wenn der Genuswert des Nomens feminin ist. Klammern wir die Femininreihe (14) einmal vorübergehend komplett aus. Wenigstens für die Maskulin- und die Neutrumreihe können wir jetzt ohne Einschränkung konstatieren, dass das Zahlwort den Phrasenkopf bildet. Ein Blick auf die Adjektivformen gibt nun aber das nächste Rätsel auf. Dass das Zahlwort den Genitiv Singular regiert, gilt offenbar nur für das Nomen. Die Adjektive erscheinen in den Formen des Genitiv Plural. Na gut, vielleicht ist es einfach so: die Zahlwörter 2, 3 und 4 regieren den Genitiv, bei Adjektiven Plural, bei Nomina Singular. Jetzt blenden wir die Femininreihe wieder ein und betrachten die Adjektivformen. Die stehen ja überhaupt nicht im Genitiv! Weder Plural noch Singular! Stattdessen in der Form des Nominativ Plural. Und das nicht nur in Verbindung mit dem Zahlwort 2, das ja bereits einmal aus der Reihe getanzt ist, sondern auch in Verbindung mit den Zahlwörtern 3 und 4.

Es erscheint völlig unmöglich, (elegante) Regeln zu formulieren, die das Muster der russischen Grundzahlwörter korrekt voraussagen.

2.6.5 Das Adverb (наречие)

Die Wortart Adverb hat, wie der Name sagt, etwas mit Verben zu tun. Um Adverbien zu verstehen, muss man deswegen zunächst noch etwas über die Wortart Verb zur Kenntnis nehmen.

Verben sind Inhaltswörter. Wie Nomina denotieren sie Aspekte der Welt, wie ich das oben etwas salopp formuliert hatte. Allerdings denotieren sie grundsätzlich andere "Aspekte der Welt" als die Nomina. Die denotative Bedeutung eines

Nominallexems kann man sich wie die Beschreibung eines Objekts vorstellen. Das Wissen darüber, was ein typisches Objekt an sich ist, ist uns übrigens in die Wiege gelegt. Eine Reihe psychologischer Studien deutet darauf hin, dass Babys bereits im Alter von zwei Monaten befähigt sind, im Strom der Sinneseindrücke, denen sie ausgesetzt sind, Objekte zu individuieren (Spelke et al. 1992; Carey 1995). Ein konzeptuelles Objektschema gehört offenbar zu unserer kognitiven Grundausstattung. Es führt dazu, dass wir von Sinnesreizen, die sich stabil entlang eines raumzeitlichen Pfads bewegen, auf die Existenz eines Objekts schließen. Im Laufe der Zeit füllt sich die Welt des Kinds mit mehr und mehr Objekten. Etwas später wird es dann mit dem Erwerb seines muttersprachlichen Nominalwortschatzes ein Kategoriensystem entwickelt haben, mittels dessen es die Objekte der Welt nach Ähnlichkeiten sortiert. Nominallexeme sind Wissenseinheiten, die solche Kategorien, verschiedene Objektarten, beschreiben (vgl. Mueller-Reichau 2013).

Auch Verblexeme sind Wissenseinheiten, die Kategorien von "Dingen in der Welt" beschreiben. Allerdings keine Objektarten, sondern Ereignisarten. Das glaubt zumindest die Ereignissemantik (vgl. Maienborn 2011). Neben einem abstrakten Objektkonzept (dem Wissen darüber, was ein typisches Objekt ausmacht) verfügen wir demnach über ein abstraktes Ereigniskonzept (dem Wissen darüber, was ein typisches Ereignis ausmacht).

Die Ereignissemantik geht von der Annahme aus, dass sich die Ontologie (die "Welt hinter der Sprache") in mindestens zwei Domänen gliedert. Die Domäne der Objekte und die Domäne der Ereignisse. Nomina werden (typischerweise) benutzt, um damit auf Entitäten der Objektdomäne zu referieren. Und Verben werden entsprechend (typischerweise) benutzt, um auf Entitäten der Ereignisdomäne zu referieren.

(16) *Брут* *убил* *Цезаря.*
B.NOM.SG.M kill.PST.PFV.M C.ACC.SG.M
'Brutus tötete Cäsar.'

Mit der Äußerung (16) sind demnach drei Referenzakte verbunden. Der Sprecher bzw. die Sprecherin verweist auf zwei Objekte, Brutus und Cäsar, und auf ein Ereignis, das als ein Töten ausgewiesen wird. Die Objekte werden von Nomina (hier Eigennamen) bezeichnet, das Ereignis von einem finiten Verb. Kommuniziert wird zudem, dass die Objekte im Rahmen des Ereignisses bestimmte semantische Rollen spielen (Brutus = Agens, Cäsar = Patiens).[3]

[3] Auf semantische Rollen (wie Agens, Patiens, usw.) gehe ich in Kapitel 9 ein.

Nun zu den Adverbien. Wortformen der Wortart Adverb sind darauf spezialisiert, die Ereignisbeschreibung, die ein Verb kraft seiner lexikalischen Bedeutung in die Äusserungsbedeutung speist, zu modifizieren. Ganz ähnlich wie ein (attributives) Adjektiv die Objektbeschreibung ergänzt, die von einem Nomen ausgeht. Schauen wir uns das am Beispiel an.

(17) *15 марта Брут убил Цезаря*
15 march.GEN.SG.M B.NOM.SG.M kill.PST.PFV.M C.ACC.SG.M
ножом во время заседания
knife.INS.SG.M in time.ACC.SG.N meeting.GEN.SG.N
сената вместе с другими заговорщиками
senate.GEN.SG.M together with other.INS.PL.M conspirator.INS.PL.M
в театре Помпея.
in theatre.LOC.SG.M Pompey.GEN.SG.M
'Am 15. März tötete Brutus Cäsar mit einem Messer während einer Senatsversammlung zusammen mit anderen Verschwörern im Theater des Pompeius.'

In (17) wird das referenzierte Ereignis, das in (16) lediglich als ein Töten beschrieben wird, durch diverse sprachliche Ergänzungen näher beschrieben. Konkret:

(18) a. *15 марта*
b. *ножом*
c. *во время заседания сената*
d. *вместе с другими заговорщиками*
e. *в театре Помпея.*

Sind das Adverbien? Nein, so einfach ist das nicht. Schon auf den ersten Blick erkennt man, dass diese Ausdrücke sich aus mehreren Wortformen zusammensetzen (mit einer Ausnahme). Es handelt sich also um syntaktische Phrasen. Die Phrasen setzen sich aus Wortformen ganz verschiedener Art zusammen: (18a) besteht aus einem Zahlwort und einem Nomen. (18b) ist ein Nomen im Instrumental Singular. (18c) besteht aus einer Präposition und drei Nomen. (18d) besteht aus einem Adverb (!), einer Präposition, einem Adjektiv und einem Nomen. Und (18e) aus einer Präposition, einem Nomen und noch einem Nomen (Eigennamen). Was diese vielfältigen Phrasen gemeinsam haben ist, dass sie im Satz (17) jeweils in der syntaktischen Funktion einer adverbialen Bestimmung (= Adverbial) auftreten. Die syntaktische Funktion von *Брут* ist: Subjekt; die von *убил* ist: Prädikat; die von *Цезаря* ist: (direktes) Objekt. Die syntaktischen Funktionen der anderen Konstituenten des Satzes sind im Einzelnen:

(19)
a. *15 марта* → Zeitadverbial
b. *ножом* → Instrumentaladverbial
c. *во время заседания сената* → Zeitadverbial
d. *вместе с другими заговорщиками* → Modaladverbial
e. *в театре Помпея.* → Lokaladverbial

Wir lernen: Adverbiale lassen sich aus Wortformen ganz verschiedener Wortarten "bauen". Zur Wort(!)art Adverb gehört eine Wortform aber nur dann, wenn sie von sich aus als Adverbial fungieren kann – wenn das sozusagen ihre lexikalische Bestimmung ist. Das einzige Beispiel, das uns bisher begegnet ist und das diese Bedingung erfüllt, ist *вместе*. Zum Beleg, dass *вместе* auch alleine ein Adverbial bilden kann, hier ein Beispiel aus dem Roman *Idiot* von Dostoevskij:

(20)
Помните,	*мы*	*с*	*вами*
remember.PRS.IPFV.2PL	1PL.NOM	with	you.2PL.INS

голубя	*вместе*	*убили?*
pigeon.ACC.SG.M	together	kill.PST.PFV.PL

'Erinnern Sie sich, dass wir die Taube zusammen getötet haben?'

Interessant ist natürlich der Fall *ножом*. Der russische Instrumentalkasus kann benutzt werden, um auf Wortebene Nomina für die syntaktische Funktion adverbiale Bestimmung aufzubereiten. Das ist bei weitem nicht die einzige Funktion des Instrumentals, aber eine wichtige (vgl. Pečenyj 2012, zu finden unter http://rusgram.ru/Творительный_падеж). Allerdings ist im Falle von *ножом*, *ночью* und ähnlichen Beispielen zu prüfen, ob sie sich als Adverbiale nicht so weit von ihrem Nominalparadigma emanzipiert haben, dass man sie am Ende doch als autonome Lexikoneinheiten zur Wortart Adverb zählen kann und sollte.

Ein Wortbildungsmittel des Russischen zur "Herstellung" von Adverbien aus Adjektivlexemen ist das Präfix *по*, das orthographisch mit einem Bindestrich erscheint:

(a) *Ален Делон говорит по-французски.*

Das Adverb *по-французски* modifiziert in diesem Fall die Bedeutung des Verbs *говорит*. Wo ist das modifizierte Verb im Satz (b)?

(b) *Ален Делон любит кофе по-турецки.*

Fassen wir zusammen: Es besteht großer kommunikativer Bedarf, die durch das finite Verb in den Satz eingespeiste Ereignisbeschreibung zu modifizieren. Zu diesem Zweck werden auf vielfältige Weise Adverbiale gebildet. Adverbiale sind Konstituenten des Satzes, die oftmals aus mehreren syntaktischen Wörtern gebildet werden. Eine adverbiale Konstituente kann aber auch nur aus einer einzigen Wortform bestehen, dann werden rein morphologische Ausdruckmittel genutzt.

Wir haben diesbezüglich Nomina im Instrumentalkasus wie *зимой* ('im Winter') kennengelernt. Andere Beispiele wären morphologisch aus Zahlwörtern abgeleitete Adverbiale wie *дважды* ('zweimal'). Aus Verblexemen können Adverbiale systematisch als sog. Adverbialpartizipien (Gerundien) abgeleitet werden. Im folgenden Beispiel begegnet uns ein auf der Basis eines Nomens mittel Instrumental gebildetes Adverbial und ein auf der Basis eines Verbs als Gerundium gebildetes Adverbial. Durch beide Formen wird das durch das finite Verb bezeichnete Ereignis des Sagens näher bestimmt, d.h. modifiziert:

(21) *Он* *говорил* *это,* *то*
3SG.MASC say.PST.IPFV.3SG.MASC this CNJ
шёпотом, *то* *крича.*
whisper.INSTR.SG.MASC CNJ cry.GRND
'Er sagte das, mal flüsternd, mal schreiend.' (NKRJa)

Gibt es denn auch Adverbiale, die nicht von anderen Wortarten abgeleitet sind? Also Lexeme, die von sich aus auf die adverbiale Funktion spezialisiert sind? Nur solche würden es ja streng genommen rechtfertigen, von einer eigenen russischen Wortart Adverb zu sprechen. Als Wortformen der Wortart Adverb gelten gemeinhin solche Formen wie die in (22a). Zu beachten ist aber, dass selbst deren Status als lexikalische Adverbien mitunter in Frage gestellt wird. So weist z.B. Nagórko (2009) darauf hin, dass diese Formen im Prinzip auch als Kurzformen des Adjektivs im Genus Neutrum analysierbar sind.

(22) a. *красиво* ('schön'), *медленно* ('langsam'), *хорошо* ('gut'), *интересно* ('interessant')

b. *там* ('dort'), *вчера* ('gestern'), *вместе* ('zusammen'), *очень* ('sehr'), *иначе* ('anders')

Als zweifelsfreie lexikalische Adverbien (aus morphologischer Sicht) bleiben dann nur Wörter wie die in (22b) übrig. Nur diese sind von sich aus auf die adverbiale Funktion spezialisiert. Sie werden in der russischen Akademiegrammatik entsprechend als "nichtmotivierte Adverbien" bezeichnet (vgl. Švedova et al. 1980:703).

2.6.6 Das Pronomen (местоимение)

Das Russische verfügt in seinem Lexikon über viele verschiedene Arten von Pronomina. Das russische Nationalkorpus ermöglicht Suchanfragen zu Pronominalformen der folgenden Kategorien (zu finden auf der Suchseite unter "семант. признаки"):

(23) a. Personalpronomina (личные местоимения)

b. Reflexivpronomina (возвратные местоимения)

c. Possessivpronomina (притяжательные местоимения)

d. Fragepronomina (вопросительные местоимения)

e. Relativpronomina (относительные местоимения)

f. deiktische Pronomina (указательные местоимения)

g. Indefinitpronomina (неопределенные местоимения)

h. Negationspronomina (отрицательные местоимения)

i. quantifizierende Pronomina (кванторные местоимения)

Jede Pronominalklasse hat ihre faszinierenden Eigenarten. Ich kann dieser Vielfalt hier nicht gerecht werden, und konzentriere mich auf allgemeine Bemerkungen zu den Klassen (a) und, weiter unten, (f).

Die Formen des Personalpronomens sind *я*, *ты*, *он*, *она*, *оно*, *мы*, *вы*, *они*. Sind diese Personalpronomina eigentlich Inhaltswörter? Beschreiben Sie kraft ihrer lexikalischen Bedeutung ein "Stückchen Welt"? Überlegen wir mal: Eine deskriptive Bedeutung zu haben bedeutet für einen sprachlichen Ausdruck, dass er sich zur Referenz eignet, aber eben nicht zur Referenz auf jede erdenkliche ontologische Entität. Sein deskriptiver Gehalt (= Inhalt) schränkt seine referenzielle Verwendung ja auf bestimmte Arten von Entitäten ein – eben auf die, die von ihm korrekt beschrieben werden. In diesem Sinne haben Personalpronomina schon einen deskriptiven Gehalt. Die Formen *я*, *ты*, *он*, *она* und *оно* sind nur zum Bezug auf singuläre Entitäten verwendbar, die Formen *мы*, *вы* und *они* nur auf pluralische (mit Ausnahme von *вы* in seiner besonderen Verwendung als höfliches Anredepronomen, orthographisch durch Großschreibung entsprechend besonders markiert).

Dieser deskriptive Inhalt, mit dem ein Personalpronomen lexikalisch assoziiert ist, ist aber offenkundig sehr vage. Und wie wir gleich sehen werden, muss das so sein. Im Lexikon des Englischen sind die Personalpronomina der dritten Person *he* und *she* immerhin noch (fast immer) mit der Information verbunden, dass ihr Referent männlichen bzw. weiblichen Geschlechts ist. Das ist im Russischen, wie übrigens auch im Deutschen, nicht der Fall. Eine mit z.B. *она* bezeichnete Entität ist nicht notwendigerweise weiblich. Sicher kann man sich nur sein, dass die bezeichnete Entität feminin ist, vgl.:[4]

(24)	*А*	*читается*	*она*	*так,*	*будто*
	CNJ	read.PRS.IPFV.3SG.ANTIC	2SG	so	as_if
	написана	*сегодня.*			
	write.PST.PASS.PTCP.F	today			

‘Aber er liest sich, als sei er heute geschrieben.’ (NKRJa)

Worauf bezieht sich das Pronomen *она* hier? Offenbar auf ein Ding, das man lesen kann und das geschrieben wurde. Wenn man sich im Nationalkorpus den Kontext anschaut, in dem der Satz erscheint, so liefert der unmittelbare Vortext die Antwort. Dort ist von einem Aufsatz (*статья*) die Rede. Da das Nomen *статья* feminin ist, ist das Pronomen ebenfalls feminin. Da das deutschsprachige Äquivalent *Aufsatz* maskulin ist, habe ich in meiner Übersetzung von (24) das maskuline Pronomen *er* gewählt

[4] Die Glosse ANTIC steht für Antikausativ.

Etwas weiter oben hatte ich geschrieben: “Sicher kann man sich nur sein, dass die bezeichnete Entität feminin ist”. In diesem Satz ist mir ein grober Fehler unterlaufen. Es handelt sich um einen typischen Anfängerfehler, der einem gar nicht so selten auch in professionellen linguistischen Veröffentlichungen begegnet. Worin besteht der Fehler?

[Ein Tipp: Rufen Sie sich in Erinnerung, dass wir uns in Kapitel 1 vorgenommen hatten, die Ebene der sprachlichen Form, die Ebene der sprachlichen Bedeutung und die Ebene der außersprachlichen Welt auseinanderzuhalten.]

Inhaltlich sind Pronomina also nicht besonders informativ. Das kann dann wohl nicht der Grund dafür sein, dass es so viele von ihnen gibt, und dass die Sprecherinnen und Sprecher so häufig und so gerne von ihnen Gebrauch machen. Der Clou ist etwas anderes: Pronomina sind “klein und handlich” und trotz ihrer Vielfalt überschaubar; sie bilden eine geschlossene Klasse von Lexemen. Angesichts der prinzipiell unendlichen Menge von Referenten, über die wir sprechen können, ist das natürlich nur möglich, wenn Pronomina eben gerade keinen (oder höchstens einen sehr vagen) deskriptiven Gehalt haben.

Wie ist es möglich, dass sich die Hörerin bzw. der Hörer den intendierten Referenten auf Basis einer so vagen Semantik erfolgreich erschließen kann? Wenn in der Sprechsituation bestimmte Umstände zusammenkommen, kann die Sprecherin bzw. der Sprecher auch ohne Inhaltswort auf Inhalte verweisen. Der Extremfall ist die Zeigegeste. Wenn der Gegenstand, auf den ich meinen Gegenüber hinweisen will, für uns beide ersichtlich in der Sprechsituation gegeben ist, kann ich auf dieses Ding mit dem Finger (oder durch ein Kopfnicken usw.) referieren. In diesem Fall ist nicht nur der Gebrauch von Inhaltswörtern für mein Kommunikationsziel verzichtbar, ich kann sogar gänzlich auf den Einsatz sprachlicher Mittel verzichten.

Das Zeigen mit Finger oder Kopf ist eine, so sagt man, außersprachliche Geste. Die Nennung eines Pronomens ist eine sprachliche Geste. Die Sprecherin bzw. der Sprecher lenkt damit – je nach Art des Pronomens – die Aufmerksamkeit der Hörerin bzw. des Hörers auf ein Element des sprachlichen oder außersprachlichen Kontexts. Über dieses Kontextelement erschließt sich die Hörerin bzw. der Hörer dann alle relevanten Informationen, die benötigt werden, um den intendierten Referenten erfolgreich zu bestimmen. Das gelingt entweder, weil das Kontextelement selbst bereits der intendierte Referent ist

(Fall 1). Oder weil das Kontextelement den deskriptiven Inhalt liefert, den es braucht, um den intendierten Referenten zu finden (Fall 2).

Zuerst zu Fall 2, denn der ist uns in (24) schon begegnet. In diesem Fall ist das entscheidende Kontextelement im sprachlichen Kontext, auch Kotext genannt, zu suchen. Am Pronomen sind grammatische Hinweise ablesbar, wie z.B. Nominativ Singular Feminin, die zu einem anderen Wort führen. Dieses "andere Wort", der Antezedent, ist ein referierender Ausdruck, und der Referent des Antezendensausdrucks ist gleichzeitig der Referent des Pronomens. Solche *anaphorischen* Pronomina referieren also sozusagen "über Bande", sie koreferieren mit ihrem Bezugsnomen. Ein einfaches Beispiel zur Illustration:

(25) *Кот* *спит.* *Он*
tomcat.NOM.SG.M sleep.PRS.IPFV.3SG 3SG.M
устал.
get_tired.PST.PFV.SG.M
'Der Kater schläft. Er ist müde'

Hier stellt das Nomen *кот* den Antezedens, auf den das Pronomen *он* anaphorisch verweist.

Wie lautet der Antezendens des Pronomens *она* in (24)? Um die Frage zu beantworten, müssen Sie das Beispiel im Nationalkorpus finden und dort auf das Icon "← ... →" klicken. Dann wird der weitere Kontext eingeblendet.

Nun zu Fall 1. Hier ist das entscheidende Kontextelement nicht im sprachlichen, sondern im außersprachlichen Kontext verortet. Der außersprachliche Kontext ist die konkrete raumzeitliche Situation, in der der Sprechakt stattfindet – das "Wir-Hier-Jetzt", mit Bühler (1934) oft "Origo" genannt (wobei Bühler seine Origo als "Ich-Hier-Jetzt" konzipiert hatte, vgl. Weinrich 1988). Die Pronomina, die in dieser Mission des direkten Referierens zum Einsatz kommen, sind die indexikalischen (oder deiktischen) Pronomina.

Das indexikalische Pronomen, das einem wahrscheinlich als erstes in den Sinn kommt, ist *это*. Es ist aber bei weitem nicht das einzige. Tabelle 2.3 zeigt eine Übersicht über das russische Inventar indexikalischer Pronomina (aus Padučeva 2016, gekürzt).

Die nichtsprachliche Zeigegeste funktioniert ebenfalls unter Ausnutzung des außersprachlichen Situationskontexts. Und wie sollte es auch anders sein, der

	fernere Deixis	nähere Deixis
какой?	*такой*	?*этакий*, ?*экий*
который?	*тот*	*этот*
каков?	*таков*	–
кто?	*тот*	*этот*
что?	*то*	*это*
где?	*там*	*тут, здесь*
куда?	*туда*	*сюда*
откуда?	*оттуда*	*оцюда*
когда?	*тогда, тотчас*	*сейчас, теперь*
как?	*так*	*этак (эдак)*
сколько?	*столько*	–
зачем?	*затем*	–
почему?	*потому*	*поэтому*
отчего?	*оттого*	– (*от этого*)

Tab. 2.3: Die indexikalischen Pronomina des Russischen

außersprachliche Kontext (die Wir-Hier-Jetzt-Origo) umfasst ja gerade das, auf das gezeigt werden kann. Interessanterweise sind Zeigegesten nach Tomasello (2009) nicht einfach nur nichtsprachlich, sondern *prä*sprachlich. Mit indexikalischen Zeigegesten beginnt, so diese Theorie, die kommunikative Entwicklung sowohl des Kindes (Ontogenese), als auch der Spezies Mensch (Phylogenese). Demnach wären indexikalische sprachliche Ausdrücke nicht als besonders exotische Wörter zu betrachten, sondern, im Gegenteil, als Basiswörter des Systems Sprache.

2.6.7 Die Präposition (предлог)

Auch die Präpositionen bilden im russischen Lexikon eine geschlossene Klasse von Wisseneinheiten. Diese lexikalische Klasse umfasst nach Sičinava (2018) ca. 100 Wortlexeme. Darunter sind allerdings einige, die inzwischen ungebräuchlich geworden sind. Hier die Liste:

(26) а-ля, без(о), благодаря, близ, в(о), вблизи, ввиду, вдоль, взамен, включая, вкось, вкруг, вместо, вне, внизу, внутри, внутрь, вовнутрь,

возле, вокруг, вопреки, вослед, вперёд, впереди, вроде, вслед, вследствие, выключая, выше, для, до, за, из(о), из-за, изнутри, из-под(о), исключая, к(о), касаемо, касательно, кроме, кругом, меж, между, мимо, на, над(о), накануне, наместо, наперекор, наперерез, наподобие, напротив, насупротив, насчёт, ниже, о(б)(о), около, окрест, округ, опричь, от(о), относительно, перед(о), по, поверх, под(о), подле, подобно, по-за, позади, позадь, помимо, по-над, поперёк, посереди, посередине, после, посередь, посреди, посредине, посредством, превыше, пред(о), прежде, при, про, промеж, промежду, против, путём, ради, с(о), сверх, сверху, свыше, середь, сзади, сквозь, снизу, согласно, сообразно, соотвецтвенно, соразмерно, спереди, спустя, среди, средь, супротив, у, через, чрез

Präpositionen treten notwendig zusammen mit einem Nomen (oder mit einem Pronomen) auf. Das Nomen bezeichnet, wie es seine (Wort-)Art ist, ein Ding, und die Präposition signalisiert, dass ein bestimmter Aspekt dieses Dinges für die Interpretation des Satzes relevant ist. Welcher Aspekt das ist, das eben ist der lexikalische Gehalt der Präposition. In vielen Fällen ist es ein räumlicher Aspekt, aber sehr oft auch nicht. Die Präposition *благодаря* signalisiert z.B., dass das Ding in der kommunizierten Situation einen entscheidenden Nutzen gebracht hat; *вместо* signalisiert, dass etwas anderes an seine Stelle getreten ist; *после* signalisiert, dass die Zeit nach dem Ding (was somit eine zeitliche Dimension haben muss) interpretationsrelevant ist. Usw. Usf.

Meine Behauptung, wonach Präpositionen immer notwendig zusammen mit einem Nominal auftreten, das sie regieren, ist zu stark. Das belegen die folgenden Beispiele:

(a) *Я против.* ('Ich bin dagegen')

(b) *Ты чай с сахаром пьёшь или без?* ('Trinkst du Tee mit Zucker oder ohne?')

Ich könnte aber argumentieren, dass es sich hier um Ellipsen handelt. Gibt es unter den Präpositionen in (26) weitere, die elliptisch gebraucht werden können?

Räumliche Präpositionen sind u.a. *в, вокруг, из-под, на, над, перед, под, у*. Die räumliche Grundbedeutung einer Präposition kann musterbildend für eine metonymisch abgeleitete Bedeutung sein. Wie der Text in Abbildung 2.3 am Beispiel von *под* vorführt:

Abb. 2.3: Figurative Verwendung einer Präposition

Präpositionen heißen *Prä*positionen, weil sie *vor* dem Wort erscheinen, mit dem sie notwendig zusammen auftreten. Und sie treten mit ihm nicht einfach nur zusammen auf, sie bilden mit ihm zusammen eine syntaktische Konstituente, also einen eigenen, formal und inhaltlich komplexen Satzbaustein. Die Konstituente heißt Präpositionalphrase (PP) und besteht formal aus zwei Teilen, die im Minimalfall zwei Wortformen entsprechen: einer Präposition und einem Nomen. Der zweite Teil, der nicht von der Präposition gebildet wird, kann auch aus mehreren Wortformen bestehen, die dann selbst wieder eine syntaktische Konstituente, eine Nominalphrase (NP), bilden. (27b) zeigt die Struktur der PP, mit der der Satz (27a) beginnt.

(27) a. *Над* *его* *дверью* *была*
above POSS.3SG.M door.INS.SG.F be.PST.IPFV.SG.F
надпись.
inscription.NOM.SG.F
'Über seiner Tür war eine Aufschrift.'

b. [$_{PP}$ [$_{P}$ *над*] [$_{NP}$ *его дверью*]]

Die syntaktische Zusammengehörigkeit der zwei Teile P und NP zeigt sich auch darin, dass die Präposition kraft ihrer (lexikalischen) Eigenschaften über die (grammatische) Kasuseigenschaft der Nominalphrase bestimmt. In (27) diktiert die Präposition *над*, dass die Nominalphrase im Instrumental ausgedrückt werden muss, was an der morphologischen Form *дверью* sichtbar ist. Dieses syntaktische "Diktat" nennt man Rektion. Die Präposition regiert den Kasuswert der Nominalphrase.

Erscheint der Regent nicht vor, sondern nach der regierten Nominalphrase, kann nicht mehr von einer Präposition die Rede sein. Solche Elemente heißen entsprechend *Post*positionen. Der Oberbegriff, der Prä- und Postpositionen zusammenfasst, ist Adposition (vgl. Abschnitt 2.3).

Ein russisches Beispiel für eine Postposition ist *назад* ('zuvor'). Diese verlangt von dem von ihr syntaktisch abhängigen Element den Kasus Akkusativ. Das abhängige Element ist im folgenden Beispiel die NP *četyre goda*. Es besteht aus zwei Wörtern, von denen wiederum eines das andere regiert. Diese NP "liefert" den verlangten Kasus, weil ihr Regent/Kopf *četyre* im Akkusativ steht (*goda* ist eine Genitivform).

(28) *Гейтс предупредил Трамна о*
G.NOM warn.PST.PFV.3SG.MASC T.ACC about
пандемии еще четыре года назад.
pandemic.LOC.SG.FEM still four.ACC year.GEN.SG.MASC beforehand
'Gates hat Trump bereits vor vier Jahren vor der Pandemie gewarnt.' (gazeta.ru)

Während die allermeisten Adpositionen des Russischen Präpositionen sind, kann es in anderen Sprachen ganz anders aussehen. So sind z.B. im Georgischen Postpositionen der Normalfall. Das Beispiel (27) lautet auf Georgisch wie folgt (die Postposition *zemot* regiert den Genitiv):

(29) a. *misi karis zemot iqo carcera.*
her/his.GEN.SG door.GEN.SG above was inscription.NOM.SG
'Über seiner Tür war eine Aufschrift'

b. $[_{PP}$ $[_{NP}$ *misi karis*] $[_{P}$ *zemot*]]

Woran entscheidet sich, ob die Präposition *в* oder *на* erscheint?

(a) *Завтра мы идём в театр.*

(b) *Завтра мы идём в музей.*

(c) *Завтра мы идём в кино.*

(d) *Завтра мы идём на этот спектакль.*

(e) *Завтра мы идём на этот фильм.*

(f) *Завтра мы идём на эту выставку.*

These: Die Präposition *в* wird gewählt, wenn das Nomen einen Ort bezeichnet, und die Präposition *на* wird gewählt, wenn das Nomen ein Ereignis bezeichnet. Diese Regel wird durch (g) offenbar falsifiziert. Müssen wir sie aufgeben?

(g) *Завтра мы идём на стадион.* (aus: Krongauz 2006)

2.6.8 Die Konjunktion (союз)

Über Konjunktionen erhalten wir im Verzeichnis grundlegender grammatischer Fachausdrücke des Online-Informationssystems grammis[5] folgende Informationen:

(30) **Konjunktion:** Die Konjunktion ist eine nicht flektierbare Wortart, mit der gleichrangige Wortbausteine, Wörter, Wortgruppen oder Sätze verknüpft werden (Koordination). Konjunktionen werden danach unterschieden, welche semantischen Relationen zwischen den verknüpften Einheiten sie ausdrücken.

Welche gleichrangigen Elemente werden in den folgenden Beispielen durch welche Konjunktionen koordiniert?

(31) *Я ел и пил.*
1SG.NOM eat.PST.IPFV.SG.MASC and drink.PST.IPFV.SG.MASC
'Ich aß und trank.'

[5] https://grammis.ids-mannheim.de/vggf

(32) *Я* *ел* *лобстера* *и*
1SG.NOM eat.PST.IPFV.SG.MASC lobster.ACC.SG.MASC.ANIM and
пил *шампанское.*
drink.PST.IPFV.SG.MASC champagne.ACC.SG.NEUTR
'Ich aß Hummer und trank Champagner.'

(33) *Я* *ел* *без* *аппетита,*
1SG.NOM eat.PST.IPFV.SG.MASC without appetite.GEN.SG.MASC
хотя *я* *ел*
although 1SG.NOM eat.PST.IPFV.SG.MASC
лобстера.
lobster.ACC.SG.MASC.ANIM
'Ich aß ohne Appetit, obwohl ich Hummer aß.'

(34) *Я* *не* *знал,* *что* *я*
1SG.NOM not know.PST.IPFV.SG.MASC that 1SG.NOM
ел *лобстера.*
eat.PST.IPFV.SG.MASC lobster.ACC.SG.MASC.ANIM
'Ich wusste nicht, dass ich Hummer aß.'

In (31) werden zwei Wörter (zwei finite Verben) koordiniert, mittels der Konjunktion *и* ('und'). In (32) koordiniert dieselbe Konjunktion zwei Wortgruppen (zwei Verbalphrasen). In (33) werden zwei Sätze koordiniert: *Я ел без appetita* und *я ел лобстера.* Für die Koordination verantwortlich ist die adversative Konjunktion *хотя* ('obwohl'). In (34) schließlich werden zwei Sätze (*я не знал X* und *я ел лобстера*) durch die Konjunktion Konjunktion *что* ('dass') verknüpft. In diesem Beispiel fällt auf, dass der erste Satz, wenn man nur das sprachliche Material vor der Konjunktion betrachtet, unvollständig ist. Anders als in (33) bildet nämlich der zweite Satz zusammen mit der Konjunktion eine syntaktische Konstituente des ersten Satzes, hier als "X" angedeutet. Es handelt sich um einen sog. Objektsatz (vgl. Tauscher & Kirschbaum 1958:415).

Das Inventar russischer Konjunktionen ist sehr umfangreich. Tauscher & Kirschbaum (1958:407ff.) unterscheiden bei- und unterordnende Konjunktionen. Innerhalb ersterer setzen sie kopulative (35a), adversative (35b), disjunktive (35c) und erklärende (35d) Konjunktionen an. Innerhalb letzterer solche, die Temporalsätze (36a), Kausalsätze (36b), Finalsätze (36c), Komparativsätze (36d), Konditionalsätze (36e), Konsekutivsätze (36f) und Objektsätze (36g) einleiten.

(35) koordinierende Konjunktionen

a. *и; а; да; также; ...*
b. *а; но; да; однако; зато; ...*
c. *или; либо; то ли ... то ли; также; ...*
d. *то есть; или; а именно; ...*

(36) subordinierende Konjunktionen

a. *когда; как только; пока; после того как; ...*
b. *потому что; так как; оттого, что; ввиду того, что; ...*
c. *чтобы; для того, чтобы; с тем, чтобы; ...*
d. *как; будто; словно; точно; ...*
e. *если; если бы; ежели; раз; ...*
f. *так что; до того что; ...*
g. *хотя; несмотря на то, что; пусть; ...*
h. *что; будто; как; ...*

Man erkennt, dass manche der hier gelisteten Konjunktionen aus mehreren Wörtern bestehen, und dass manche Elemente mehrere Funktionen übernehmen können. Ich gehe nun auf zwei koordinierende Konjunktionen etwas genauer ein, und zwar auf die adversativen Koordinatoren *a* und *но*.

Ganz allgemein gesagt drücken adversative Koordinatoren mehr oder weniger die Bedeutung der englischen Konjunktion *but* aus. Nun weiss man aber inzwischen, dass es (mindestens) drei Arten von *but* gibt oder, vielleicht besser, dass *but* drei prinzipiell unterschiedliche Funktionen erfüllt (Jasinskaja 2012).

(37) a. *The ring isn't made of gold, but of copper.*
b. *The ring is beautiful, but expensive.*
c. *The ring is beautiful, but I won't buy it.*

Im Falle von (37a) wird eine Information des ersten Satzes durch eine andere ersetzt einhergehend mit der Behauptung, dass der erste Satz dadurch ohne Negation wahr wird. Die Konjunktion *but* geht der Konstituente voran, die die ersetzende Information einbringt. Diese Funktion von *but* wird als "Korrektur" bezeichnet. Das adversative Momentum (der Gegensatz) der koordinierten Ausdrücke besteht darin, dass der eine Ausdruck eine Information liefert, die den nicht-negierten Satz falsch macht (und den negierten wahr), während der andere Ausdruck eine Information liefert, die den nicht-negierten Satz wahr macht (und den negierten falsch).

Im Falle von (37b) wird durch *but* keine Information ersetzt. Stattdessen wird eine hinzugefügt. Sowohl die ursprüngliche Information als auch die durch *but* neu eingebrachte Information führen jeweils zu wahren Sätzen. Der Gegensatz entsteht, weil im kontextuellen Hintergrund des Textes eine offene Ja/Nein-Frage steht, für deren Beantwortung der Satz mit dem einen Ausdruck, sofern wahr, ein Ja nahelegt, während der Satz mit dem zweiten Ausdruck ein Nein nahelegt (oder umgekehrt). Im konkreten Fall lautet die Frage vielleicht: Sollen wir den Ring kaufen? Dass er schön ist spricht dafür, dass er teuer ist spricht dagegen. Diese Funktion von *but* wird "argumentativ" genannt.

Die dritte Funktion von *but* hat den schönen Namen "denial of expectation". Sie ist durch (37c) illustriert. Hier verhält es sich so, dass die Wahrheit des ersten Satzes zu einer Inferenz einlädt, die durch die mit *but* eingebrachte Information negiert wird. Wenn man jemanden den Satz *The ring is beautiful* sagen hört, so kann man daraus ableiten, dass dieser jemand den Ring gerne kaufen möchte. Diese Inferenz lässt sich entlang der folgenden Gedankenschritte ziehen ("S" steht für die Sprecherin bzw. den Sprecher):

1. Es muss einen Grund geben, wenn jemand einen Satz äußert.
2. Wenn man etwas schön findet, will man es normalerweise gerne haben.
3. S äußert den Satz, dass er/sie den Ring schön findet.
4. Ergo: S will den Ring gerne haben.
5. Wenn man etwas haben will, kauft man es normalerweise.
6. Ergo: S wird den Ring kaufen.

Der zweite Satz in (37c) verneint nun genau die Schlussfolgerung 6. Dadurch steht er im informativen Gegensatz zum ersten Satz.

Es werden also drei Arten von *but* im Englischen unterschieden. Wie werden die genannten drei Funktionen nun im Russischen normalerweise ausgedrückt?

(38) a. *Это кольцо сделано не из*
this ring.NOM.SG.NEUTR made.NOM.SG.NEUTR not from
золота, а из меди.
gold.GEN.SG.NEUTR but from copper.GEN.SG.FEM
'Dieser Ring ist nicht aus Gold, sondern aus Kupfer.'

b. *Это кольцо* *красивое,* *но*
this ring.NOM.SG.NEUTR beautiful.NOM.SG.NEUTR but
дорогое.
expensive.NOM.SG.NEUTR
'Dieser Ring ist schön, aber teuer.'

c. *Это кольцо* *красивое,* *но*
this ring.NOM.SG.NEUTR beautiful.NOM.SG.NEUTR but
я *его* *не покупаю.*
1SG.NOM 3SG.ACC not buy.PRS.IPFV.1SG
'Dieser Ring ist schön, aber ich kaufe ihn nicht.'

Wie zu sehen, wird im Russischen für adversative Koordinationen des Typs Korrektur eine andere Konjunktion benutzt als für die zwei anderen Typen adversativer Koordinationen. Ein Blick auf die deutschsprachigen Übersetzungen zeigt, dass es sich im Deutschen auch so verhält. Die Tabelle 2.4 fasst dies zusammen.

	Englisch	Russisch	Deutsch
Korrektur	*but*	*a*	*sondern*
argumentative Funktion	*but*	*но*	*aber*
Erwartungsverneinung	*but*	*но*	*aber*

Tab. 2.4: Entsprechungen für Englisch *but*

Es sieht demnach so aus, als verfügten das Russische und das Deutsche über je zwei Konjunktionen, um die Gegensätze auszudrücken, die das englische *but* ausdrückt. Doch Vorsicht ist angeraten. Kommt denn der in (38a) enthaltene Gegensatz wirklich durch die russische Konjunktion *a* bzw. die deutsche Konjunktion *sondern* zum Ausdruck? Oder liegt der Gegensatz, der mit (38a) kommuniziert wird, nicht vielmehr darin begründet, dass der erste Satz im Gegensatz zum zweiten Satz eine Negation enthält? Tatsächlich ist die Konjunktion verzichtbar ohne dass der Gegensatz verschwindet (s.a. Jasinskaja & Zeevat 2009; Jasinskaja 2012):

(39) *Это кольцо сделано не из*
this ring.NOM.SG.NEUTR made.NOM.SG.NEUTR not from
золота. Оно сделано из
gold.GEN.SG.NEUTR 3SG.NEUTR made.NOM.SG.NEUTR from
меди.
copper.GEN.SG.FEM
'Dieser Ring ist nicht aus Gold. Er ist aus Kupfer.'

Verzichtet man hingegen in Beispiel (38b) auf die Konjunktion, so verschwindet auch der Gegensatz. Der Text, der sich nun ergibt, klingt irgendwie leicht inkohärent:

(40) *Это кольцо красивое. Оно*
this ring.NOM.SG.NEUTR beautiful.NOM.SG.NEUTR 3SG.NEUTR
дорогое.
expensive.NOM.SG.NEUTR
'Dieser Ring ist schön. Er ist teuer.'

So scheint es, dass zwischen den russischen Konjunktionen *но* und *а* ein prinzipieller Unterschied besteht. Während *но* kraft seiner Bedeutung von sich aus einen Gegensatz stiftet, sattelt *а* auf einem unabhängig gegebenen Gegensatz auf. Der "unabhängig gegebene Gegensatz" besteht in unserem Fall darin, dass einer der koordinierten Sätze negiert ist, der andere nicht. Dieser Gegensatz harmoniert mit der diskursiven Funktion von *а*, die darin besteht, einen Wechsel des Redegegenstands (topic change) anzuzeigen (Jasinskaja & Zeevat 2009).

Dass russisch *а* und deutsch *sondern* nicht äquivalent sind, zeigt sich im Übrigen u.a. daran, dass *sondern* anders als *а* keinem negierten Satz voranstehen kann (Jasinskaja 2012). Beachten Sie die Übersetzungen:

(41) a. *Пётр не в Париже, а в Берлине.*
Peter not in Paris.LOC.SG.MASC but in Berlin.LOC.SG.MASC
'Petr ist nicht in Paris, sondern in Berlin.'

b. *Пётр в Париже, а не в Берлине.*
Peter in Paris.LOC.SG.MASC but not in Berlin.LOC.SG.MASC
'Petr ist in Paris, und nicht in Berlin.'

2.6.9 Die Partikel (частица)

Partikeln, auch Diskurswörter genannt, sind kleine indeklinable Wortformen, die nicht zum Zwecke der inhaltlichen Bezugnahme auf Sachverhalte in der Welt benutzt werden, also worüber gesprochen wird, sondern zum Diskursmanagement. Mit Diskursmanagement ist gemeint, dass die Sprecherin bzw. der Sprecher während der Äußerung den Informationsstand der Hörerin bzw. des Hörers relativ zu der inhaltlichen Botschaft aufmerksam im Blick behält und durch begleitende sprachliche Gesten, eben die Diskurswörter, kommentierend leitet. Solcherart Kommentare können mannigfach sein, und die russische Sprache ist bekannt für ihren Reichtum an Diskurswörtern.[6]

Diskurswörter sind oft schwer von einer Sprache in die andere übersetzbar. Nicht selten erfährt dasselbe Diskurswort in einem Kontext eine andere Übersetzung als in einem anderen Kontext.

Die Sätze (a) bis (g) treffen alle dieselbe Aussage: Ivan ist weggefahren. Was wäre jeweils die "beste" Übersetzung ins Deutsche?

(a) *Иван же уехал.*
(b) *Иван ведь уехал.*
(c) *Да Иван уехал.*
(d) *Иван таки уехал.*
(e) *Иван-то уехал.*
(f) *Иван уж уехал.*
(g) *Иван и уехал.*

Alle kennen wir natürlich das amerikanische Unternehmen McDonald's, und sicherlich auch die jüngere Markenkampagne mit dem Slogan *I'm loving it*. Für den deutschen Markt wurde daraus *Ich liebe es*. Mit dieser Übersetzung ist nun aber eine nicht ganz unwichtige Bedeutungskomponente verlorengegangen. Die englische *progressive form* bringt nämlich eine dynamische Bedeutungskomponente ins Spiel, die dem statischen Verblexem *love* und seinem deutschen Pendant *lieben* von Hause aus fehlt. Deswegen spürt man bei *I'm loving it* geradezu, wie das Herz des werbischen Ichs angesichts eines Cheeseburgers klopft. In der deutschen Variante stellt sich dieser Effekt nicht ein. Und wie wurde

[6] Ein hochinformativer deutschsprachiger Überblicksartikel zu dieser Wortart des Russischen ist Rathmeyer (2009). Baranov, Plungjan & Rachilina (1993) bieten einen russischsprachigen "Wegweiser" (путеводитель) durch die Vielfalt der russischen Diskurswörter.

der Slogan ins Russische übertragen? Etwa *Я его люблю*? Nein, hier trifft die Übersetzung auf die zusätzliche Schwierigkeit, dass das russische akkusativische Pronomen im Neutrum formidentisch mit dem Pronomen im Maskulinum ist. Anders als im Englischen oder Deutschen. Wie hat man sich also beholfen? Im Rückgriff auf die Partikel *вот*, der Slogan lautet *Вот что я люблю*, vgl. Abbildung 2.4 (unten rechts).

Abb. 2.4: McDonald's Kampagne

Ziemlich gute Lösung! Der Gebrauch der Partikel hat den Effekt, uns als Angesprochene wieder gleichsam in die Szene hineinzuziehen. Durch *вот* wird ungefähr kommuniziert: 'Du brauchst nicht lange suchen, was ich meine liegt direkt vor unserer Nase'. In diesem Fall ergibt sich damit als Botschaft: 'Ich liebe es, und das, was ich liebe, liegt direkt vor uns'. Dass in dieser Konstruktion das Referenzobjekt zudem nicht durch *его*, sondern durch *что* ausgedrückt wird, macht diese Übersetzung richtig rund.

2.6.10 Die Interjektion (междометие)

Interjektionen sind Wörter, die in Texten auftauchen, von denen man aber irgendwie das Gefühl hat, dass sie gar nicht so richtig zum Text gehören. Da sich Interjektionen von Sprache zu Sprache unterscheiden, wäre es aber falsch, das Wissen über die Verwendung von Interjektionen nicht zur sprachlichen Kompetenz zu zählen.

Russische Interjektionen sind zum Beispiel:

(42) *ах, ух, фу, ай, ну и ну ...*

Deutsche Interjektionen demgegenüber:

(43) *ach, huch, igitt, aua, na sowas ...*

Die Besonderheit der oben genannten kleinen Wörtchen besteht, wenn ich es recht sehe, darin, dass sie im Gegensatz zu allen anderen Wortformen spontane, in gewisser Weise unkontrollierte Sprachsignale darstellen. Mit ihnen bringt die Sprecherin bzw. der Sprecher eine spontane emotionale Reaktion zum Ausdruck, die durch das erlebte Geschehen ausgelöst wird. So wird z.B. Überraschung, Ekel, Schmerz, Verwunderung, Staunen usw. kommuniziert.

Interjektionen haben ihren Ursprung ganz offensichtlich in der unmittelbaren, mündlichen Kommunikation. Affektive emotionale Äußerungen (Schreie, Seufzer etc.) erfahren in der mündlichen Rede eine onomatapoetische Versprachlichung, die schließlich auch als Schriftwort eine einigermaßen stabile Ausdrucksform findet.

Interessant ist sicher ihr Verhältnis zu Emotikons in der Internetsprache. Diese haben eine ganz ähnliche Funktion, werden aber – ich denke, das kann man behaupten – ausschließlich kontrolliert eingesetzt.

Die Art des mit einer Interjektion zum Ausdruck gebrachten emotionalen Signals variiert mit dem Kontext. Vergleiche die Beispiele in (44), in denen die Interjektion *ах* (glossiert als IJ für Interjektion) jeweils Äußerungen der Freude, der Respektsbekundung, der Verwunderung, des Tadels, der Angst und des Mitleids begleitet (nach Tauscher & Kirschbaum 1958:422; Beispiele: NKRJa).

(44) a. *Ах, как я рад тебя увидеть!*
IJ how 1SG.NOM happy.SG.M 2SG.ACC see.INF.PFV
'Ach, wie ich mich freue, dich zu sehen.'

b. *Ах, как здорово сказано.*
IJ how pointedly say.PST.PFV.PRTC.SG.N
'Wow, wie treffend gesagt!'

c. *Ах, какой большой мальчик!*
IJ which.NOM.SG.M big.NOM.SG.M boy.NOM.SG.M
'Wow, was für ein großer Junge!'

d. *Ах, какой же ты дурак!*
IJ which.NOM.SG.M PRT 2SG.M idiot.NOM.SG.M
'Mann, was bist du bloß für ein Idiot!'

e. *Ах, ах, как страшно!*
IJ IJ how horrible.NOM.SG.N
'Oje, oje, wie schrecklich!'

f. *Ах ты, бедный, бедный.*
IJ 2SG.NOM poor.NOM.SG.M poor.NOM.SG.M
'Ach du Armer, Armer!'

Ebenfalls zu den Interjektionen zählt man üblicherweise sprachliche Umgangsformeln wie in (45) (vgl. Tauscher & Kirschbaum 1958). Diese sind nun aber gerade nicht affektiver Natur, sondern werden kontrolliert eingesetzt, um Etikette zu wahren.

(45) *доброе утро, привет, до свидания, пока, пожалуйста, спасибо, ...*

Der Unterschied zu jenen Interjektionen in (42) besteht nicht nur darin, dass die Artikulation derer in (45) kontrollierte soziale Handlungen darstellen. Erstere (*ах, ух, ...*) haben insofern einen ikonischen Zeichencharakter, als dass die Gestalt dieser Wörtchen ein Stück außersprachliche Realität nachzeichnet, nämlich die Vokalisation, die man spontan macht, wenn die entsprechende Emotion ausgelöst wird. Bei letzteren (*доброе утро, спасибо, ...*) handelt es sich demgegenüber klarerweise um symbolische Zeichen.

Auf den Unterschied zwischen indexikalischen, ikonischen und symbolischen Zeichen (Peirce 1993) möchte ich hier nicht weiter eingehen. Nur soviel: Stellen sie sich vor, Sie gehen in ein russisches Geschäft, um sich einen Liter Milch zu kaufen. Es ist kein moderner Supermarkt, sondern ein Laden der alten Sorte, in dem Sie der Verkäuferin hinter dem Tresen mitteilen müssen, was Sie haben möchten. Sie haben drei Möglichkeiten, um erfolgreich ihre Milch zu ergattern: Sie können auf eine Packung Milch zeigen, dann haben Sie ein indexikalisches Zeichen gesendet. Sie können "*Молоко*" sagen, dann haben Sie ein symbolisches Zeichen gesendet. Oder sie ahmen das Geräusch einer Kuh nach, dann haben Sie ein ikonisches Zeichen gesendet.

Die philosophische Frage, ob Tiere eine Sprache besitzen, erscheint in einem ganz neuen Licht, sobald man sich Gedanken über Interjektionen macht. Tiere haben nämlich sehr wohl ihre Sprachen. Allerdings besteht das Lexikon der Tiere nur aus einer Wortart: Interjektionen.

Donning his new canine decoder, Professor Schwarzman becomes the first human being on Earth to hear what barking dogs are actually saying.

Abb. 2.5: Tiersprache

3 Stamm und Endung

3.1 Überblick

Im vorigen Kapitel haben wir ein wenig über die Organisation des Lexikons erfahren. Wir hatten gesehen, dass sich in einer Sprache verschiedene Klassen von Wissenseinheiten (Lexemen) dahingehend unterscheiden lassen, (i) in welcher Weise sie sich als Wortform in Texten materialisieren und (ii) in welcher Weise sie sich mit anderen Wortformen in Texten verbinden. Die Unterscheidungsgrundlage (i) ist das morphologische Kriterium, die Unterscheidungsgrundlage (ii) ist das syntaktische Kriterium. Beide Kriterien zusammengenommen motivieren unsere Definition von Wortarten als Partitionen des Lexikons mit grammatischer (morphologischer und/oder syntaktischer) Relevanz.

Manche Wortarten manifestieren sich in russischsprachigen Texten in immer derselben Wortform. Das gilt für Partikeln, Präpositionen und Konjunktionen. Ihr Status als eigenständige Wortarten basiert folglich rein auf dem syntaktischen Kriterium. Lexeme anderer Wortarten erscheinen, abhängig vom grammatischen Kontext, in unterschiedlicher morphologischer Gestalt; sie bilden Formenparadigmen. Dies gilt nicht zuletzt für die Wortarten Nomen, Verb, Pronomen und Adjektiv. Sie stehen in diesem Kapitel im Fokus.

Es gibt freilich unzählige Partitionen des mentalen Lexikons *ohne* grammatische Relevanz. So teilen sich Nominallexeme z.B. in solche, die runde Dinge beschreiben und solche, die keine runden Dinge beschreiben. Es braucht viel Fantasie, um sich eine Situation vorzustellen, in dem diese Unterscheidung wichtig werden könnte, aber wer weiß. Oder in Nomina, die rote Dinge beschreiben, und in Nomina, die keine roten Dinge beschreiben. Oder in Nomina, die essbare Dinge beschreiben, und Nomina, die nicht-essbare Dinge beschreiben. Kontexte, in denen letztere Unterscheidung wichtig ist, sind relativ leichter vorstellbar. Und Verblexeme gliedern sich z.B. in solche, die Ereignisse beschreiben, die auf dem Wasser stattfinden, und solche, die Ereignisse an Land beschreiben. Oder in solche, die Ereignisse beschreiben, die gute Laune machen, und solche, die Ereignisse beschreiben, die kein Grund für gute Laune sind. Es ließen sich unendlich viele weitere Beispiele anführen. All die genannten Partitionen des Wortschatzes mögen hier und da mal kommunikativ relevant werden, für die Grammatik des Russischen oder Deutschen sind sie irrelevant. Sie sind kein Faktor, der beeinflussen würde, welche Form ein Wort annimmt oder wie es mit anderen Wörtern verknüpft wird.

Verschiedene Sprachen unterscheiden sich voneinander dahingehend, welche lexikalischen Partitionen den besonderen Status erhalten, von grammatischer Relevanz zu sein. Ich nenne zwei Beispiele, die ich an anderer Stelle vertiefen werde.[1] Erstens ist im Russischen die Unterscheidung von Nominallexemen in solche, die belebte Dinge beschreiben, und solche, die unbelebte Dinge beschreiben, von grammatischer Relevanz. Sie ist ausschlaggebend für die Gestalt der Akkusativformen. Deshalb gehört die Belebtheitskategorie zu den grammatischen Kategorien des russischen Nomens. Für die Grammatik des Deutschen ist diese konzeptuelle Unterscheidung, belebt versus unbelebt, dagegen irrelevant. Zweitens ist für das Russische die Sortierung von Verblexemen in telische und atelische Verben grammatisch relevant. Telische Verben sind Verben, die semantisch einen Zustandswechsel beschreiben. Atelische Verben beschreiben demgegenüber keine Zustandsveränderung, sondern einen bleibenden Zustand. Die Relevanz dieser Unterscheidung manifestiert sich in der Aspektkategorie, die zu den grammatischen Kategorien des russischen Verbs gehört. Das Deutsche verfügt über keine grammatische Aspektkategorie.[2]

Nach unserer Definition in Kapitel 2 müsste man Nomina, die belebte Dinge bezeichnen, und Nomina, die unbelebte Dinge bezeichnen, ebenso wie telische und atelische Verben aufgrund ihrer grammatischen Relevanz eigentlich als Wortarten des Russischen ansehen. Das liefe zwar gegen die Tradition, wäre aber nur konsequent.

In diesem Kapitel widmen wir uns also der morphologischen Gestalt, in der russische Nomina, Verben und Adjektive im Text erscheinen. Ich werde mich der in der Russistik üblichen Sichtweise anschließen, wonach Wortformen aus Morphemen bestehen. Ich werde auf eine theoretische Prämisse hinweisen, auf der diese Sichtweise beruht und die ich das "radikale Teilchenmodell" nenne. Danach werde ich auf drei Dinge hinweisen, die das Bestimmen von Morphemen erschweren. Wenn wir so die Sinne für den Begriff des Morphems geschärft haben, folgt die Kernbotschaft des Kapitels: russische Wortformen stellen nicht einfach nur eine lineare Aneinanderreihung von Morphemen dar, sie

---

[1] Die Aspektkategorie wird in Kapitel 8 behandelt, die Belebtheitskategorie in Kapitel 9.

[2] Die Unterscheidung zwischen telischen und atelischen Verblexemen ist für die deutsche Verbgrammatik zwar nicht zentral, aber auch nicht komplett irrelevant. Das sog. Zustandspassiv lässt sich nur von telischen Verben, die dann auf spezielle Weise adjektiviert werden, bilden. Ich danke Hanna Bazanava für diesen Hinweis.

sind hierarchisch aufgebaut, wobei sich ihr Aufbau in zwei Phasen vollzieht. Ausgehend von einem Wurzelmorphem wird zunächst ein lexikalischer Stamm gebildet, an den dann die grammatische Endung tritt. Abschließend diskutiere ich, wenigstens kurz, Alternativen zum radikalen Teilchenmodell.

3.2 Das Ziel der Morphologie

Bei der Untersuchung der morphologischen Wortstruktur geht es darum, die Bedeutungen, die eine Wortform trägt, mit ihrer Gestalt zu korrelieren. Die Bedeutung einer Wortform, das hatten wir in Kapitel 1 festgestellt, speist sich aus ihrer lexikalischen Bedeutung und den grammatischen Bedeutungen, die sie zum Ausdruck bringt. Mögliche Kombinationen grammatischer Bedeutungen hatte ich als "grammatische Kontexte" bezeichnet. Die Tabelle 3.1 wiederholt noch einmal die Gesamtschau der 72 möglichen grammatischen Kontexte für ein russisches Nominallexem aus Kapitel 1.

belebt:

m	Sg	Pl	f	Sg	Pl	n	Sg	Pl
Nom	1	2	Nom	13	14	Nom	25	26
Gen	3	4	Gen	15	16	Gen	27	28
Dat	5	6	Dat	17	18	Dat	29	30
Akk	7	8	Akk	19	20	Akk	31	32
Ins	9	10	Ins	21	22	Ins	33	34
Lok	11	12	Lok	23	24	Lok	35	36

unbelebt:

m	Sg	Pl	f	Sg	Pl	n	Sg	Pl
Nom	37	38	Nom	49	50	Nom	61	62
Gen	39	40	Gen	51	52	Gen	63	64
Dat	41	42	Dat	53	54	Dat	65	66
Akk	43	44	Akk	55	56	Akk	67	68
Ins	45	46	Ins	57	58	Ins	69	70
Lok	47	48	Lok	59	60	Lok	71	72

Tab. 3.1: Grammatische Kontexte eines russ. Nominallexems

Dadurch, dass Lexeme intrinsisch entweder maskulin oder feminin oder neutral sind, und intrinsisch entweder belebte oder nicht-belebte Dinge beschreiben, reduziert sich dieses weite Feld für ein konkretes Lexem erheblich. Die möglichen grammatischen Kontexte für das Lexem КАРАНДАШ (maskulin, unbelebt) sind in Tabelle 3.2 dargestellt.

m	Sg	Pl
Nom	37	38
Gen	39	40
Dat	41	42
Akk	43	44
Ins	45	46
Lok	47	48

Tab. 3.2: Grammatische Kontexte für КАРАНДАШ (unbelebt)

Die Wortformen, als welche das Lexem КАРАНДАШ in russischen Texten erscheinen kann, sind nun die folgenden (alphabetisch sortiert):

(1) 1. *карандаш*; 2. *карандаша*; 3. *карандашам*; 4. *карандашами*; 5. *карандашах*; 6. *карандаше*; 7. *карандашей*; 8. *карандаши*; 9. *карандашом*; 10. *карандашу*

Vergleicht man die Anzahl der grammatischen Kontexte 37 – 48 mit der Anzahl der vorkommenden Wortformen, so stellt man fest, dass in diesem Fall für 12 verschiedene Kontexte offenbar nur 10 Wortformen zur Verfügung stehen. Doch der Schein trügt, denn, wie ein genauerer Blick auf die relevanten Textstellen zeigt, werden zwei der Wortformen in (1) in jeweils zwei Kontexten gebraucht.

(2) *карандаш* ↔ 37, 43
карандаша ↔ 39
карандашам ↔ 42
карандашами ↔ 46
карандашах ↔ 48
карандаше ↔ 47
карандашей ↔ 40
карандаши ↔ 38, 44
карандашом ↔ 45
карандашу ↔ 41

Man ist geneigt zu sagen, so wie ich das gerade getan habe, dass die Wortform *карандаш* in zwei grammatischen Kontexten, Nominativ Singular und Akkusativ Singular, verwendet wird. Diese Redeweise ist aber streng betrachtet falsch. Jedenfalls solange wir Wortformen als Zeichen mit einer Formseite und einer Bedeutungsseite definieren. Unter dieser Prämisse handelt es sich bei *карандаш*$_1$ und *карандаш*$_2$ um zwei verschiedene Wortformen, die sich auf der Formseite gleichen, denn schließlich werden in verschiedenen grammatischen Kontexten verschiedene grammatische Bedeutungen zum Ausdruck gebracht, vgl. Kapitel 1. Die identischen Wortformen in verschiedenen grammatischen Kontexten nennt man synkretische Formen. Auch die Wortformen *карандаши*$_1$ und *карандаши*$_2$ stellen einen Synkretismus dar.

Das gesamte grammatische Formenparadigma des Lexems КАРАНДАШ ergibt sich somit wie folgt:

(3)

m	Sg	Pl
Nom	*карандаш*	*карандаши*
Gen	*карандаша*	*карандашей*
Dat	*карандашу*	*карандашам*
Akk	*карандаш*	*карандаши*
Ins	*карандашом*	*карандашами*
Lok	*карандаше*	*карандашах*

Die Sprecherinnen und Sprecher des Russischen wissen genau, welche Wortform in welchen grammatischen Kontext gehört. Die Linguistik versucht (u.a.), diesen Teil ihrer Sprachkompetenz – ihr morphologisches Wissen – zu modellieren.[3] Gesucht ist also ein Modell, das Wortformen auf Kontexte abbildet und dabei genau die Muster erzeugt, die wir in echten russischen Texten beobachten. Haben wir ein Modell entwickelt, das genau das leistet, so ist es mit seinen Regeln und Prinzipien ein "ernstzunehmender Kandidat" für die tatsächlichen Regeln und Prinzipien, denen die Sprechenden folgen.

In Anlehnung an Haspelmath & Sims (2013:7) können wir das Ziel der Morphologie als Teildisziplin der Linguistik in der Beantwortung der Frage (4a) sehen. Mit "Muster" ist hier die Korrelation von Wortformen und grammatischen Kontexten gemeint. Diese ambitionierte Frage nach einer Erklärung der

[3] Ganz allgemein gesprochen ist ein Modell der Versuch der (präzisen) Beschreibung eines Ausschnitts der beobachtbaren Welt. Der von der Linguistik beobachtete Weltausschnitt ist das Sprachverhalten von Menschen.

Muster setzt die Beantwortung der Frage (4b), also eine genaue Beschreibung der Muster, voraus.

(4) Die Morphologie sucht Antworten auf die Fragen:
   a. Warum sind die Muster so, wie sie sind?
   b. Wie sind die Muster?

3.3 Wortformen als Morphemketten

Ganz verschiedene Modellierungen sind möglich. So könnte man schlicht annehmen, dass Sprecherinnen und Sprecher konkrete Wortform-Kontext-Paare wie in (2) ganz einfach auswendig lernen. So ein Modell, das auf Verallgemeinerungen verzichtet, sieht sich dann aber mit der Frage konfrontiert, warum sich z.B. die Dativ Plural Form in allen Nominalparadigmen in Hinblick auf ihre Endung gleicht.

(5) *карандашам, окнам, людям, верблюдам, склонениям, адресам, сокам, площадям, звёздам, ...*

Wenn das morphologische Wissen, das es zu modellieren gilt, einfach in der Assoziierung von Wortformen mit grammatischen Kontexten besteht, dann könnten die Dativ Plural Kontexte für verschiedene Lexeme im Prinzip auch ganz unterschiedliche Endungen haben. Haben sie aber nicht. Das deutet darauf hin, dass die morphologische Endung *-am* (die sich in der kyrillischen Schrift mal als *-ам* und mal als *-ям* niederschlägt) für den Kontext Dativ Plural irgendwie signifikant ist. Wenn die Endung *-am* für den Kontext Dativ Plural aber signifikant ist, dann sollte unser Modell das berücksichtigen. Zum Wissen der Sprecherinnen und Sprecher gehören nicht nur die Assoziationen in (6a), es beinhaltet offenbar auch die generalisierte Assoziation in (6b).

(6) a. *карандашам* ↔ DAT.PL
   окнам ↔ DAT.PL
   людям ↔ DAT.PL
   верблюдам ↔ DAT.PL
   ...
   b. *-am* ↔ DAT.PL

Gestützt wird dies dadurch, dass Sprecherinnen und Sprecher Wortformen, die ihnen möglicherweise noch nie im Dativ Plural Kontext begegnet sind, und die sie deswegen auch nicht auswendiglernen konnten, bei Bedarf problemlos bilden können.

(7) *На планете Кварс жили два народа –*
on planet.LOC.SG.F K. live.PST.IPFV.PL two people.GEN.SG.M
Агады и Нуинуды. Жили они всегда мирно
A.NOM.PL and N.NOM.PL live.PST.IPFV.PL 3PL always peacefully
и дружно. Но вот однажды, из-за пустяков, Агады
and amicably but PRT once out_of trifle.GEN.PL.M A.NOM.PL
объявили ___________ войну.
declare.PST.PFV.PL N.DAT.PL war.ACC.SG.F
'Auf dem Planeten Quars lebten zwei Völker – die Agaden und die Nuinuden. Sie lebten immer friedlich und freundschaftlich zusammen. Aber dann eines Tages, aufgrund einer Bagatelle, erklärten die Agaden den Nuinuden den Krieg.'

Obwohl niemand je etwas vom Planeten Quars und seiner Bevölkerung gehört haben dürfte, werden wohl alle Sprecherinnen und Sprecher des Russischen die Lücke im Text um dieselbe Form ergänzen: *Нуинудам*.

Zur Sprachkompetenz einer Sprecherin bzw. eines Sprechers des Russischen gehört also das Wissen darüber, dass das Segment *-am* im Auslaut von Nomina die Information DAT.PL zum Ausdruck bringt. Das Modell, das wir suchen, sollte diesen Zusammenhang berücksichtigen. Es könnte zum Beispiel eine Regel wie die folgende beinhalten:

(8) Wenn der grammatische Kontext Dativ Plural ist, endet die Wortform auf *-am*.

Eine Regel wie in (8) wird innerhalb der traditionellen russistischen Grammatiktheorie nun aber gerade *nicht* angenommen. Stattdessen wird üblicherweise angenommen, dass zum Wissen der Sprecherinnen und Sprecher das folgende Wissen gehört:

(9) Das Wortsegment *am* ist ein Morphem mit der Bedeutung Dativ Plural.

Morpheme sind definiert als die kleinsten bedeutungstragenden sprachlichen Zeichen, und eines der Morpheme der russischen Sprache sei das Morphem *am*. Der Ausgangspunkt für diese theoretische Annahme ist die Betrachtung von Sprache als ein System, das es ermöglicht, eine endliche Zahl von sprachlichen Zeichen immer wieder neu zu einer unendlichen Zahl von Texten zu kombinieren. Diese Betrachtung wird normalerweise auf Wilhelm von Humboldt zurückgeführt, der sich so ausdrückte:[4]

> Das Verfahren der Sprache ist aber nicht bloß ein solches, wodurch eine einzelne Erscheinung zustandekommt; es muß derselben zugleich die Möglichkeit eröffnen, eine unbestimmbare Menge solcher Erscheinungen und unter allen ihr von dem Gedanken gestellten Bedingungen hervorzubringen. Denn sie steht ganz eigentlich einem unendlichen und wahrhaft grenzenlosen Gebiete, dem Inbegriff alles Denkbaren, gegenüber. Sie muß daher von endlichen Mitteln einen unendlichen Gebrauch machen und vermag dies durch die Identität der Gedanken und Sprache erzeugenden Kraft. (Wilhelm von Humboldt, 1836)

Das ist schwer zu verstehen, aber der Grundgedanke ist ganz einfach: Die Bedeutung einer sprachlichen Äußerung, mit der eine Botschaft (ein Gedanke) vermittelt wird, muss sich aus elementareren Bedeutungen zusammensetzen. Sprache muss auf einen Pool von "Elementarbedeutungen" zurückgreifen können, deren immer wieder neue Kombinationen immer wieder neue Botschaften möglich machen.

Dass sich die Bedeutung eines Textes aus den Bedeutungen seiner Teile, der Sätze, zusammensetzt, und dass sich die Bedeutung eines Satzes wiederum aus der Bedeutung seiner Teile, der Wortformen, zusammensetzt, scheint offensichtlich. Allerdings muss man mitdenken, dass bei diesen zwei Arten der Bedeutungskomposition auch immer eine gehörige Portion Pragmatik ($\approx$ Bedeutungsergänzungen und -verschiebungen durch Kontextwissen) im Spiel ist. Ob nun aber auch die Wortform wiederum aus kleineren Teilen besteht, den Morphemen, aus deren einzelnen Bedeutungen sich die Bedeutung der Wortform zusammensetzt, ist wesentlich unklarer.[5]

Innerhalb der russistischen Theorietradition geht man gemeinhin von der Existenz von Morphemen aus. Dafür gibt es einen Grund. Die russische Spra-

[4] Eine verständlicher formulierte Variante dieses Gedankens geht so: "I will consider a language to be a set (finite or infinite) of sentences, each finite in length and constructed out of a finite set of elements" (Chomsky 1957:13).

[5] In der Forschung zur Morphologie wird die Existenz von Morphemen heute oft verneint (Anderson 1992, Spencer 1991), bzw. werden Morpheme nicht als materielle, sondern "nur" als idealisierte Einheiten der Wortstruktur betrachtet (Plungjan 2000a).

che ist nämlich so gebaut, dass sich die Wortformen im großen und ganzen sehr gut in kleinere Segmente mit ihnen jeweils zugeordneten Bedeutungen aufgliedern lassen. Mit anderen Worten: Eine Theorie der inneren Wortstruktur, die von Morphemen als basalen Zeichen ausgeht, trägt, wenn es nur um die Beschreibung des Russischen (bzw. generell der slawischen Sprachen) geht, sehr weit. Ein sehr informativer deutschsprachiger Artikel, der dies vorführt, ist Kempgen (1999).

Mit dieser kritischen Bemerkung im Hinterkopf lassen wir uns nun auf das klassisch-strukturalistische "radikale Teilchenmodell" der Sprache ein. Sprache soll man sich demnach wie einen Baukasten vorstellen, der kleine Bausteine bereitstellt, aus denen größere Steine gebaut werden, aus denen auf einer höheren Ebene wiederum noch größere Steine gebaut werden. Die kleinsten Steine sind die Phoneme. Phoneme sind keine Zeichen, weil sie an sich keine Bedeutung tragen.[6] Sie sind aber per definitionem bedeutungs*unterscheidend*. Wenn ich in der Sprache, die ich untersuche, zwei Wortformen mit unterschiedlicher Bedeutung identifizieren kann, die formal nur in jeweils einem Laut voneinander abweichen, dann habe ich bewiesen, dass diese zwei Laute bedeutungsunterscheidend sind.

(10) a. *дом* [dɔm] 'Haus' ≠ *том* [tɔm] 'Band (eines mehrbändigen Buches)'
b. *дом* [dɔm] 'Haus' ≠ *дым* [dɨm] 'Rauch'
c. *дом* [dɔm] 'Haus' ≠ *дам* [dam] 'ich werde geben'
d. *дом* [dɔm] 'Haus' ≠ *дочь* [dɔt͡ɕ] 'Tochter'

So zeigt (10) beispielhaft, dass im russischen Sprachsystem die Laute [d] vs. [t], [ɔ] vs. [ɨ] vs. [a] sowie [m] vs. [t͡ɕ] bedeutungsunterscheidend sind. Das Russische besitzt also u.a. die Phoneme /d/, /t/, /o/, /a/, /y/, /m/ und /č/. Führt man eine solche Phonemanalyse systematisch durch, kommt man für das Russische je nach Analyse auf ca. 33 bis 36 Konsonantenphoneme und 5 bis 6 Vokalphoneme (Bunčić, in Vorb.).

Aus den Phonemen setzen sich die Morpheme zusammen. Morpheme sind Zeichen und als solche bedeutungs*tragend*. Sie sind minimale Zeichen. Wenn man sie weiter segmentiert, erhält man Phoneme, die wie gesagt keine Bedeu-

[6] Sollten Sie diesen Satz nicht verstehen, weil Sie noch keine rechte Vorstellung vom Zeichenbegriff haben, informieren Sie sich bitte hier: https://grammis.ids-mannheim.de/progr@mm/5253

tungen tragen. Wenn man Morpheme regelgerecht zusammensetzt, baut man Wortformen.

(11) a. *дом-ик-а*
house-little-GEN.SG
'des Häuschens'

b. *без-дом-н-ому*
without-house-quality-DAT.SG.M.LF
'obdachlosen'

Morpheme sind in (11) durch Bindestriche voneinander isoliert. Segmentgrenzen in der Objektsprache (1. Zeile) entsprechen Segmentgrenzen in der Glossierung (2. Zeile). Die Glosse liefert lexikalische und grammatische Informationen. *ik*, *bez* und *n* sind Wortbildungsmorpheme. *ik* bringt zum Ausdruck, dass etwas kleiner als normal ist ("Diminutiv"), *bez*, dass etwas fehlt und *n*, dass eine Eigenschaft gemeint ist. Das Wort *бездомному* existiert formgleich als Nomen und als Adjektiv im Genus Neutrum.[7] Hier ist, wie in der Glosse ausgewiesen, das maskuline Adjektiv gemeint ("LF" steht für Langform, dazu später mehr).

Aus Wortformen lassen sich dann Sätze bauen:

(12) *Бездомному* *зайчику* *не*
homeless.DAT.SG.M-LF little_rabbit.DAT.SG.M NEG
хватает *домика.*
suffice.PRS.IPFV.3SG little_house.GEN.SG.M
'Dem obdachlosen Häschen fehlt ein Häuschen.'

Aus Phonemketten entstehen Morpheme, aus Morphemketten entstehen Wortformen, aus verketteten Wortformen bestehen Sätze und aus Sätzen werden Texte gebildet... Die verschiedenen Ebenen der sprachlichen Strukturbildung gemäß des radikalen Teilchenmodells fasst Abbildung 3.1 zusammen.

Man beachte, dass jede Zwischenebene zwischen Phonem und Text ihren besonderen semiotischen Status hat. Morpheme sind die minimalen Zeichen per se (es gibt keine kleineren). Wortformen sind die minimalen Zeichen, die eine Äußerung tragen können – sie können z.B. alleine als Antworten auf Fragen

[7] Das Nomen *бездомный* ('Obdachloser') wird durch das Wortbildungsverfahren der Konversion von dem Adjektiv *бездомный* ('obdachlos') abgeleitet, vgl. dazu Kapitel 5.

fungieren (dazu mehr im Kapitel 4). Sätze sind die minimalen Zeichen mit propositionalem Gehalt – sie können wahr oder falsch sein (das gilt zumindest für Deklarativsätze).

Texte
↑
Sätze
↑
Wortformen
↑
Morpheme
↑
Phoneme

Abb. 3.1: Ebenen im radikalen Teilchenmodell der Sprache

Entsprechend ihrer Scharnierposition zwischen Sätzen und Morphemen werden Wortformen manchmal als maximale Einheiten der Morphologie und minimale Einheiten der Syntax charakterisiert. Wir widmen uns hier den Wortformen als maximale morphologische Objekte und definieren mit Plungjan (2000a:13):

(13) **Arbeitsdefinition Morphologie**
Unterstellt sei das Teilchenmodell der Sprache. Die Aufgabe der Morphologie als Teilgebiet der Linguistik ist dann die Beschreibung der Eigenschaften und Funktionsweise all jener sprachlichen Mittel, die im Phänomenbereich zwischen Morphem und Wortform angesiedelt sind.

3.4 Drei Dinge, die den Blick versperren

In diesem Abschnitt mache ich auf drei Dinge aufmerksam, die den interessierten Blick auf die Binnenstruktur einer russischen Wortform in gewisser Weise versperren, oder zumindest verschleiern können. Sie sind von ganz unterschiedlicher Natur. Das erste Hindernis ist didaktischer Natur. Es gibt eine weitverbreitete Praxis der morphologischen Analyse, ich nenne sie die Schulnotation, zu der man auf kritische Distanz gehen sollte. Das zweite Hindernis ist linguistischer Natur. Es gibt systematische Lautalternationen, oft einfach historisch bedingt, die zu Morphemvarianten geführt haben (Allomorphie). Das dritte Hindernis ist wieder kultureller Natur. Die kyrillische Schrift eignet sich nicht besonders gut für die Zwecke der Morphemanalyse. Der Reihe nach.

Zur Analyse der inneren Wortstruktur im Sinne von (13) hat sich im "russischsprachigen Kulturraum" ein bestimmtes Beschreibunginstrument etabliert. Wer in Russland zur Schule gegangen ist, kennt es. Deswegen nenne ich es hier die "Schulnotation". Die Schulnotation hat auch Eingang in die linguistische Literatur gefunden, vgl. Bruns (2013:120) oder Schlegel et al. (1992:24-25).

Es gibt sehr viele Webseiten, die dieses Verfahren zur Morphemanalyse russischer Wortformen erklären und sogar automatisiert anwenden. Eine ist zum Beispiel https://udarenieru.ru/. Abbildung 3.2 zeigt einen Screenshot. Zu sehen ist die Analyse der Wortform *открывается*.

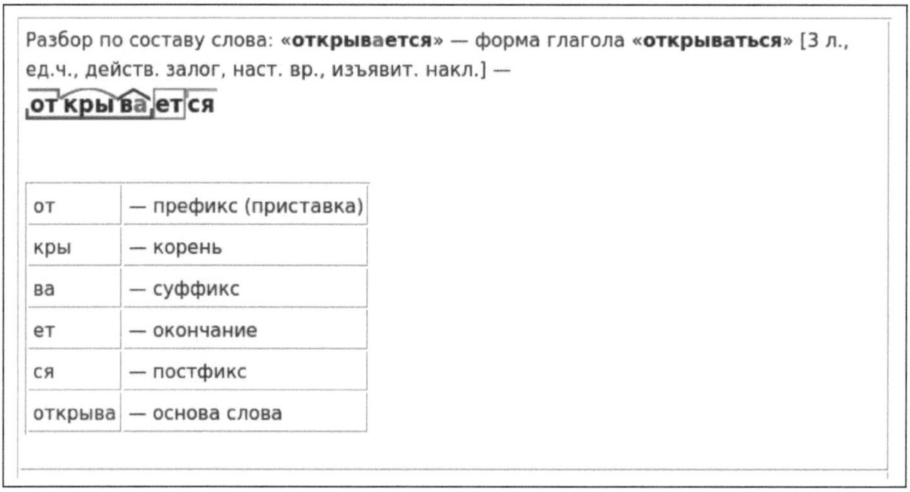

Разбор по составу слова: «**открывается**» — форма глагола «**открываться**» [3 л., ед.ч., действ. залог, наст. вр., изъявит. накл.] —

от кры ва ет ся

от	— префикс (приставка)
кры	— корень
ва	— суффикс
ет	— окончание
ся	— постфикс
открыва	— основа слова

Abb. 3.2: https://udarenieru.ru/ – screenshot 1

Nach der Analyse in Abb. 3.2 lassen sich sechs morphologische Elemente der Wortform *открывается* identifizieren: *от* ist ein Präfix, *кры* ist eine Wurzel, *ва* ist ein Suffix, *ет* ist eine Endung, *ся* ist ein Postfix und *открыва* ist ein Stamm. Für jedes dieser Elemente gibt es eine bestimmte Notationskonvention. Die Wurzel wird durch einen Bogen markiert, die Endung durch eine Box usw. Diese Methode, so hübsch und beliebt wie sie auch ist, hat einen großen Nachteil. Es werden nämlich zwei Analyseebenen zusammengeworfen, die man besser auseinanderhalten sollte: einerseits die Gliederung der Wortform in Stamm und Endung, und andererseits die Segmentierung in Morpheme.

Wie man leicht ersehen kann, ist der Stamm kein Morphem. Da er (*открыва*) selbst aus Morphemen besteht (*от-кры-ва*), ist er kein kleinstes bedeutungstragendes Zeichen und insofern im Rahmen einer *Morphem*analyse streng genommen fehl am Platze. Und was die Endung angeht, so führt sie ein inkonsequentes Dasein. Wie man in Abb. 3.2 sieht, bildet die Endung offenbar gar nicht immer das Ende der Wortform. Warum wird *ся* nicht mit zur Endung gezählt? Weil Endungen immer einzelne Morpheme sein müssen? Aber warum müssen sie das, Stämme können doch auch aus mehreren Morphemen bestehen? Schauen Sie sich vor diesem Hintergrund mal Abb. 3.3 an.

Разбор по составу слова: **«открыла»** — форма глагола **«открыть»** [ж.р., ед.ч., действ. залог, прош. вр., изъявит. накл.] —

открыла

от	— префикс (приставка)
кры	— корень
л	— суффикс
а	— окончание
откры	— основа слова

! Формообразующий суффикс прошедшего времени **л** не входит в основу глагола.

Abb. 3.3: https://udarenieru.ru/ – screenshot 2

Warum gehört das "formbildende Suffix des Vergangenheitstempus" *л* in *открыла* nicht mit zur Endung? Und wenn es nicht zur Endung zählt, warum dann nicht zum Stamm, wie etwa das Morphem *ш* in *крыша* (Abb. 3.4)?

Der Grund für diese Ungereimtheiten ist, so vermute ich, dass das verbreitete Analyseverfahren auf Webseiten wie https://udarenieru.ru/ didaktischen Zwecken dient. Die Schulkinder sollen lernen, die morphologischen Elemente einer russischen Wortform möglichst eindeutig zu benennen. Für diesen Zweck wäre es ideal, wenn jedes Wortelement einen eindeutigen Namen bekommt und wenn pro Wortform kein Elementtyp zweimal vorkommt. Und in der Tat sind doppelte Präfixe in russischen Wortformen eher selten, genauso wie doppelte Wurzeln

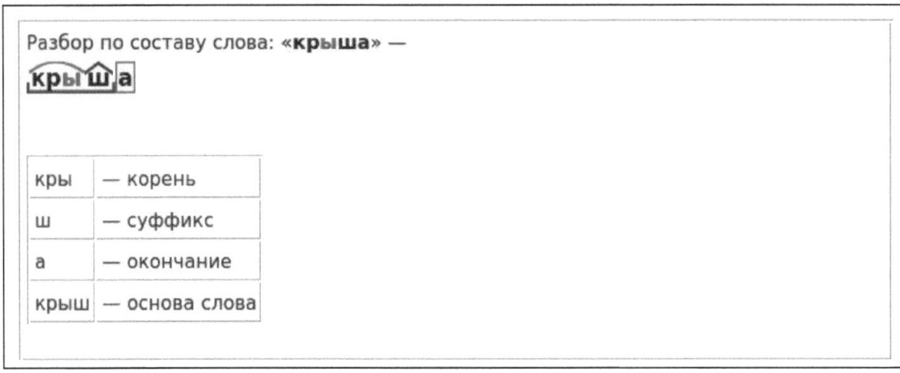
Разбор по составу слова: **«крыша»** —

крыша

кры	— корень
ш	— суффикс
а	— окончание
крыш	— основа слова

Abb. 3.4: https://udarenieru.ru/ – screenshot 3

(ein Beispiel zeigt Abb. 3.5). Lediglich im Bereich der Suffixe gibt es eine starke Diskrepanz zwischen Ideal und sprachlicher Wirklichkeit, denn mehrfache Suffixe kommen sehr häufig vor. Um sich dem Idealzustand anzunähern, wurde im Bereich der Suffixe geordnet eingegriffen, und wir haben plötzlich drei Namen für Morpheme, die nach der Wurzel erscheinen: "Suffixe", "Endungen" und "Postfixe". Aber nicht nur das Element, welches in der Schulnotation "Suffix" genannt wird, ist aus morphologischer Sicht ein Suffix. Auch die Elemente, die "Endung" und "Postfix" genannt werden sind nach geltenden morphologischen Kriterien Suffixe (vgl. Haspelmath & Sims 2013:21).

Das Postfix hat besondere morphologische Eigenschaften, wozu wir noch kommen werden. Das rechtfertigt es, es auch gesondert zu betrachten und, warum nicht, es gesondert zu benennen. Aber wir dürfen nicht vergessen, dass das Postfix trotz allem ein Spezialfall eines Suffixes ist. Wenn es auftritt, dann immer an einer Verbform und immer als allerletztes Morphem. Dabei erscheint es in zwei Varianten, *-ся* und *-сь*. Das gibt mir die Gelegenheit, an dieser Stelle den Begriff des Allomorphs einzuführen.

(14) a. Wenn ein Morphem in vorhersagbarer Weise in Kontexten mit der Eigenschaft A in einer Form und in Kontexten mit der Eigenschaft B in einer anderen Form erscheint, dann handelt es sich bei den zwei Formen um Allomorphe desselben Morphems.

b. Die Eigenschaften A und B können morphologischer oder phonologischer Natur sein.

Die Segmente *-ся* und *-сь* sind phonologisch bedingte Allomorphe. Es ist

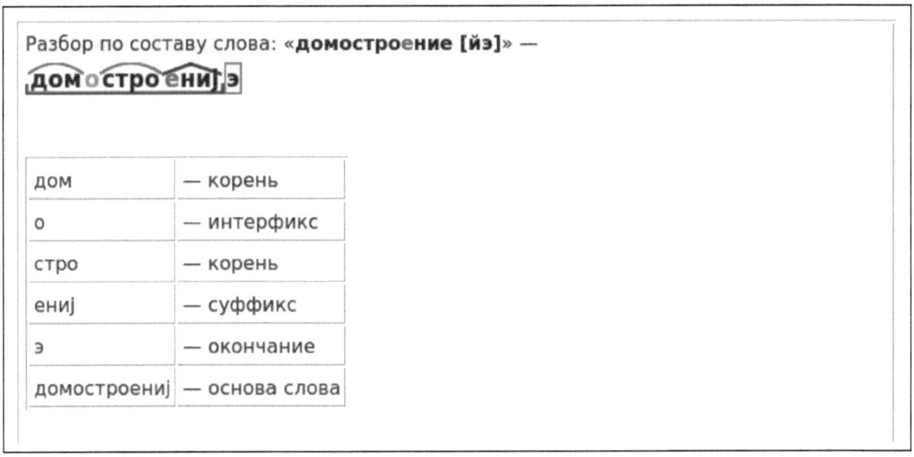

Разбор по составу слова: **«домостроение [йэ]»** —

дом о стро ениj э

дом	— корень
о	— интерфикс
стро	— корень
ениj	— суффикс
э	— окончание
домостроениj	— основа слова

Abb. 3.5: https://udarenieru.ru/ – screenshot 4

nämlich systematisch voraussagber, dass das zugrundeliegende Postfix СЯ nach Konsonanten als *-ся* und nach Vokalen als *-сь* realisiert wird.

Morphologisch bedingte Allomorphie liegt zum Beispiel vor, wenn das Morphem ПЕК (‘back-’) in vorhersagbarer Weise mal als *печ* und mal als *пек* realisiert wird. Vgl. das Verbalparadigma in (15) (ohne Partizipialformen). Das Allomorph *печ* erscheint hier als Verbwurzel in den morphologischen Kontexten PRS.2SG, PRS.3SG, PRS.1PL, PRS.2PL und INF; ansonsten erscheint das Allomorph *пек*.[8]

(15)

печь	PRS	PST	IMP
1SG	*пеку*	*пёк/пекла*	–
2SG	*печёшь*	*пёк/пекла*	*пеки*
3SG	*печёт*	*пёк/пекла/пекло*	–
1PL	*печём*	*пекли*	–
2PL	*печёте*	*пекли*	*пеките*
3PL	*пекут*	*пекли*	–

[8] In Kapitel 1 hatte ich statt von morphologischen Kontexten von grammatischen Kontexten gesprochen – diese Begriffe sind austauschbar.

> In welchen Varianten (Allomorphen) erscheint das Wurzelmorphem im Paradigma des Lexems МОЧЬ ('können')?

Falls Sie sich gefragt haben, warum ich nicht zwischen *печ* und *печь* als morphologische Varianten differenziert habe: Der Grund ist, dass diese zwei Elemente exakt dieselben sind – das Weichheitszeichen am Ende des Infinitivs hat keine morphematische Relevanz. Es ist eine reine orthographische Konvention. Ob mit oder ohne Weichheitszeichen in der Schrift, das Phonem /č/ ist im Russischen immer weich.

Uns begegnet an dieser Stelle zum ersten Mal die Problematik, dass die Schrift den Blick auf die morphologischen Bestandteile der Wortformen vernebeln kann (vgl. Lehmann 2013:206-207). Schrift ist nicht gleich Sprache. So trivial wie das klingt, in unserer hochgradig literal geprägten Welt werden diese zwei der Sache nach grundverschiedenen Ebenen – zum Leidwesen der Linguistik – nicht auseinandergehalten.

Warum zum Leidwesen der Linguistik? *Schrift*verhalten kann richtig oder falsch sein. Maßstab dafür sind (im Endeffekt politisch) kodifizierte Orthographieregeln. Wenn man die verletzt, wird man sanktioniert, etwa durch schlechte Schulnoten. Diese Erfahrung haben wir alle gemacht. Für "richtiges" oder "falsches" *Sprach*verhalten hingegen gibt es keinen objektiven Maßstab. Es gibt nur besser oder schlechter gelingende (oder misslingende) Kommunikation. Man kann zwar Fehler machen in dem Sinne, dass man sprachliche Etikette missachtet. Jemanden duzen, den man siezen müsste, zum Beispiel, oder Mat-Ausdrücke in Kontexten benutzen, in denen sie fehl am Platz sind. Aber ob ein konkretes Sprachverhalten unauffällig ist, als markiert wahrgenommen oder sogar geächtet wird, ist eine Frage dynamischer gesellschaftlicher Prozesse. Dafür gibt es, ich wiederhole mich, keinen objektiven Maßstab. Das Doofe ist nun, dass die Denkfigur "richtig oder falsch" allzu oft aus der Domäne der Schrift auf die Domäne der Sprache übertragen wird. Für Leute, die diesen Denkfehler vollzogen haben, ist Linguistik so etwas wie eine Sprachpolizei. Und das ist so ziemlich das Gegenteil von Sprachwissenschaft.

Ich habe das zugegebenermaßen etwas tendenziös dargestellt. Es gibt auch Akteure, die sich der Sprachpflege verschrieben haben und sich als Linguistinnen bzw. Linguisten bezeichen würden. Dennoch: Die Sprachpflege verfolgt ein grundsätzlich anderes Ziel als die Linguistik im wissenschaftlichen Sinne. Die Sprachpflege formuliert Regeln, die vorschreiben, wie man zu sprechen hat (präskriptive Grammatik). Die Linguistik wie ich sie verstehe hingegen interessiert sich nicht dafür, wie Menschen sprechen sollen, sondern dafür, wie Sprache funktioniert, und (deswegen) dafür, wie die Menschen tatsächlich sprechen (deskriptive Grammatik).

Zurück zum Punkt: Uns interessiert, wie die Wortformen des Russischen strukturiert sind. Wir unterstellen das radikale Teilchenmodell und versuchen deswegen, die Morpheme zu identifizieren, aus denen die Wortformen "zusammengebaut" sind. Die Schrift, in der uns das Russische üblicherweise entgegentritt, die Kyrillica, verschleiert uns manche Einsicht, wenn wir sie für bare Münze nehmen. Die Schrift für bare Münze zu nehmen soll heißen: der Vorstellung anheimzufallen, dass Wortformen aus Buchstaben bestehen. In Wirklichkeit bestehen Wortformen aber gar nicht aus Buchstaben, sondern, das wissen wir ja schon, aus Phonemen (Abb. 3.1). Ein wunderbares Beispiel, um das zu sehen, zeigt Abb. 3.5. Die Wortform *домостроение* besteht demnach u.a. aus dem suffixalen Morphem *ениj*. Verstehen Sie, wie zu dieser gemischten Notation aus kyrillischen und lateinischen Graphemen kommt?

Die russische Sprache besitzt ein Phonem /j/. Diesem Phonem entspricht aber kein 1:1 zugeordneter Buchstabe des kyrillischen Alphabets. In manchen Fällen drückt der Buchstabe *й* das Phonem /j/ aus, z.B. im Possessivpronomen Maskulin Singular Nominativ *мой*. Aber bereits in der femininen Singularform *моя* und in der Pluralform *мои* fehlt ein Buchstabe für diesen Laut. Ist da gar kein /j/? Doch, es wird in der Schrift in diesem Fall aber auf andere, relativ komplizierte Weise ausdrückt. Die Vokalbuchstaben *я* und *и* signalisieren nach einem anderen Vokalbuchstaben die Lautfolgen /ja/ bzw. /ji/.[9]

So verhält es sich auch in *домостроение*. Hier signalisiert der kyrillische Vokalbuchstabe *е* nach dem anderen Vokalbuchstaben *и* die Lautfolge /je/. Das heißt, am Aufbau dieser Wortform ist das Phonem /j/ beteiligt: /domostrojenije/. Und nun führt die Morphemanalyse zu Tage, dass es im Russischen auch Morpheme gibt, die auf /j/ enden. Weil die Kyrillica aber ungeeignet ist, das darzustellen, bleibt nur ein Kunstgriff. Eine Lösung ist, dass man die kyrillisch-lateinische Hybridform *ениj* benutzt. Eine andere Lösung hat Tichonov (1996) gefunden: um ein /j/ am Stammende zu identifizieren werden eckige Klammern hinter der kyrillisch präsentierten, segmentierten Wortform angeführt:

(16) a. галлюцин/áци/я [й/а] = galljucin-acij-a (S.110)

b. плá/ва/ни/е [й/э] = pla-va-nij-e (S.389)

[9] Wie die Kyrillica funktioniert ist vielfach beschrieben worden. Kurze kompakte Darstellungen finden sich z.B. in Townsend (1975) und Berger (2006).

Ist Ihnen aufgefallen, dass in der in Abb. 3.5 angebotenen Morphemanalyse ein Fehler gemacht wurde? Es hat etwas mit /j/ zu tun.

3.5 Wortformen sind hierarchisch aufgebaut!

In Kapitel 1 hatten wir festgehalten, dass sich die Bedeutung eines Satzes aus lexikalischen und grammatischen Informationen speist. Das gilt auch auf der Wortebene. Es lassen sich entsprechend lexikalische und grammatische Morpheme identifizieren. Wurzelmorpheme sind lexikalische Morpheme. Die Bedeutungen, die sie tragen, sind denotativ: Wurzelmorpheme beschreiben ein "Stückchen Welt". Inhaltswörter (Kapitel 2) müssen mindestens ein Wurzelmorphem enthalten, sonst können sie keinen denotativen Inhalt transportieren.

Das Morphem *гор*, zum Beispiel, trägt die Bedeutung 'Berg'. Die Wortformen in (17a) bedeuten alle 'Berg', denn sie enthalten außer der Wurzel *гор* nur jeweils verschiedene grammatische Morpheme. Zusammen bilden sie das Singular-Paradigma des Lexems ГОРА.

(17) a. *горá, горы́, горé, гóру, горóй, о горé*
  b. *гóрка, гóрные, подгóрном, гóрничная, ...*

Auch die Wortformen in (17b) enthalten alle das Morphem *гор*. Hier jedoch tritt an die Wurzel (mindestens) ein Wortbildungsmorphem, und an den so entstandenen Morphemkomplex hängt sich noch ein grammatisches Morphem. Wortbildungsmorpheme sind Lexembildungsmorpheme. Sie kommen zum Einsatz, um eine lexikalische Bedeutung in eine andere lexikalische Bedeutung zu überführen. Mit anderen Worten, um auf der Basis eines Lexems ein anderes Lexem zu bilden. Dabei kann die Wortart der Basis erhalten bleiben oder aber sich ändern.

(18) Es gibt drei Arten von Morphemen:
  a. Wurzelmorpheme
  b. Wortbildungsmorpheme
  c. grammatische Morpheme

Als Wurzelmorphem *гор* manifestiert sich das nominale Lexem ГОРА. Es dient dem Wortbildungsmorphem *к* als Basis, so dass die Form *горк* entsteht.

Diese entspricht dem abgeleiteten, ebenfalls nominalen (und ebenfalls femininen) Lexem ГОРКА. Der formalen Ableitung entspricht eine inhaltliche. Das neue Lexem hat verschiedene Bedeutungen, die alle durch die Bedeutung 'Berg' motiviert sind. Es kann u.a. 'Hügel', 'Häufchen' oder auch 'Rutsche' (auf einem Spielplatz) bedeuten.[10]

Das Phänomen, dass ein Lexem mehrere Bedeutungen subsumiert, nennt man Polysemie. Polysemie im Lexikon ist keine hässliche Undeutlichkeit, sondern, ganz im Gegenteil, das elegante Geheimnis der Ausdruckskraft einer Sprache. Die Sprache nutzt die Möglichkeit der kontextuellen Desambiguierung aus (denn Sprache "passiert" immer in Kontexten) und spart dadurch sozusagen zusätzliche Lexeme ein. Ein und dieselbe Form (z.B. *горк*) hat das Potenzial, verschiedene Arten von Dingen zu bezeichnen. Das wird uns an anderer Stelle wiederbegegnen.

In *горные* dient das Wurzelmorphem *гор* dem Wortbildungsmorphem *н* als Basis. Auf diese Weise leitet sich die Form *горн* ab. Das "dahinterstehende" Lexem, ГОРНЫЙ, ist kein nominales Lexem mehr, sondern ein adjektivisches. Dieser lexikalische Kategorienwechsel ist gerade der Inhalt des Wortbildungssuffixes *н* (es ist uns bereits in (11b) begegnet). Es dient zur Ableitung von Adjektiven aus Nomina. Das dritte Morphem, *ые*, ist ein grammatisches Morphem. Seine Bedeutung ist NOM.PL oder ACC.PL. Die Bedeutung des Adjektivlexems ГОРНЫЙ ist ungefähr 'hat was mit Berg zu tun'. So bedeutet z.B. *горные лыжи* 'Abfahrtsskier' (im Gegensatz zu *беговые лыжи* 'Langlaufskier').

Bei der Adjektivform *подгорном* tritt das Wortbildungsmorphem *под* mit seiner Bedeutung 'untere Region' an den Morphemkomplex *горн*. Die durch das Adjektivlexem ГОРНЫЙ eingebrachte Bedeutung erfährt eine entsprechende Modifikation derart, dass das neue Lexem ПОДГОРНЫЙ in etwa die Bedeutung 'unten am Berg' hat. Tritt an *подгорн* das grammatische Morphem *ом*, erhalten wir die passende Adjektivform für die grammatischen Kontexte LOC.SG.M oder LOC.SG.N, z.B. in *в подгорном лагере* 'im Lager unten am Berg'.

Sehen wir uns noch die innere Struktur der Adjektivform *горничная* an. Hier tritt das Wortbildungssuffix *иц* an *горн*. Es leitet von dem Adjektivlexem ein Nominallexem ab (zu diesem werden heute nur selten Wortformen gebildet;

[10] Ich weiche hier terminologisch von der Praxis in Lehmann (2013) ab. In diesem Lehrwerk wird der Begriff "Lexem", der Moskauer semantischen Schule folgend, für die einzelnen Teilbedeutungen reserviert. Das Dach, unter dem verschiedene Lexeme versammelt sind, heißt dann "Vokabel" (Lehmann 2013:116).

Nomen wie *горница* sind veraltet, ihre Bedeutung war 'Zimmer in der oberen Etage'). Das Lexem ГОРНИЦА ist dann die Basis für einen weiteren Ableitungsschritt. An den Morphemkomplex *горниц* tritt das Wortbildungssuffix *н*, das wir schon kennen gelernt haben, und es entsteht wieder ein Adjektivlexem: ГОРНИЧНЫЙ.[11] Seine Bedeutung ist 'hat was mit dem Zimmer in der oberen Etage zu tun'. Mit dem grammatischen Morphem *ая* entsteht die Adjektivform *горничная* für NOM.SG.F-Kontexte. Und die Geschichte ist noch nicht zu Ende. Aus dem Adjektivlexem ГОРНИЧНЫЙ ist ein feminines Nominallexem ГОРНИЧНАЯ 'Zimmermädchen' entstanden. Ursprünglich bedeutete das soviel wie 'Bedienstete, die für das oben gelegene Zimmer zuständig ist, in dem die Herrschaften leben'.[12] Inzwischen fallen auch Bedienstete, die für Zimmer im Erdgeschoss zuständig sind, etwa in einem Hotel, unter den Begriff (= in die Extension von) ГОРНИЧНАЯ. Das heißt, die Bedeutungskomponente 'oben', für die maßgeblich die Wurzel *гор* verantwortlich war, hat sich verflüchtigt.

Fassen wir zusammen (unter Vernachlässigung der semantischen Seite):

(19)
a. [[гор] а]
b. [[[гор] к] а]
c. [[[гор] н] ые]
d. [[под [[гор] н]] ом]
e. [[[[[гор] н] ич] н] ая]

Fällt Ihnen etwas auf? Immer wird das grammatische Morphem als letztes "angebaut". Offenbar gibt es eine morphologische Regel, die besagt: Vollende zunächst die Komposition der lexikalischen Bedeutung deiner Wortform, und lege erst im zweiten Schritt die für deinen konkreten Verwendungskontext passende grammatische Bedeutung fest. An dieser Stelle treten zwei Schlüsselbegriffe der Morphologie auf, Stamm und Endung.

(20) **Aufbau einer Wortform**

a. Der Aufbau einer russischen Wortform erfolgt, ausgehend von der Wurzel, sukzessive in zwei Phasen.
b. Phase 1 (Lexembildung): Aufbau des Wortstamms
c. Phase 2 (Wortformbildung): Ergänzung des Wortstamms um die Endung

[11] Zum Wechsel von Ц zu Ч vor Н, siehe Švedova et al. (1980:276).

[12] Diese Ableitung wird in der Wortbildungslehre "Konversion" genannt, vgl. Kapitel 5.

Und noch eine weitere Verallgemeinerung ist gültig: Die Festlegung der grammatischen Bedeutung erfolgt offenbar immer durch das Anhängen eines Morphems am Ende der Form, also durch Suffigierung. Hier rot markiert.

(21) a. [[гор] а]
b. [[[гор] к] а]
c. [[[гор] н] ые]
d. [[под [[гор] н]] ом]
e. [[[[[гор] н] ич] н] ая]

Wenden wir uns den blau markierten lexikalischen Mophemen zu, so sehen wir in (21d), dass die Komposition der lexikalischen Wortbedeutung nicht nur durch Suffigierungen erfolgt, sondern auch Präfigierungen beinhalten kann. Wir sehen ferner, dass Suffigierungen mehrfach erfolgen können, ja es kann sogar ein und dasselbe Wortbildungsmorphem zweimal zur Anwendung kommen (21e).

Bei dem in (21) blau gefärbten Strukturaufbau handelt es sich um die Bildung des Wortstamms. Daran sind nur lexikalische Morpheme beteiligt. Im Minimalfall besteht der Stamm nur aus einem Morphem, der Wurzel (21a).

Bei dem rot gefärbten Teil des Strukturaufbaus handelt es sich um das Anfügen der Wortendung. Daran sind nun ausschließlich grammatische Morpheme beteiligt. Oft besteht die Endung aus einem einzigen Morphem. Allerdings bringt dieses eine Morphem mehrere grammatische Bedeutungen zum Ausdruck. So trägt das eine Suffix *a* in (21a) gleichzeitig die zwei grammatischen Bedeutungen Nominativ und Singular. Dieses Phänomen nennt man Fusion, oder auch Kumulation (Plungjan 2000a).

Warum trägt das Morphem *a* in (21a) nicht die grammatische Bedeutung Feminin?

Die Endung kann auch aus mehreren Morphemen bestehen. Das ist aber im Russischen der seltenere Fall, der immer (?) nur mit dem "Postfix" zu tun hat, so wie oben in Abb. 3.2:

(22) [[[[от [кры]] ва] ет] ся]

Das Suffix *em* trägt kumulativ die Bedeutungen 3.Person, Singular und Präsens, das Suffix *ся* trägt die Bedeutung Passiv.[13]

Ich hoffe deutlich gemacht zu haben, das die morphologische Struktur einer russischen Wortform hierarchisch aufgebaut ist. Ausgehend von der Wurzel (deswegen heißt die ja auch so) wird zunächst das Lexem festgelegt, dessen Bedeutung kommuniziert werden soll. Diese Phase ist die Stammbildung. Wenn die Entscheidung für ein Lexem getroffen ist, wird das Lexem "in eine passende Wortform gegossen": an den Stamm tritt die Endung, deren grammatische Werte dem grammatischen Kontext entsprechen, in dem die Wortform geäußert wird. Damit ist auch klar, dass die morphologische Bestimmung von Wortstamm und Wortendung auf einer grundsätzlich anderen Analyseebene liegt als die Identifikation aller Morpheme, die in der Wortform vorfindbar sind.

Was mir an der morphologischen "Schulnotation" (s.o.) gefällt, ist, dass sie durch die hübschen Symbole für die verschiedenen Arten von Morphemen im Wort sensibilisiert. Was mir aber nicht gefällt, ist, dass sie die Dichotomie Stamm + Endung und die Segmentierung Morphem 1 + Morphem 2 + Morphem 3 + Morphem 4 auf ein und dieselbe lineare Ebene projiziert. Dadurch versperrt die Schulnotation den Blick auf die hierarchische Natur der Wortstruktur. Eine Morphemanalyse, die nur "die lineare Abfolge von Einheiten beschreibt" (Berger 2006:67), greift ganz einfach zu kurz.

Affixe sind alle Morpheme mit Ausnahme des Wurzelmorphems. Wie gesehen gibt es Affixe mit grammatischer Bedeutung und Affixe mit lexikalischer Bedeutung. Affixe mit lexikalischer Bedeutung dienen der Wortbildung (Lexembildung). Das heißt, die Grenze zwischen affixalen und nicht-affixalen Morphemen fällt nicht mit der Grenze zwischen lexikalischen und grammatischen Morphemen zusammen, wie in Abbildung 3.6 angedeutet.

<table>
<tr><td>гор</td><td>н</td><td>ый</td></tr>
<tr><td>nicht-affixal</td><td colspan="2">affixal</td></tr>
<tr><td colspan="2">lexikalisch</td><td>grammatisch</td></tr>
</table>

Abb. 3.6: lexikalische und grammatische Affixe

[13] Nicht immer trägt *ся* die Bedeutung Passiv, und in den Fällen, wo es das nicht tut, ist es gar nicht so klar, dass das Morphem nicht doch am Stammaufbau beteiligt ist. Ich lasse diese Behauptung hier uneingelöst und wiederhole lediglich den Hinweis, dass es gute Gründe gibt, dem Suffix *ся* einen besonderen Status zuzuweisen, was dann auch seinen besonderen Namen "Postfix" rechtfertigt. Hierzu mehr in Kapitel 4.

Verschiedene Wortformen, die "aus derselben Wurzel gewachsen" sind, gehören zu ein und derselben sog. Wortfamilie.

Übersetzen Sie die folgenden Wortformen. Wieviele Wortfamilien haben sich hier versammelt?

(a) *вода́*, (b) *наводне́нием*, (c) *води́теля*, (d) *водки*, (e) *води́л*, (f) *переводи́*, (g) *во́дных*, (h) *наво́дит*, (i) *водворе́ние*, (j) *подво́дки*, (k) *заводно́е*, (l) *подво́дную*, (m) *водяно́й*

Unabhängig davon, ob wir das Postfix *-sja* wie oben als Phase-2-Suffix betrachten (also zu den endungsbildenden Suffixen zählen) oder doch als Phase-1-Suffix analysieren (also zu den stammbildenden Suffixen zählen), können wir konstatieren, dass drei Arten von Affixen in der morphologischen Struktur russischer Wortformen vorkommen: Präfixe, Interfixe, Suffixe.

Die Derivation einer Wortform beginnt, wie wir wissen, mit der Wurzel. Sie ist die erste Basis, an die ein Affix treten kann. Wenn dies geschieht, entsteht eine neue, abgeleitete Basis, an die ein weiteres Affix treten kann. Präfixe sind Affixe, die vor der Basis, an die sie treten, erscheinen. Suffixe sind Affixe, die nach der Basis, an die sie treten, erscheinen. Interfixe sind Elemente, die "auftauchen", wenn eine weitere Wurzel an eine Basis tritt. Ein Beispiel ist uns bereits begegnet, vgl. Abb. 3.5.

Beachtenswert ist, dass sich Interfixe nicht unter die Definition von Morphemen als die kleinsten bedeutungstragenden Zeichen fügen. Sie tragen nämlich gar keine Bedeutung. Der deutsche Ausdruck "Fugenelement" bringt ihre rein formale (= bedeutungsfreie) Funktion gut auf den Punkt. Die Interfixe verweisen uns darauf, dass das radikale Teilchenmodell, das wir hier aus didaktischen und traditionellen Gründen unterstellen, also die Idee, dass nicht nur Sätze, sondern auch Wortformen aus kleineren Zeichen wie Bausteine zusammengesetzt werden, theoretisch schwierig aufrecht zu erhalten ist.

Skepsis gegenüber dem radikalen Teilchenmodell ist auch angesicht solcher Wortbildungsmorpheme angebracht, wie sie uns z.B. in der Form *гор-н-ый* begegnet sind. Auch das Morphem *н* hat nämlich, wenn man es rein für sich betrachtet, keine "richtige" Bedeutung. Seine Bedeutung ist sehr abstrakt und enthält eine variable Größe. Was ein adjektivischer Stamm, der sich aus einer Wurzel und dem Morphem *н* zusammensetzt, bezeichnet, ist nämlich eine Eigenschaft, die mit dem Ding zu tun hat, das von der Wurzel, an die *н* tritt, beschrieben wird. Welche Dingbeschreibung das ist, ist die Variable. Mit anderen

Worten entspricht der Bedeutungsbeitrag des Morphems *н* dem einer *Operation*.[14]

Das Morphem *н* ist bei weitem nicht das einzige Morphem des Russischen, das in der Mission unterwegs ist, aus nominalen Bedeutungen adjektivische zu machen. Andere Beispiele sind *ов*, das in *апельси́новый* erscheint, oder *ск*, das in *университе́тский* vorkommt.

Einen interessanten im Sinne von unklaren Fall stellt das Segment *инск* wie in *ялтинский* (abgeleitet von *Ялта*) dar. Würde man das Element *ск* in *ялтинский* mit dem Element *ск* in *университе́тский* identifizieren, bliebe ein Wortteil übrig, nämlich *ин*. Diesem könnte man keinen eigenen Inhalt mehr zuordnen. Um diesem Problem auszuweichen, wird *инск* von der russischen Akademiegrammatik als ein eigenes Morphem neben *ск* betrachtet (Švedova et al. 1980:283). Diese Analyse ist jedoch nicht ohne Alternative. Für Zemskaja (1973:145) handelt es sich bei *ин* um ein Interfix, das erscheint, um den Stamm der Basis an den Formenbestand, der in der russischen Wortbildung normal und erwartbar ist, anzupassen.[15]

3.6 Alternativen zum radikalen Teilchenmodell

Die Morphologie möchte erklären, warum Wortformen so strukturiert sind, wie sie sind. Ihr Ziel ist ein theoretisches Modell, das die in einer Sprache beobachtbaren Wortformen exakt voraussagt. "Voraussagt" meint dabei, dass sich aus den Grundannahmen und Prinzipien des Modells genau die Formen ergeben (man sagt: das Modell soll die Wortformen generieren), die man auch in der Wirklichkeit, d.h. in authentischen Texten, vorfindet.

Das Modell, das wir in diesem Kapitel unterstellt haben, habe ich als "radikales Teilchenmodell" bezeichnet. Es ist ein sog. lexikalisches Modell. Die Grundidee ist, dass es im Lexikon der Sprache kleinste Zeichen gibt, die Morpheme, die sich zu komplexeren Zeichen, den Worformen, verketten. Jedes Zeichen trägt per definitionem eine Bedeutung, so dass sich nach dieser Vorstellung die Bedeutung der Zeichenkette aus den Bedeutungen der Teilchen (der

[14] Die Beobachtung, dass es Wortsegmente gibt, die semantisch am besten als Operatoren mit bestimmten Input-Output-Bedingungen beschreibbar sind (in unserem Beispiel: Input – Ding beschreibung; Output = Eigenschaftsbeschreibung) und die deswegen nicht so recht zur Vorstellung von Wortsegmenten als Morphemen im Sinne von kleinsten sprachlichen Zeichen passen, soll hier nur benannt, nicht vertieft werden.

[15] "... sdelat' ich osnovu bolee obyčnoj dlja russkogo slovoobrazovanija" (Zemskaja 1973:139).

einzelnen Zeichen) zusammensetzt. Im Lexikon gibt es also das Wurzelmorphem *студент* mit der Bedeutung 'Student' und das grammatische Morphem *ам* mit der Bedeutung 'DAT.PL'. Die Wurzel kann als Stamm dienen und mit dem Suffix das Wort *студентам* mit der Bedeutung 'Student.DAT.PL' bilden.

Neben solchen lexikalischen Theorien gibt es sog. realisationale Modelle. Hier ist die Grundidee, dass Wortformen nicht aus kleineren Teilchen zusammengebaut werden, sondern stattdessen sozusagen "in einem Guss" einer Instruktion folgend produziert werden. Die verschiedenen Lexeme im Lexikon der Sprache sind, was ihre lautliche Form betrifft, jeweils mit einem Stamm assoziiert, und zur Sprachkompetenz gehört das morphologische Wissen darüber, in welchen grammatischen Kontexten der Stamm wie formal zu manipulieren ist. Der grammatische Kontext liefert so die Instruktion dafür, wie der Stamm zu verarbeiten ist, um das gewünschte Endprodukt, die Wortform, zu erhalten.

Metaphorisch gesprochen ist der Stamm *студент* des Lexems СТУДЕНТ das Rohmaterial, das in die Morphologiemaschine hineingetan wird. Sodann wird die Maschine programmiert. Wird zum Beispiel das Programm DAT.PL eingestellt und auf den Startknopf gedrückt, so produziert die Maschine die Wortform *студентам*. Denn, wie oben im Zusammenhang mit (8) bereits angedeutet, hat das Programm eine Regel wie (23) zum Inhalt.

(23) Wenn der grammatische Kontext Dativ Plural ist, füge an den Stamm des Lexems X die Endung *-ам*.

Mit СТУДЕНТ als Input entspricht der "Stamm des Lexems X" der Wurzel *студент*, als Output ergibt sich die Form *студентам*. Eine Regel wie (23) erscheint einleuchtend und kommt sicher allen, die Russisch als Fremdsprache lernen, bekannt vor. Realisationale Modelle würden behaupten, dass Regeln wie diese zur Sprachkompetenz der Russischsprecherinnen und -sprecher gehören.

Zum mit dem Lexem СТУДЕНТ verbundenen morphologischen Wissen gehört natürlich nicht nur die Regel (23), sondern u.a. auch die Regeln in (24).

(24) a. Wenn der grammatische Kontext Dativ Singular ist, füge an den Stamm des Lexems X die Endung *-у*.

b. Wenn der grammatische Kontext Instrumental Singular ist, füge an den Stamm des Lexems X die Endung *-ом*.

c. Wenn der grammatische Kontext Nominativ Plural ist, füge an den Stamm des Lexems X die Endung *-ы*.

d. ...

Mit anderen Worten: Zum Sprachwissen gehören Realisierungsfunktionen, die jedem Lexem für sämtliche grammatischen Kontexte, in denen das Lexem als Wortform realisiert werden kann, eine Wortform zuordnen. Die Gesamtheit aller möglichen grammatischen Kontexte[16] spannt das Formenparadigma des Lexems auf. Deswegen nennt sich eine der prominentesten Morphologietheorien dieser Art "Paradigm Function Morphology" (Stump 2001).[17]

Sollten Sie einmal aufgefordert werden, eine Wortform morphologisch zu analysieren, gehen Sie wie folgt vor:

1. Was für eine Art von Wortform (= welche Wortart) liegt vor? Ein Nomen? Ein Verb? Ein Adjektiv/Adverb? Sonstiges?

2. Wenn die zu analysierende Wortform ein Nomen ist, dann frage: Wo ist der nominale Stamm (der die lexikalische Bedeutung der Wortform trägt) zuende, und wo beginnt entsprechend die Endung (die die grammatische Bedeutung ausdrückt)?

3. Der Nominalstamm besteht aus einem Wurzelmorphem (manchmal auch zwei) und, nicht notwendigerweise aber oft, lexikalischen (stammbildenden) Affixen. Der Auslaut eines russ. Nominalstammes ist entweder ein harter Konsonant oder ein weicher Konsonant oder ein Zischlaut (außer bei Entlehnungen wie *пальто* oder *колибри*, vgl. Lopatin & Uluchanov 2005:455).

4. Aus welchen (grammatischen) Suffixen besteht die Endung? Welche grammatischen Bedeutungen tragen die einzelnen Suffixe?

Unterziehen Sie nun bitte die Wortform *учительницами* einer Morphemanalyse!

[16] Welche das sind, ist von Sprache zu Sprache verschieden, vgl. Kapitel 1.

[17] Das erste Kapitel in Stump (2001) bietet eine substanzielle Diskussion der verschiedenen Arten von Morphologietheorien. Ein nützlicher deutschsprachiger Artikel zu dieser Thematik ist Plungjan (2000b). Spencer (2004) präsentiert seine eigene Variante der Paradigm Function Morphology und liefert gleichzeitig eine kompakte Darstellung dieser Art von Morphologietheorie.

4 Wortform, Klitikum und Affix

4.1 Überblick

Woraus besteht Sprache? Aus Wörtern, ist doch klar! Die Selbstverständlichkeit, mit der unser Alltagsverstand Wörter als die Grundeinheiten der Sprache ansieht, steht in einem auffälligen Kontrast dazu, wie linguistische Arbeiten den Begriff des Wortes sofort zu verkomplizieren scheinen, sobald er benannt wird. Es wird darauf verwiesen, dass der Begriff mehrdeutig sei.

> Едва ли не в любой лингвистической работе встречается слово "слово". К сожалению, оно неоднозначно. (Zaliznjak 1967:19)
>
> [In so gut wie jeder linguistischen Arbeit begegnet einem das Wort "Wort". Leider ist es nicht eindeutig.]

> ..., da die Wortproblematik [...] bei der Beschreibung jeder slavischen Sprache – und natürlich über diesen Bereich hinaus – von großer Bedeutung ist. Zahlreiche grundlegende Begriffe der linguistischen Sprachanalyse, etwa Flexion, Wortbildung, grammatische Kategorie, grammatische Bedeutung, Wortart, Wortakzent, Grenzsignal usw., sind mit dieser Problematik unmittelbar verbunden, da sie sich auf sprachliche Einheiten des Worttyps beziehen. Daher ist es unumgänglich, sich bei der Abgrenzung und Analyse solcher Einheiten einer möglichst präzisen Ausdrucksweise zu bedienen. Zu diesem Zweck müssen wir der umgangssprachlichen Verwendungsweise des Ausdrucks "Wort" entraten, da diese mehrdeutig und somit für die wissenschaftliche Beschäftigung mit der Sprache nicht geeignet ist. (Lehfeldt 1996:80)

Kurzum: Das phonologische Wort ist nicht dasselbe wie das orthographische Wort, und dann gibt es noch die Begriffe morphologisches Wort und syntaktisches Wort. Bezogen auf das Russische wollen wir in diesem Kapitel das Wort als morphologisches Wort (Wortform) genauer verstehen. Ich werde die Begriffe orthografisches Wort, phonologisches Wort, syntaktisches Wort und morphologisches Wort zunächst genauer erklären, um letzteres dann zum Thema des Kapitels zu machen. Dazu stelle ich das Konzept der strukturellen Stabilität morphologischer Wörter vor. Wir lernen Kriterien kennen, anhand derer man die strukturelle Stabilität einer sprachlichen Einheit bestimmt. Ich führe den Fachterminus "Klitikum" ein, mit dem man Einheiten bezeichnet, die weniger wortartig sind als Wortformen, aber wortartiger als Affixe. Schließlich erhalten wir noch eine Erklärung dafür, *warum* das morphologische Wort ein relativer und deswegen nicht trennscharf definierbarer Begriff ist.

4.2 Verschiedene Bedeutungen des Wortes "Wort"

Was ein orthographisches (auch: graphematisches) Wort ist, ist relativ schnell erklärt: eine Graphemkette zwischen zwei Trennzeichen. Eine Graphemkette ist eine Sequenz von Buchstaben, und ein Trennzeichen ist eine Lücke. Deswegen existieren orthographische Wörter nur in Texten, die in einer Schrift aufgezeichnet worden sind, die Trennzeichen beinhaltet. Das ist für das heutige Russische gegeben, war aber nicht immer so; der altrussische Text in Abbildung 4.1 enthält keine orthographischen Wörter. Eine vollständige Definition berücksichtigt zudem noch Satzzeichen, den Zeilenanfang sowie das Zeilende und die Möglichkeit der Trennung am Zeilende (vgl. Gallmann 1999:276).

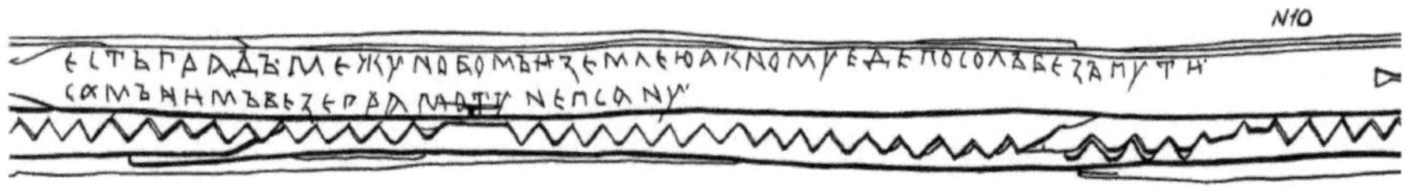

Abb. 4.1: Birkenrindentext (altrussisch, gramoty.ru)

Was ist demgegenüber ein phonologisches Wort?[1] In der Rede manifestiert sich Sprache nicht als ein gleichmäßiger Fluss von Lauten, sondern tritt in "gebündelten" Artikulationseinheiten auf, und diese "Bündelung" orientiert sich am Auftreten von Wortakzenten. Es gilt: "Ein Satz besteht aus so vielen phonologischen Wörtern, wie es in diesem Satz Wortakzente gibt" (Lehfeldt 1996:88).[2] Innerhalb eines phonologischen Worts muss ein Vokal also akzentuiert, d.h. lang und intensiv artikuliert, sein, während alle anderen Vokale kurz und weniger intensiv artikuliert werden.

[1] Die folgende Darstellung folgt in weiten Teilen Lehfeldt (1996:88ff.).

[2] Zu beachten ist, dass hier mit "Wortakzent" nur Hauptakzente, keine Nebenakzente gemeint sind. Ich danke Kersten Krüger für diesen Hinweis.

(1) *Учи́тельница взяла́ де́вушку за́ руку.*
'Die Lehrerin nahm das Mädchen an die Hand.'

Satz (1) enthält in graphematischer Hinsicht fünf Wörter. Wenn man die phonologischen Wörter zählt, enthält er jedoch nur vier Wörter: 1. *учи́тельница*; 2. *взяла́*; 3. *де́вушку* 4. *за́ руку*. Das heißt, *за́ руку* zählt unter dem phonologischen Gesichtspunkt als ein Wort.

Das phonologische Wort wird in der Linguistik deswegen als relevante sprachliche Einheit postuliert, weil sich viele phonologische Gesetzmäßigkeiten nur im Rückgriff auf diese Domäne beschreiben lassen. So operiert z.B. die Akan'e-Regel, eine sehr wichtige Regel des Russischen, über phonologischen Wörtern:

(2) Die Phoneme /a/ und /o/ werden...
  a. ...in der ersten vortonigen Silbe des Wortes nach harten Konsonanten und im absoluten Wortanfang auf dieselbe Weise realisiert, und zwar als Laut [ʌ] ("1. Reduktionsstufe").
  b. ... in allen anderen vortonigen und sämtlichen nachtonigen Silben des Wortes gleich realisiert als Laut [ə] ("2. Reduktionsstufe")

Dass mit dem Wort "Wort" in Regel (2) das phonologische Wort gemeint sein muss, zeigt Beispiel (3):

(3) *о них* [ʌnʲ'ix]

Das Phonem /o/ wird hier gemäß Regel (2a) als [ʌ] realisiert. Das heißt, es markiert den "absoluten Wortanfang" im Sinne der Akan'e-Regel. Wenn *о* der Wortanfang ist, kann mit "Wort" also nur das phonologische Wort gemeint sein.

Eine andere Regel der russischen Phonetik lautet:

(4) Das Phonem /i/ wird am Wortanfang niemals als [ɨ] realisiert.

Wie aber verträgt sich diese Regel mit der Tatsache, dass in (5) das /i/ am Wortanfang von *Иваном* sehr wohl als [ɨ] artikuliert wird?

(5) *с Ива́ном* [sɨv'anəm]

Nun, die Regel (4) wird durch das Sprachdatum (5) deswegen nicht falsifiziert, weil das Wort "Wort" in (4) auf das phonologische Wort rekurriert, und das beginnt in (5) mit dem Phonem /s/.

Die Elemente *o* und *s*, die uns soeben begegnet sind, sind offenkundig Wortformen in dem von uns bisher benutzten Sinn. Sie gehören zur Wortart Präposition. Aber irgendwie scheinen sie uns intuitiv als Wörter nicht vollwertig zu sein... So sind sie nicht "akzentogen" (Lehfeld), d.h. sie tragen im Text keinen eigenen Akzent, sondern werden der Akzentssphäre der ihnen nachfolgenden Wortform zugeschlagen. Wir werden dieser Intuition in diesem Kapitel nachgehen, um zu verstehen, was es mit "Vollwertigkeit" (oder eben: "Nichtvollwertigkeit") hier auf sich hat.[3]

Präpositionen erscheinen grundsätzlich in ein und derselben Form, es gibt aber Ausnahmen. Wann erscheinen *o* und *s* in welcher Form?

(a) *o nich*
(b) *ob ètom*
(c) *obo mne*
(d) *s nim*
(e) *so mnoj*

Die Begriffe syntaktisches Wort und morphologisches Wort bezeichnen zwei Seiten derselben Medaille. Ähnlich wie jemand gleichzeitig Vater und Sohn sein kann, je nachdem, von welcher Generation aus man ihn betrachtet, ist eine Wortform gleichzeitig syntaktisches Wort und morphologisches Wort, je nachdem von welcher Ebene im radikalen Teilchenmodell (Abb. 3.1 im vorigen Kapitel) aus man schaut.

Von oben aus betrachtet sind Wortformen die minimalen Einheiten der Syntax, von unten aus betrachtet sind sie die maximalen Einheiten der Morphologie. Letztere Blickrichtung sei im Folgenden angenommen – wenden wir uns dem morphologischen Wort zu.

4.3 Das morphologische Wort

In Kapitel 3 hatten wir den Gegenstandsbereich der Morphologie festgelegt. Ich wiederhole die Arbeitsdefinition hier noch einmal:

[3] Ja, ich weiß, es ist etwas verwirrend, dass ich zwischen der kyrillischen und der lateinischen Notation hin- und herwechsele. Ich möchte aber, dass sich die Leserin bzw. der Leser an beide Varianten gewöhnt.

(6) **Arbeitsdefinition Morphologie.** Unterstellt sei das radikale Teilchenmodell der Sprache. Die Aufgabe der Morphologie als Teilgebiet der Linguistik ist dann die Beschreibung der Eigenschaften und Funktionsweise all jener sprachlichen Mittel, die im Phänomenbereich zwischen Morphem und Wortform angesiedelt sind.

Der Phänomenbereich der Morphologie wird also durch zwei theoretische Einheiten abgesteckt, das Morphem und die Wortform. Für die erste Einheit existiert eine relativ klare Definition:

(7) **Morphem.** Wenn eine bedeutungstragende sprachliche Einheit keine Teile enthält, die selbst eine Bedeutung tragen, handelt es sich um ein Morphem. Ein Morphem ist eine i.d.S. minimale bedeutungstragende sprachliche Einheit.

Wie definiert man aber, was eine Wortform ist? Hier, so zeigt sich, ist keine vergleichbar klare Begriffsbestimmung möglich. Es ist längst nicht immer eindeutig, wo eine Wortform aufhört und wo eine neue beginnt. Aus genau diesem Grund ist es im ja so schwer, stringente Orthographieregeln zu formulieren, die regeln, ob z.B. *schwimmen* + *lassen* oder *auf* + *Grund* zusammen- oder getrenntgeschrieben werden. Der Versuch, für die Schrift ein klares Richtig-oder-falsch festzulegen, trifft hier auf die Schwierigkeit, dass die Sprache keinen Anhaltspunkt für ein klares Richtig-oder-falsch liefert. Konsequent erlaubt der Duden in solchen Fällen beide Varianten nebeneinander: *schwimmenlassen* oder *schwimmen lassen*; *aufgrund* oder *auf Grund*.

Im Metzler-Lexikon Sprache (Glück 1993:693) wird das Wort nach dem morphologischen Kriterium entsprechend schwammig wie folgt definiert:

(8) **Morphologisches Wort.** Ein Wort ist eine sprachliche Einheit, die strukturell stabil und relativ selbständig ist.

Mit "strukturell stabil" ist gemeint, dass die sprachliche Einheit eine interne Struktur besitzt, deren Teile nicht permutierbar sind, ohne dass die sprachliche Einheit zerstört wird. Man vergleiche die folgenden, jeweils aus fünf Silben bestehenden sprachlichen Einheiten des Russischen miteinander:

(9) a. *от-кры-ва-ет-ся* ✓

b. *он-был-глуп-как-пень* ✓

Vertauschungen lassen sich nur in einem dieser zwei Fünfsilber durchführen:

(10) a. *кры-от-ва-ет-ся* ✗

b. *был-он-глуп-как-пень* ✓

(11) a. *ва-от-кры-ет-ся* ✗

b. *глуп-он-был-как-пень* ✓

Wie es zu diesem Unterschied kommt, ist offensichtlich. (9a) ist eine Wortform, (9b) hingegen ein Satz. Hier ist er noch einmal, mit allen relevanten Informationen.

(12) *Он был глуп как пень.*
3SG.M be.PST.SG.M stupid.NOM.SG.M.SF like stump.NOM.SG.M
'Er war dumm wie Brot (lit.: wie ein Baumstumpf)'

Die Glossierung "SF" steht hier für Kurzform (short form). Informationen zur Belebtheit des Nomens gehören streng genommen auch zu den grammatischen Angaben. Um die Glossen nicht zu überfrachten, lasse ich sie aber unausgedrückt. Im Falle der Wortform *пень* ist der grammatische Wert der grammatischen Kategorie der Belebtheit 'unbelebt'.

Ihre strukturelle Stabilität ist das, was Wortformen von den Wortgruppen (Phrasen) und Sätzen grundsätzlich unterscheidet. Unterstellt man Morpheme als kleinste Bausteine der Sprache mit Zeichenstatus, so lässt sich diese Abgrenzung wie folgt verallgemeinern.

> В самом общем виде феномен словоформы можно охарактеризовать как такой морфемный комплекс, между составными частями которого существуют особенно тесные связи – на порядок более тесные, чем между самими этими комлексами (Plungjan 2000a:18)
>
> [In seiner allgemeinsten Form kann man eine Wortform als einen Morphemkomplex beschreiben, zwischen dessen Teilen besonders enge Verbindungen herrschen – deutlich engere als zwischen eben solchen Komplexen.]

Wir lernen: Es kann mehr oder weniger enge Bindungen zwischen Morphemen geben. Innerhalb einer Wortform bestehen zwischen Morphemen sehr enge Bindungen. Zwischen verschiedenen Wortformen (Morphemkomplexen mit hoher interner Bindung) bestehen dagegen vergleichsweise weniger enge

Verbindungen. Da stellt sich natürlich die Frage, wie man die behauptete "Bindungsstärke" zwischen Morphemen messen kann. Mel'čuk (1997) hat zu diesem Zweck einen Kriterienkatalog entwickelt (s.a. Lehfeldt 1993:83ff.). Plungjan (2000a) hat das Melčuksche "Messverfahren" übernommen und weiterentwickelt. Sein Katalog umfasst fünf Kriterien. Sie lauten: (i) minimale Autonomie; (ii) starke Abtrennbarkeit; (iii) schwache Abtrennbarkeit; (iv) Umstellbarkeit; (v) Transkategorialität. Diese sollen im Folgenden vorgestellt werden.

4.4 Minimale Autonomie

Unter "Autonomie" ist die Fähigkeit einer sprachlichen Einheit zu verstehen, eine vollwertige Aussage zu bilden. Der Test, ob die betreffende Einheit das leistet, besteht darin zu prüfen, ob sie eine sinnvolle Antwort auf eine Frage bilden kann. Denn eine (gelungene) Antwort auf eine Frage ist immer eine vollwertige Aussage. Betrachten wir dazu die sprachlichen Einheiten (13a) bis (13f).

(13) a. *я тебя люблю*
b. *я тебя*
c. *тебя люблю*
d. *я*
e. *тебя*
f. *люблю*

Alle sprachlichen Einheiten in (13) erweisen sich als autonom, da sich zu jeder (mindestens) eine Frage finden lässt, die sie jeweils beantworten:

(14) a. *Что с тобой? – Я тебя люблю.*
b. *Кто кого любит? – Я тебя.*
c. *Кого ты любишь? – Тебя люблю.*[4]
d. *А кто любит меня? – Я.*
e. *Кого ты любишь? – Тебя.*
f. *Ты меня любишь? – Люблю.*

"Minimal autonom" ist eine sprachliche Einheit dann, wenn sie autonom ist und wenn sie keinen Teil enthält, der ebenfalls autonom wäre. Als minimal

[4] Mit Kontrastakzent auf *тебя*.

autonom erweisen sich demnach nur noch die Einheiten in (13d-f): die Wortformen *я*, *тебя* und *люблю*. Die Einheiten in (13a-c) sind zwar autonom, aber nicht minimal autonom. Denn sie enthalten ja Einheiten aus (13d-f) als Teile.

(15) [± **minimal autonom]:** Eine sprachliche Einheit A ist genau dann [+ minimal autonom], wenn sie aussagefähig ist und keine andere aussagefähige Einheit enthält.

Damit haben wir ein erstes Kriterium zur Prüfung der Worthaftigkeit einer sprachlichen Einheit kennengelernt. Wenn eine Einheit minimal autonom ist, handelt es sich um ein morphologisches Wort. Wenn das alles wäre, ergäbe sich ein einfaches, klares Bild: Alle minimal autonomen sprachlichen Einheiten sind Wortformen, alle nicht autonomen sprachlichen Einheiten sind Affixe. Die Wirklichkeit jedoch ist nicht so einfach, denn es gibt viele nichtautonome Einheiten, die dennoch ziemlich wortartig sind.

Wir lernen jetzt eine solche "nichtautonome Wortform" (streng genommen ein Widerspruch in sich, weil die Erfüllung minimaler Autonomie ja eigentlich unsere Bedingung für eine Wortform ist). Sehen wir uns dazu die sprachlichen Einheiten in (16) an und fragen wieder, welche von ihnen das Kriterium der minimalen Aussagefähigkeit (=Autonomie) erfüllen.

(16)
a. *я тебя не люблю*
b. *я тебя не*
c. *тебя не люблю*
d. *я тебя*
e. *не люблю*
f. *я*
g. *тебя*
h. *не*
i. *люблю*

Von *я*, *тебя* und *люблю* wissen wir bereits, dass sie minimal autonom sind. Da in (16a-e) jeweils mindestens einer dieser Ausdrücke vorkommt, können diese Einheiten nicht minimal autonom sein. Was aber ist mit dem verbleibenden Element, *не*? Es lassen sich tatsächlich Fragen finden, auf die auch *не* eine sinnvolle Antwort bilden kann. Etwa die Frage, wie die Negationspartikel im Russischen heißt:

(17) A: *Как называется отрицательная частица в русском языке?*
B: *Не.*

Aber dies ist eine besondere Art von Frage, nämlich eine metalinguistische Frage. In dem Dialog in (17) wird nicht mittels Sprache über die Welt gesprochen. Stattdessen wird mittels Sprache über Sprache gesprochen. Eine metalinguistische Frage zählt aber nicht, wenn es um den Nachweis minimaler Autonomie geht (Plungjan 2000a:19).[5]

Außer als Antwort auf metalinguistische Fragen kann *не* (verstanden als Negationspartikel entsprechend dem deutschen *nicht*, nicht verstanden als reduzierte Form von *нет*) niemals als Antwort fungieren. Wir haben es hier also mit einem sprachlichen Element zu tun, dass in der russischen *Schrift* als graphematisches Wort erscheint – vor ihm ist eine Lücke im Text und nach ihm ist eine Lücke im Text –, in der russischen *Sprache* jedoch keinen Wort(form)status hat. Denn *не* ist [– minimal autonom] nach der Definition in (15).

Das Beispiel *не* hat gezeigt, dass nicht alles, was uns (nicht zuletzt durch das Schriftbild) wie ein Wort vorkommen mag, auch wirklich ein Wort (genauer: eine Wortform) ist. Um den Punkt zu vertiefen präsentiert Plungjan (2000a:21) den in jeder Hinsicht genialen russischen Satz (18).

(18) *Ну не отказываться же нам.*
PRT NEG refuse.IPFV.INF PRT 1PL.DAT
'Na, wir werden doch wohl nicht absagen.'

Innerhalb der graphematischen Wörter dieses Satzes können wir für *нам* sofort minimale Autonomie konstatieren:

(19) *Кому это нужно? – Нам.*

Bei *отказываться* muss man schon nachdenken. Die Form ist gebildet aus dem in seiner Bedeutung sehr ähnlichen *отказывать* ('ablehnen, verweigern') und dem Suffix *-ся*.[6] Das heißt, die Form *отказываться* ist nicht minimal autonom, denn sie enthält eine aussagefähige Form: *отказывать*.

(20) *Что он не умел? – Отказывать.*

[5] Solche Fragen auszuschließen ist nur plausibel, denn auf metalinguistischer Ebene kann ich problemlos nach *allen* sprachlichen Einheiten fragen. Damit würde der Fragetest als Instrument zur Identifikation *bestimmter* sprachlicher Einheiten (Wortformen) wirkungslos.

[6] Der Unterschied betrifft vor allem die Argumentstruktur, ein sehr kompliziertes Thema.

Minimal autonom und somit zweifellos Wortformen sind in (18) also nur *нам* und *отказывать*. Die übrigen Segmente, die in (18) auftreten, *ну*, *не*, *же* und *-ся*, sind allesamt nicht aussagefähig. Außer auf metalinguistische Fragen können sie keine Antworten auf Fragen bilden.

4.5 Abtrennbarkeit

Die vier sprachlichen Einheiten *ну*, *не*, *же* und *-ся* sind alle [– minimal autonom] und somit, absolut gesehen, keine vollwertigen Wortformen. Nun lässt sich aber zeigen, dass diese Elemente sehr unterschiedlich starke Bindungen mit den Segmenten in ihrer sprachlichen Nachbarschaft eingehen und somit, relativ gesehen, unterschiedlich autonom sind. Das erste Kriterium, was zu diesem Nachweis definiert wird, ist das der Abtrennbarkeit (bei Mel'čuk "schwache Autonomie" genannt).

(21) [± **abtrennbar]:** Eine sprachliche Einheit A ist dann von einer Wortform W [+ abtrennbar], wenn es einen Kontext gibt, in dem man zwischen A und W mindestens eine autonome Wortform einschieben kann (ohne dass sich die semantischen und syntaktischen Beziehungen zwischen A und W ändern).

Über die Eigenschaft [+ abtrennbar] verfügt nach dieser Definition *ну*, wie (22) zeigt. Das eingeschobene Wort *ребята* ist minimal autonom:

(22) *Ну, ребята, не отказываться же нам.*
PRT fellows NEG refuse.IPFV.INF PRT 1PL.DAT
'Na, Leute, wir werden doch wohl nicht absagen.'

Auch zwischen *не* und *отказываться* lässt sich leicht eine autonome Wortform einfügen, z.B.:

(23) *Ну не сразу отказываться же нам.*
PRT NEG immediately refuse.IPFV.INF PRT 1PL.DAT
'Na, wir werden doch wohl nicht sofort absagen.'

Das jedoch ist noch kein hinreichender Beweis dafür, dass man *не* (=A) von *отказываться* (=W) im Sinne von (21) abtrennen kann. Der Grund ist, dass sich die semantische Beziehung zwischen den beiden Elementen geändert hat (man beachte die Klammer in (21)). Während in (18) das Verb im Skopus der

Negation steht (der Sprecher bzw. die Sprecherin spricht sich gegen die Absage aus), steht in (23) die Frühzeitigkeit einer Absage im Skopus der Negation (der Sprecher bzw. die Sprecherin hat womöglich nichts dagegen abzusagen, spricht sich aber gegen eine sofortige Absage aus). Das Element *не* in (18) ist also abtrennbar, aber nur "nach links".[7]

Plungjan (2000a:23) regt eine Differenzierung zwischen Abtrennbarkeit und schwacher Abtrennbarkeit an. Im ersten Fall gibt es einen Kontext, in dem man zwischen A und W mindestens eine *autonome Form* einschieben kann, ohne dass sich die semantischen und syntaktischen Beziehungen zwischen A und W ändern. Im zweiten Fall gibt es einen Kontext, in dem man zwischen A und W mindestens eine *nicht autonome Form* einschieben kann, ohne dass sich die semantischen und syntaktischen Beziehungen ändern.

Ein Beispiel für eine schwach abtrennbare Form ist das Negationselement *ни*, wie es etwa in *никто* ('niemand') vorkommt. Seine Genitivform ist *никого*. Wenn diese sich nun syntaktisch mit einer Präposition verbindet (die dazu natürlich den Genitiv regieren muss, also zum Beispiel mit *у*), dann lautet der daraus resultierende sprachliche Ausdruck nicht etwa *у никого*, sondern *ни у кого*. Man vergleiche auch den folgenden Beispielsatz:

(24) *И ничего на свете он не хочет*
and nothing.GEN on earth.LOC.SG.M 3SG.M NEG want.PRS.IPFV.SG
знать, и ни о чём на
know.INF.IPFV and nothing.LOC- about -nothing.LOC on
свете он не хочет думать.
earth.LOC.SG.M 3SG.M NEG want.PRS.IPFV.SG think.INF.IPFV
'Und nichts auf der Welt will er wissen, und an nichts auf der Welt will er denken.'

Das besondere an *ни о чём* ist, dass die Lokativform niemals ohne Präposition erscheint (deswegen wird dieser Kasus auch Präpositiv, russ. предложный падеж, genannt). Während also neben *ни у кого* die Genitivform *никого* existiert, gibt es neben *ни о чём* keine Lokativform *ничём*. Da Präpositionen nicht (minimal) autonom sind, erweist sich *ни* somit als schwach abtrennbar.

---

[7] Die Angabe "links" ist hier eine aus der Domäne des schriftlichen Texts entnommene räumliche Metapher. Gemeint ist natürlich, dass in zeitlicher Hinsicht unmittelbar vor dem Element *не* ein zusätzliches Wort artikuliert werden kann, ohne dass sich der kommunikative Beitrag von *не* ändert.

Noch nicht einmal schwach abtrennbar von seinem Nachbarn *отказывать* ist im Russischen das “Postfix” *-ся*.[8]

> Testen Sie alle kasustragenden Formen im folgenden Satz auf minimale Autonomie. Zeigen Sie, dass die Form *библиотеке* wenigstens schwach autonom ist.
>
> | *Студент* | *читает* | *книгу* |
> |---|---|---|
> | student.NOM.SG.M | read.PRS.IPFV.3SG | book.ACC.SG.F |
>
> | *профессора* | *Снайдера* | *в* | *библиотеке.* |
> |---|---|---|---|
> | prof.GEN.SG.M | Snider.GEN.SG.M | in | library.LOC.SG.F |
>
> ‘Der Student liest das Buch von Prof. Snider in der Bibliothek.’

Zu beachten ist, dass der Test der Abtrennbarkeit darauf beruht, dass man in den Satz, dessen Einheiten man testet, zusätzliches sprachliches Material einfügt.

Jetzt haben wir noch nicht über das Element *же* in Satz (18) gesprochen. Während *-ся* fest an sein Nachbarelement gebunden ist, sind sowohl *не* als auch *же* von ihren Nachbarn grundsätzlich abtrennbar. Für *же* zeigt das der folgende Satz:

(25)

Ну	*не*	*отказываться*	*же*	*всем*	*нам.*
PRT	NEG	refuse.IPFV.INF	PRT	ALL.PL.DAT	1PL.DAT

‘Na, wir werden doch wohl nicht alle absagen.’

Und dennoch lässt sich auch für die letzten beiden Formen ein Unterschied in Hinblick auf die Bindungskräfte feststellen, die sie an ihrem Platz halten: *же* ist umstellbar, *не* nicht umstellbar. Sehen wir uns genauer an, was Umstellbarkeit bedeutet.

4.6 Umstellbarkeit

Anders als Abtrennbarkeit ist Umstellbarkeit kein Test, bei dem zusätzliches Material in den Satz eingefügt wird. Stattdessen wird geprüft, ob die sprachliche Einheit unter Betracht innerhalb des Satzes ohne Informationsverlust an anderer Position erscheinen kann.

[8] Anders als sein Pendant in den west- und südslavischen Sprachen.

Wir hatten schon gesehen, dass die Trennung von seinem Nachfolger für *не* mit einer Änderung der semantischen und syntaktischen Beziehungen im Satz einhergeht (die Information, die negiert wird, ändert sich oder, syntaktisch gesagt, eine andere Konstituente gerät in den Skopus der Negationspartikel). Dieser Effekt kann sich auch einstellen, wenn man ein Element innerhalb "seines" syntaktischen Wortverbunds umstellt.[9] Man vergleiche die Bedeutungen der folgenden zwei Syntagmen:

(26) a. *не очень большой*
b. *очень не большой*[10]

(26a) und (26b) sind nicht gleichbedeutend. Die Abbildungen 4.2 und 4.3 deuten an, wie sich ihre Bedeutungen systematisch (kompositional) ableiten.

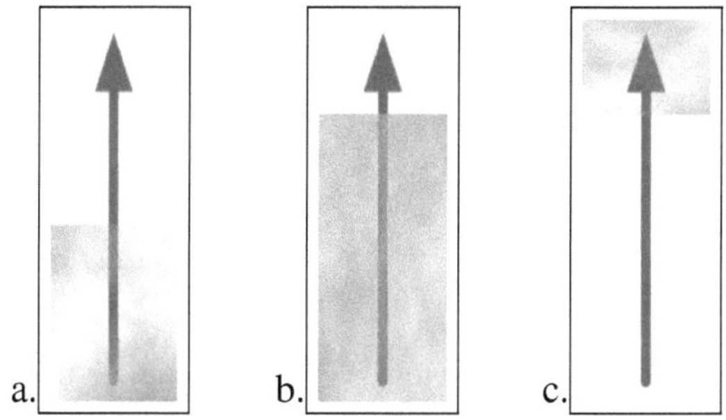

a. *большой*
b. *очень большой*
c. *не очень большой*

Abb. 4.2: Semantische Komposition von (26a)

Die Bilder sind von links nach rechts so zu lesen. Zunächst Abbildung 4.2: Der Pfeil stellt, in Abstraktion, die vertikale räumliche Dimension eines beliebigen Gegenstands dar. Durch den darunter stehenden sprachlichen Ausdruck *большой* wird die obere Region des Pfeils (die "Region des Großseins") bezeichnet, der übrige Teil wird ausgeblendet; angedeutet durch die Schattierung

[9] Der Satz ist der maximale "syntaktische Wortverbund".

[10] Gemäß offizieller Orthografieregeln wird *не большой* in *очень небольшой* zusammengeschrieben. Wie inzwischen klar geworden sein sollte, ist das für unsere Zwecke hier sekundär (vgl. aber die Aufgabe zu (33)).

verschwindet er gleichsam im Nebel. Der sodann hinzukommende sprachliche Ausdruck modifiziert diese Bedeutung. Durch *очень* wird die zuvor bezeichnete Region des Großseins auf ihren Extrembereich zugespitzt. Durch *не* wird das Komplement der zuvor bezeichneten Region schließlich zur neuen bezeichneten Region.

Betrachten wir nun Abbildung 4.3: Durch *большой* wird wieder die obere Region des Gegenstands ausgewählt. Die Negation *не* signalisiert, dass diese gerade nicht gemeint ist, sondern ihr Komplement. Schließlich fokussiert *очень* auf den Extrembereich. Wie der Vergleich der Abbildungen zeigt, führt dies im Ergebnis zu zwei unterschiedlichen Bedeutungen von (26a) und (26b).

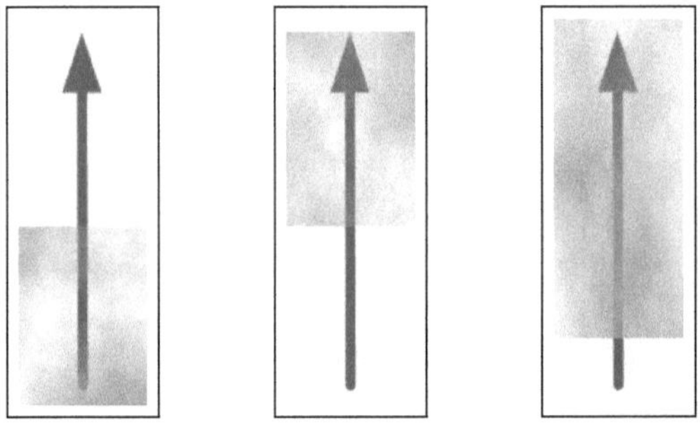

a. *большой*
b. *не большой*
c. *очень не большой*

Abb. 4.3: Semantische Komposition von (26b)

Mit der Umstellung von *не*, von der Position vor *большой* in die Position vor *очень*, geht also eine Veränderung des Beitrags einher, den *не* zur Bedeutung des Satzes leistet. Aus diesem Grund ist zu konstatieren, dass *не* nicht umstellbar ist.

(27) [± **umstellbar]:** Eine sprachliche Einheit A ist [+ umstellbar], wenn es einen Kontext gibt, in dem man sie von ihrer Nachbarwortform entfernen und stattdessen einer anderen Wortform desselben Satzes zur Seite stellen kann, ohne dass sich der semantische Beitrag von A zur Satzbedeutung dadurch ändert.

In Bezug auf das Kriterium der Umstellbarkeit unterscheidet sich nach Plungjan (2000) *не* von *же*. Das sollen die folgenden Beispiele belegen:

(28) a. *Да, но мы же не отказывались и от этого*
yes but 1PL PRT NEG reject.PST.IPFV.PL also from this.GEN.SG.N
предложения!
proposal.GEN.SG.N
'Ja, aber wir haben doch auch diesen Vorschlag nicht abgelehnt.'

b. *Да, но не отказывались же мы и от этого предложения!*

c. *Да, но и от этого же предложения мы не отказывались!*

Die Partikel *же* erscheint in (28a-c) in drei verschiedenen Nachbarschaften: in der Position nach *мы*, in der Position nach *отказывались* und in der Position nach *этого*. Doch die Bedeutung des Satz verändert sich dadurch nicht. Folglich erfüllt *же*, anders als *не*, das Kriterium der Umstellbarkeit.[11] Die Bindungskräfte, die es an seinem Platz im Satz halten, sind schwächer. Anders gesagt: *же* ist wie *не* weder stark noch schwach autonom, aber dennoch selbständiger als die Negationspartikel.

Vielleicht haben Sie angesichts der vielen Informationen, die inzwischen zusammengekommen sind, ein bisschen den Faden verloren. Ich fasse nochmal zusammen, worum es hier eigentlich geht. Wir interessieren uns für die Frage, was eigentlich ein Wort, speziell eine Wortform, ist. Wir konnten uns schnell davon überzeugen, dass nicht alles, was in schriftlichen Texten den Status eines graphematischen Worts hat, über denselben Kamm geschoren werden sollte. Deswegen wurde ein Kriterienkatalog vorgestellt, mit dem sich echte Wortformen identifizieren und von Formen unterscheiden lassen, die nur scheinbar Wortstatus besitzen (scheinbar, weil uns die Schrift diesen vorgaukelt). Die notwendige Bedingung an eine Wortform ist ihre minimale Autonomie – die Fähigkeit, selbständig eine Aussage bilden zu können. In russischen Texten begegenen uns viele (zumeist kleine) "Wörter", die dieses Maß an Selbständigkeit nicht erreichen. Durch die Kriterien der Abtrennbarkeit und Umstellbarkeit lassen sich innerhalb dieser sprachlichen Einheiten weitere, feinere Unterscheidungen in Bezug auf ihre Wortfähigkeit (oder wie Plungjan es nennt: linear-syntagmatische Freiheit) feststellen. Anhand von verschiedenen Beispielsätzen wurde folgende Sortierung exemplarischer sprachlicher Ausdrücke erzielt (die Relation < bedeutet "ist weniger autonom als"). Nur *нам* ist tatsächlich autonom und somit eine Wortform.

[11] Um seinen Punkt deutlicher zu machen, wendet Plungjan hier einen kleinen Trick an, indem er die Fokuspartikel *и* ('auch') in den Satz aufnimmt. Ohne diese hätte (28c) eine andere Bedeutung als (28a) und (28b). Aber zum Nachweis der Umstellbarkeit reicht ja *ein* Kontext aus.

	не <	*же* <	*ну* <	*нам*
(29)	[– aussagefähig]	[– aussagefähig]	[– aussagefähig]	[+ aussagefähig]
	[– abtrennbar]	[– abtrennbar]	[+ abtrennbar]	[+ abtrennbar]
	[– umstellbar]	[+ umstellbar]	[+ umstellbar]	[+ umstellbar]

4.7 Zwischen Affix und Wortform: Klitika

Eine Wortform können wir also als einen Morphemkomplex beschreiben, zwischen dessen Teilen besonders enge Bindungen bestehen – deutlich engere Bindungen als zwischen verschiedenen solchen Morphemkomplexen. So haben wir den Begriff der Wortform oben in einer ersten Annäherung kennengelernt. Ein Morphem ist folglich eine in einer Wortform gebundene sprachliche Einheit, eine Wortform ist ein freier (autonomer) Komplex von gebundenen Morphemen. Warum gibt es, wie wir uns überzeugen konnten, (so viele) sprachliche Einheiten, die weder typische Wortformen, noch typische Morpheme sind? Wie zum Beispiel *не*, *же* oder *ну*. Weil Wortformen, wenn sie frequent im Gebrauch sind, die Tendenz haben, ihre Autonomie im Laufe der Entwicklung einer Sprache allmählich abzugeben. Sie unterliegen einem Evolutionsprozess, den man Grammatikalisierung nennt. Das bedeutet, dass Wortformen, die immer wieder in derselben sprachlichen Umgebung erscheinen, nach und nach ihre syntaktische Souveränität (Autonomie) aufgeben und mehr und mehr syntaktische Bindungen eingehen. Oder metaphorisch gesprochen: sie wandern auf einer Skala der linear-syntagmatischen Freiheit von einem Pol maximaler Autonomie in Richtung des anderen Pols maximaler Gebundenheit.

Gebundenheit •——————————• Autonomie

Abb. 4.4: Skala der linear-syntagmatischen Freiheit

Jeder Zeitpunkt, zu dem man eine Sprache betrachtet, stellt vor diesem Hintergrund nur eine Momentaufnahme dar. Es finden sich Formen, die die Endpunkte der Skala besetzen. Einerseits Affixe als gebundene Morpheme, andererseits Wortformen als autonome "Morphemkomplexe".

Neben Affixen und Wortformen entdeckt man aber auch viele Formen, die sich gerade unterwegs auf dem Grammatikalisierungpfad befinden. Um über diese "sprachlichen Übergangsphänomene" sprechen zu können, hat sich in der

Affix •——————————————• Wortform

Abb. 4.5: Skala der linear-syntagmatischen Freiheit 2

linguistischen Fachsprache der Begriff “Klitikum” eingebürgert. Klitika sind also sprachliche Formen, die zu einem gegebenen Zeitpunkt in einer Sprache existieren ohne dabei die Endpunkte der Skala der linear-syntagmatischen Freiheit zu besetzen.

Klitika sind zum Beispiel, bezogen auf das gegenwärtige Russisch, *ну* oder *же*. Sie sind weniger frei (also: gebundener) als Wortformen, aber wesentlich freier (also: ungebundener) als Affixe. In lautlicher Hinsicht sind Klitika Einheiten ohne eigenen Akzent. Sie bilden stets eine prosodische Einheit (“phonologisches Wort”) mit einer Wortform ihrer direkten Umgebung. Diese Wortform nennt man dann ihren “Träger” (engl.: “Host”). Proklitika gehen ihrem Träger voraus, Enklitika folgen ihrem Träger.

Wo ist in den Syntagmen (a) – (d) jeweils das Klitikum? Handelt es sich um ein Proklitikum oder um ein Enklitikum?

(a) *жить с вирусом*

(b) *пройти через пандемию*

(c) *когда же мне*

(d) *если бы знать*

Die prosodische Einheit Klitikum + Klitikträger hat nur einen Akzent, der im modernen Russischen normalerweise auf einer Silbe der Träger-Wortform liegt. Aber manchmal fällt er auch auf das Klitikum – ein Erbe der urslawischen Sprache, in der dieses Muster, wie man vermutet, normal war. Das folgende Minimalpaar stammt aus Es’kova (2014):[12]

(30) a. *Схватил* *его* *зá руку!*
grab.PST.PFV.SG.M 3SG.ACC.M at hand.ACC.SG.F
‘Ich/er nahm ihn an die Hand.’

[12] Vgl. auch Beispiel (1).

b. *Беспокоиться за ру́ку.*
worry.INF.IPFV at hand.ACC.SG.F
'Sich um die Hand Sorgen machen.'

Sowohl (30a) als auch (30b) enthalten eine mit der Präposition *за* gebildete Präpositionalphrase. Präpositionen sind, wie wir inzwischen wissen, keine vollautonomen Wortformen. Erst zusammen mit der Nominalphrase, der sie vorangehen, bilden sie eine aussagefähige sprachliche Einheit. Als Proklitika bilden sie mit dieser, ihrem Träger, ein phonologisches Wort. Ein phonologisches Wort ist, vereinfacht gesagt, eine prosodische Einheit mit einer akzentuierten Silbe. In (30a) stellt die Präposition die akzentuierte Silbe, in (30b) das Nomen.

Obwohl Klitika nicht autonom sind, können sie über einen sehr hohen Grad an linear-syntagmatischer Freiheit verfügen. Das gilt auch für Präpositionen, die von ihrem Nomen, wie wir bereits sahen, abtrennbarbar sind. Plungjans (2000a:29) Beispiel diesbezüglich lautet:[13]

(31) a. *через поле*
through field.ACC.SG.N
'über das Feld'

b. *через давным-давно заброшенное и*
through long_ago neglect.PRTC.PST.PASS.ACC.SG.N and
никому не нужное поле
noone.DAT NEG useful.ACC.SG.N.LF field.ACC.SG.N
'über das schon lange brachliegende und niemandem nützliche Feld'

Klitika stellen also Übergangserscheinungen der Morphologisierung dar. Es handelt sich um Formen, die in der Geschichte der Sprache schon ein Stück entlang des Grammatikalisierungspfads gewandert sind. Sie haben ihre Wortfähigkeit bereits ein Stück weit aufgegeben. Es sind, um das einmal als Slogan zu formulieren, die Wortformen von gestern, und die gebundenen Morpheme (Affixe) von morgen. Da sie sich sozusagen im Prozess der morphologischen Verankerung befinden, ist die Grenze zwischen schwachabtrennbaren Klitika (wie z.B. *ни*) und fest verbundenen Klitika (wie z.B. *-либо*) oft schwer zu ziehen.

[13] Der auf diese Weise konstatierte hohe Freiheitsgrad der Präposition relativiert sich etwas, wenn man bei genauerer Betrachtung feststellt, dass der Schritt von (31a) zu (31b) einzig in einer Erweiterung der Nominalphrase besteht, deren Kopf *поле* ist. Von der Nominalphrase selbst ist *через* nämlich nicht abtrennbar.

4.8 Feinere Differenzierungen

Zu Formen wie *-либо* oder *-нибудь* wurde hier noch gar nichts gesagt. Sie erweisen sich als [– autonom], [– abtrennbar] und [– umstellbar]. Soweit wären sie also in dieselbe Klasse wie *не* einzuordnen, vgl. (29). Und doch unterscheiden sie sich von *не* in einer Hinsicht, die Plungjan (2000a) als Transkategorialität bezeichnet.

(32) [± **transkategorial]:** Eine sprachliche Einheit A ist [+ transkategorial], wenn sie mit Wortformen unterschiedlicher Wortarten Verbindungen eingehen kann.

Die Negationspartikel *не* verfügt über diese Eigenschaft. Alle in (33) aufgeführten Beispiele lassen sich in russischen Texten finden (lediglich für das letzte Beispiel gibt es im russischen Nationalkorpus (NKRJa) keine Belegstelle, aber ich führe eine andere an):

(33) a. *не очень*
b. *не пришёл*
c. *не он*
d. *не сорок*
e. *недалеко*
f. *невозможно*
g. *неудача*
h. *неучебник*[14]

> Gibt es eigentlich einen Grund, warum (33e-h) in einem Wort geschrieben werden, aber (33a-d) nicht?

Ein anderes transkategoriales Klitikum der russischen Sprache ist *ли*, das seinem Bezugswort (im Gegensatz zu *не*) nachfolgt. Alle folgenden Beispiele sind im NKRJa attestierbar.

(34) a. *очень ли*
b. *пришёл ли*

[14] vgl. Krongauz (2018).

c. *он ли*
d. *сорок ли*
e. *далеко ли*
f. *возможно ли*
g. *удача ли*

Wenn sowohl *не* links als auch *ли* rechts von derselben Wortform erscheinen, wird die Zusammenschreibung in (33e-f) normalerweise aufgehoben. Also *не далеко ли* (statt *недалеко ли*) und *не возможно ли* (statt: *невозможно ли*). Warum nur?

Die Formen *-нибудь* und *-либо* sind hingegen nicht transkategorial. Sie treten immer nur im Gefolge von Pronomina, speziell Fragepronomina, auf und haben dadurch fast schon Affixcharakter. Da sich Transkategorialität intuitiv als Indikator für eine größere Flexibilität aka Freiheit verstehen lässt, erhalten wir mit diesem Kriterium die Möglichkeit an die Hand, innerhalb der nicht abtrennbaren Formen eine weitere Differenzierung vorzunehmen.

	-ся	<	*-либо*	<	*не/ли*	<	*же*
(35)	[– abtrennbar]		[– abtrennbar]		[– abtrennbar]		[– abtrennbar]
	[– umstellbar]		[– umstellbar]		[– umstellbar]		[+ umstellbar]
	[– transkat.]		[– transkat.]		[+ transkat.]		[+ transkat.]

Letzte Frage: Warum werden die sprachlichen Einheiten *-либо* und *-ся* hier nicht auf ein und derselben Grammatikalisierungsstufe aufgeführt? Der Grund ist, dass das Element *-ся* insofern eine stärkere Bindung an seine sprachliche Umgebung zeigt, als dass es mit ihr phonetisch interagiert. Während *-либо* immer konstant als [libʲə] erscheint, variiert die Erscheinungsform von *-ся* in Abhängigkeit vom phonetischen Kontext:

(36) a. *берусь* → [bʲirusʲ]
b. *берёшься* → [bʲirʲɔʃsʲa]
c. *берётся* → [bʲirʲɔt͡sʲa]

Das "Postfix" *-ся* ist schon fast ein richtiges Affix. In einer seiner Funktionen, wenn es nämlich in Verbindung mit imperfektiven Verben zur Signalisierung des grammatischen Werts 'Passiv' dient, zeigt es sogar schon echte Affixeigenschaften. Affixe sind ja, erinnern wir uns an Kapitel 1, formale Marker alternativer Grammeme unter dem Dach einer grammatischen Kategorie. Das Element *-ся* in seiner Funktion als Passivmarker erfüllt diese Bedingungen: das alternative Grammem heisst “Aktiv”, die grammatische Kategorie “Genus verbi” (oder auch: “Diathese”; dazu mehr in Kapitel 9.).

Als den Repräsentanten für echte Affixe wähle ich willkürlich das Verbsegment *-у* mit der Bedeutung 1.Person, Singular, Präsens. Die echten Wortformen werden wie oben von *нам* vetreten. Es ergibt sich die folgende Karawane entlang des Grammatikalisierungpfads:

(37) *-у* < *-ся* < *-либо* < *не/ли* < *же* < *ну* < *нам*

Wortformen (morphologische Wörter) und Affixe (gebundene Morpheme) bilden also nur die Endpunkte einer Skala. Viele sprachliche Einheiten, die uns in geschriebenen Texten wie vollwertige Wörter vorkommen – und unter der graphematischen Definition sind sie es ja auch –, befinden sich gerade im Transitbereich zwischen Wortformen und Affixen. Aus diesem Grund ist es unmöglich, eine scharfe Definition für die linguistische Einheit ‘morphologisches Wort’ zu geben.

Für nicht wenige linguistische Fragestellungen mag das unerheblich sein, für sehr viele ist das jedoch zentral. Vor allem für solche Fragestellungen, die sich im Bereich der Morphologie und der Syntax bewegen. Wenn sich im linguistischen Diskurs die Notwendigkeit für eine differenzierte Terminologie ergibt, steht für diese “Übergangsphänomene” der Fachausdruck Klitikum bereit.

Wie nun, wenn auch diese drei Kategorien, Affix, Klitikum und Wortform, ein noch zu grobes Raster über die sprachlichen Phänomene legen, die wir linguistisch beschreiben wollen? Für diesen Fall gibt es *kein* etabliertes Fachvokabular, vermutlich weil solche Diskurse zu selten geführt werden.

Um die Lücke zu schließen, schlägt Plungjan (2000a) einen Katalog von Termini vor, den ich in einem Fließdiagramm (Abb. 4.6) widergebe. Es ist wie folgt zu lesen. Betrachte eine Form (oben). Prüfe: ist sie minimal autonom? Wenn ja, ist es eine starke Wortform. Wenn nein, prüfe: trägt sie einen Akzent? Wenn ja, ist es eine schwache Wortform. Wenn nein, prüfe: ist sie abtrennbar? Wenn ja, ist es ein Vollklitikum. Wenn nein, prüfe: ist sie umstellbar? Wenn ja, ist es ein Halbklitikum. Wenn nein, prüfe: ist sie transkategorial? Wenn ja, ist es ein Formant. Das letzte Prüfkriterium, [$\pm$ unflektiert], haben wir noch nicht kennengelernt. Es prüft, ob die Form gemeinsam mit anderen Formen ein Flexionsparadigma bildet, also in verschiedenen grammatischen Kontexten verschiedene Gestalt annimmt. Nur wenn es das tut, handelt es sich um ein Affix. Nur dann wird von der Form eine grammatische Bedeutung im Sinne von Kapitel 1 transportiert. Wenn nicht, haben wir es mit einem Quasiaffix zu tun.

Form			
↓			
[± min. autonom]	+ →	starke Wortform	*дом, в доме*
– ↓			
[± akzentuiert]	+ →	schwache Wortform	*доме*
– ↓			
[± abtrennbar]	+ →	Vollklitikum	*в, под*
– ↓			
[± umstellbar]	+ →	Halbklitikum	*кое-, же, бы*
– ↓			
[± transkategorial]	+ →	Formant	*не, ли*
– ↓			
[± unflektiert]	+ →	Quasiaffix	*-либо, -ся*
– ↓			
Affix			

Abb. 4.6: von Wortform zu Affix

4.9 Grammatikalisierung

Das war kein einfaches Kapitel. Ganz nah am konkreten Sprachmaterial habe ich versucht verständlich zu machen, was Wortformen, Klitika und Affixe sind. Ich möchte die Quintessenz jetzt noch einmal zusammenfassen, diesmal aus einer distanzierteren Warte. Dazu führe ich die Begriffe "synchrone Sprachbetrachtung" und "diachrone Sprachbetrachtung" ein.

Eine Sprache synchron zu betrachten bedeutet, die Eigenschaften zusammenzutragen, die die Sprache zu einem gegebenen Zeitpunkt hat. In diesen Seminaren geht es um eine synchrone Betrachtung des Russischen zum gegenwärtigen Zeitpunkt. Wenn wir Sprache als ein Wissenssystem ansehen, wie wir es hier tun wollen, dann übersetzt sich "Eigenschaften, die die Sprache hat" in die Frage: Welches (lexikalische und grammatische) Wissen wenden kompetente

Sprecherinnen und Sprecher des heutigen Russischen an, wenn sie ihre Sprache sprechen.

Diachrone Sprachbetrachtung bedeutet demgegenüber, das sich verändernde sprachliche Wissen der Sprecherinnen und Sprecher einer Sprache über Generationen hinweg zu verfolgen und zu systematisieren (wobei sich natürlich schnell die Frage stellt, inwieweit es berechtigt ist, angesichts der Veränderungen noch von "einer" Sprache zu sprechen).

Der synchrone Ansatz abstrahiert aus dem Sprachverhalten gleichzeitig lebender Sprecherinnen und Sprecher das Wissen einer idealisierten zeitgenössischen Sprecherin. Der diachrone Ansatz erhebt das sprachliche Wissen idealisierter Sprecherinnen verschiedener Zeiten und zeichnet so historische Entwicklungslinien nach.

Dabei zeigt sich nun, dass nicht nur das lexikalische Wissen sich wandelt, wenn etwa neue Wörter entstehen. Dazu mehr im folgenden Kapitel. Auch das grammatische Wissen unterliegt Veränderungen, denn das Reservoir an grammatischen Markern erneuert sich im Laufe der Geschichte "einer" Sprache ständig. So manche Wortformen verlieren ihre Autonomie in dem Maße, in dem sie mehr und mehr zum Ausdrucksmittel grammatischer Funktionen werden. Sie klitisieren an andere Wortformen, verbinden sich mit ihrem Wirt (Träger) immer fester, bis sie schließlich zu reinen Affixen geworden sind. Es ist egal, zu welchem Zeitpunkt man eine synchrone Betrachtung anstellt. Stets befinden sich sprachliche Einheiten im Prozess der Grammatikalisierung:

> Grammaticalization is a process leading from lexemes to grammatical formatives. A number of semantic, syntactic and phonological processes interact in the grammaticalization of morphemes and of whole constructions. A sign is grammaticalized to the extent that it is devoid of concrete lexical meaning and takes part in obligatory grammatical rules. (Lehmann 2015 [1982]: ix)

Zum sprachlichen Wissen, über das Sprecherinnen und Sprecher verfügen, gehört selbstverständlich auch das Wissen über die Form und Gebrauchsweise solcher "Transitwörter". Das vorliegende Kapitel gab einen klitzekleinen Einblick in diesen Bereich des sprachlichen Wissens zeitgenössischer Sprecherinnen und Sprecher des Russischen.

Wenn wir sagen, eine Sprache besteht aus einem Lexikon und einer Grammatik, dann ist das nicht falsch. Wir müssen aber mitdenken, dass diese zwei Komponenten zusammenwirken und dass sich Elemente aus dem Lexikon über die Zeit in Elemente der Grammatik verwandeln können. Jetzt verstehen wir auch, warum sich der Begriff des Worts, der aus Laiensicht so klar zu sein scheint, einer einfachen Definition entzieht. Die Wörter, an die der Laie denkt, sind abstrakte Idealisierungen, die auf orthographische Wörter projiziert werden. Artefakte der Schrift. In der konkreten sprachlichen Äußerung gibt es sie gar nicht. Schaut man hinter die Kulisse der Schrift, so gibt es nur Wortformen. Und neben den Wortformen jede Menge ehemalige Wortformen, die im Zuge des Grammatikalisierungsprozesses zu Klitika oder sogar Affixen geworden sind. Deswegen ist es unmöglich, im Rahmen einer Sprache klar zu definieren, was ein Wort ist. Und deswegen ist es unmöglich, im Rahmen der Verschriftung der Sprache klare Regeln der Zusammen- und Getrenntschreibung zu formulieren.

Abb. 4.7: Internet Meme

5 Neue Wörter

5.1 Überblick

In Kapitel 4 wurden Wortformen, also die Erscheinungsformen von Wörtern in Texten, als stabile Komplexe von Morphemen beschrieben. In Kapitel 3 zuvor hatten wir uns davon überzeugen können, dass es sich dabei nicht einfach nur um linear verkettete Morpheme handelt, sondern dass die Struktur einer russischen Wortform hierarchisch aufgebaut ist. Betrachten wir noch einmal die Wortform *подгорном*. Zunächst eine Formbestimmung:[1]

(1) *подгорном*: Adjektiv; Lokativ, Singular, Maskulin (oder Neutrum); 'am Fuße des Berges befindlich'

Jetzt folgt die Morphemanalyse, die in Kapitel 3 gegeben wurde:

(2) [[под- [[гор] -н]] -ом]

Ausgangspunkt ist das nominale Wurzelmorphem *gor* mit der Bedeutung 'Berg'. Mittels des Suffixes *-n* wird daraus die adjektivische Form *gorn* mit einer Bedeutung, die man näherungsweise als 'hat was mit Berg zu tun' erfassen kann. Das Präfix *pod-* tritt davor und macht daraus die nach wie vor adjektivische Form *podgorn* mit der neuen Bedeutung 'hat was mit der unteren Region eines Bergs zu tun'. An diese Form tritt dann das Suffix *-om*, das kumulativ die grammatischen Bedeutungen 'Lokativ', 'Singular' und 'Maskulin (oder Neutrum)' in die Bedeutung einbringt.

Der hierarchische Strukturaufbau lässt sich anschaulich auch als Baumdiagramm darstellen. Überzeugen Sie sich bitte davon, dass (2) und (3) exakt dieselben Informationen ausdrücken:

(3)

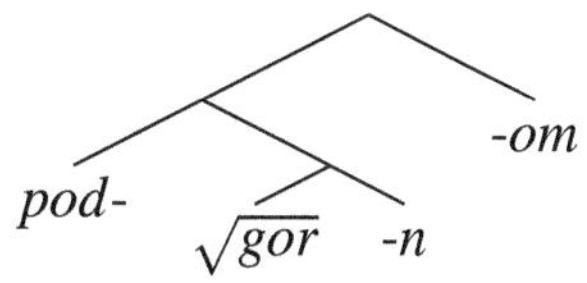

[1] Die Information, dass es sich um die Langform des Adjektivs handelt lasse ich weg.

Desweiteren hatten wir festgehalten, dass sich der Aufbau einer russischen Wortform in zwei Phasen vollzieht:

(4) Der Aufbau einer russischen Wortform erfolgt, ausgehend von der Wurzel, sukzessive in zwei Phasen.
   a. Phase 1 (Lexembildung): Aufbau des Wortstamms
   b. Phase 2 (Wortformbildung): Ergänzung des Wortstamms um die Endung

In (5) ist die Grenze zwischen Phase 1 (Stammbildung) und Phase 2 (Formbildung) visuell durch einen "Absatz im Baum" dargestellt.

(5)

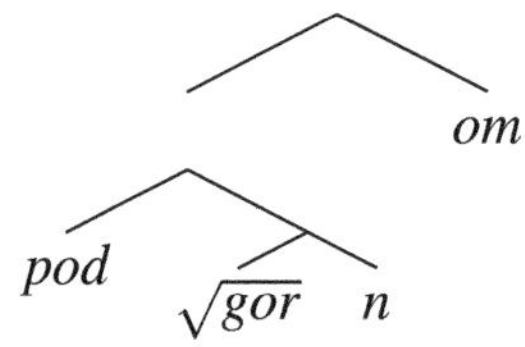

Das vorliegende Kapitel ist der Stammbildung gewidmet. Das heißt, wir interessieren uns für die Phase 1 des Strukturaufbaus einer Wortform. Üblicherweise werden die in diesem Bereich stattfindenden strukturbildenden Prozesse "Wortbildung" genannt. Aus Kapitel 4 wissen wir aber schon, dass der Begriff "Wort" vieldeutig ist und deswegen nur allzu oft Sachlagen verschleiert, anstatt sie präzise zu bezeichnen. So auch hier. Statt von "Wortbildung" wäre es eigentlich angemessener, von Lexembildung zu sprechen. Es gibt aber zwei Gründe, bei der traditionellen Bezeichnung Wortbildung zu bleiben. Erstens ist diese Terminologie so etabliert, dass man sich zum Außenseiter machen würde, wenn man sie nicht benutzt. Und zweitens werden wir sehen, dass es Wortbildungsprozesse gibt, die offenbar nicht (nur) im Rahmen der Phase 1 stattfinden.

Ich beginne dieses Kapitel mit einer kurzen Reflexion darüber, wozu mensch eigentlich neue Lexeme benötigt. Danach wende ich mich den formalen Eigenschaften der Wortbildung zu. Ich erkläre, dass Wortbildung Stammbildung ist und erläutere an einem aktuellen Beispiel die Relevanz von Analogiebildungen. Danach beginne ich mit der Vorstellung der typischen Wortbildungsverfahren des Russischen, die ich später (in Kapitel 7) fortsetzen werden.

5.2 Vom Sinn und Zweck lexikalischer Neubildungen

Reden wir also von Wortbildung. Warum gibt es das überhaupt? Das Lexikon einer Sprache kann man sich als einen riesigen Pool von Wissenseinheiten vorstellen, die die Sprecherinnen und Sprecher zur Verfügung haben, um sprachliche Ausdrücke (Wortformen) zu bilden, die ihren jeweiligen kommunikativen Bedürfnissen Genüge leisten. Diese Wissenseinheiten sind die Lexeme, die von Fuß & Geipel (2018:18) wie folgt definiert werden:

(6) **Lexem (lexikalisches Wort):** Ein Lexem ist eine abstrakte lexikalische Basiseinheit, die Informationen über grundlegende Eigenschaften wie Lautgestalt, Kernbedeutung, Wortart und invariante morphosyntaktische Merkmale enthält (plus gegebenenfalls Angaben über flektierte Formen, deren Gestalt nicht über Regeln ableitbar ist).

Offene lexikalische Klassen ("Inhaltswörter") wie Nominallexeme oder Verblexeme haben einen denotativen Gehalt, d.h. sie beschreiben verschiedene Aspekte (Dinge, Ereignisse, ...) der Welt, über die gesprochen wird. Die Welt ist nun aber, wie wir alle wissen, sehr komplex. Es gibt sozusagen sehr viele mögliche Gesprächsthemen. Um sich kommunikativ zu bewähren, müssen Sprecherinnen und Sprecher also einen sehr großen Wortschatz (= ein sehr großes Lexeminventar) zur Verfügung haben. Das ist Muttersprachlerinnen und Muttersprachlern nicht immer bewusst, Fremdsprachenlernende hingegen wissen ein Lied davon zu singen, denn sie müssen sich dieses lexikalische Wissen über mühsames Vokabellernen aneignen.

Theoretisch ist es vorstellbar, dass eine Sprache für jeden kommunikativ interessanten Weltaspekt ein individuelles Wurzelmorphem zur Verfügung stellt. Viel ökonomischer (und natürlicher) ist es aber, wenn es ein Grundinventar von Wurzelmorphemen für bestimmte allgemeine Weltaspekte gibt, so dass von diesen ausgehend mittels produktiver Verfahren zusätzlich benötigte Lexeme abgeleitet werden können. In kommunikativer Interaktion erweitern die Sprecherinnen und Sprecher dann kreativ ihr gemeinsames Repertoir an Lexemen, stets angepasst an gemeinsam erlebte Kommunikationssituationen. Die sprachlichen Verfahren, die dabei zur Anwendung kommen, fasst man unter dem Begriff der Wortbildung zusammen.

Die neuen Lexeme sind dann entsprechend keine blanken Wurzelmorpheme mehr, sondern Wurzelmorpheme ausgestattet mit zusätzlichem sprachlichen Material. Auf diese Weise wachsen aus derselben Wurzel verschiedene Wortstämme. Die Gesamtheit der aus Stämmen mit gemeinsamer Wurzel bildbaren Wortformen wird als Wortfamilie, manchmal auch Wortnest, bezeichnet.

Wortbildungsprozesse können produktiv sein. Das bedeutet, dass sie im kreativen Spiel der Neuschöpfungen lexikalischer Kategorien den Sprecherinnen und Sprechern als Muster für innovative Stämme dienen. Musizierende verschiedener Instrumente heißen u.a. wie in (7a). Diese Bezeichnungen sind das Ergebnis eines Derivationsprozesses, bei dem das Suffix *-ist* an einen Stamm tritt, der ein Musikinstrument benennt. Auf der Basis dieses Musters entsteht die Neubildung für den Musiker in (7b), siehe dazu Abb. 5.1.

Abb. 5.1: Gitarist i čemodanist

Daneben existieren im Lexikon Stämme, die auf nicht mehr produktive Prozesse zurückgehen. Sie stellen gleichsam fossilisierte Strukturen dar, wie Zeugen eines einstmals produktiven Verfahrens. (7c) ist ein Beispiel.

(7) a. *гитарист, пианист, тромбонист, басист, саксофонист, ...*

b. *Сергей стал лучшим*
S. become.PST.PFV.SG.M best.INS.SG.M.LF
чемоданистом в мире, как минимум потому,
suitcasist.INS.SG.M in world.LOC.SG.M minimally because
что единственным.
that single.INS.SG.M.LF
'Sergej wurde zum besten Kofferspieler der Welt, und sei es nur, weil er der einzige ist.' (https://kazanfirst.ru/articles/427120)

c. *трубач* ('Trompeter')

Wortbildungsprozesse können, wie wir gerade sahen, sehr kreative Wege gehen. Darum lassen sich ihre Ergebnisse nicht voraussagen. Was den Sprecherinnen und Sprechern gefällt, setzt sich durch. "Gefällt" heißt dabei, dass sich das neue lexikalische Wort für ihre kommunikativen Zwecke als nützlich erweist. Die kommunikativen Zwecke wiederum können ganz unterschiedlich sein.

Vielleicht füllt ein neues Lexem tatsächlich eine Lücke im Lexikon, so dass man umständliche Umschreibungen vermeiden kann. Man spricht diesbezüglich auch von "semantischen Nischen", in denen sich neue Lexeme einnisten (Stanforth 2002:806). Aber wie kommt es überhaupt zu solchen "Lücken im Lexikon"? Erste Möglichkeit: Wenn sich eine Sprachgemeinschaft durch ein plötzliches Ereignis in neuen Lebensbedingungen wiederfindet, wie im Falle der Corona-Pandemie, dann kann und wird Bedarf an neuen Begriffen (Lexemen) entstehen:[2]

(8) a. *Coronakrise, Impftourismus, Lernzeit zu Hause, Fernunterricht, Home Office, Long Covid, Impfgegner, ...*
b. *коронакризис, вакцинатуризм, домашнее обучение, удалённое обучение, удалёнка, долгий ковид, антипрививочник, ...*

Lücken im Lexikon können aber z.B. auch durch Migration entstehen. Die in Deutschland gesprochene Varietät des Russischen[3] ist bekanntlich dadurch gekennzeichnet, dass es im Lexikon der Sprecherinnen und Sprecher viele aus der Umgebungssprache Deutsch übernommene Lexeme gibt. Eine häufige Motivation für derartige Transferenzen ist die Notwendigkeit der Bezeichnung von Realien, also Dingen, die in der russischsprachigen Herkunftsgesellschaft keine Entsprechung besitzen (Brehmer 2007).

(9) a. *Я сейчас учусь в 11-м классе, готовлюсь к абитуру.*
b. *А я сегодня как раз купил банкард 25.*

Vielleicht verhält es sich auch so, dass das neue Lexem einfach "kleiner und handlicher" ist als das alte. Dann liegt die Motivation, ein neues Lexem in den eigenen aktiven Wortschatz aufzunehmen, nicht in der Schließung einer semantischen Lücke, sondern in der Minimierung des sprachlichen Aufwands, d.h. in

[2] Die russischsprachigen Beispiele habe ich aus Priemyševa et al. (2021) entnommen, https://iling.spb.ru/dictionaries/neology/coronavirus/dictionary.pdf

[3] Von *einer* Varietät zu sprechen ist eigentlich nicht statthaft, denn die Gruppe der Herkunftssprecherinnen und -sprecher ist durch große sprachliche Heterogenität gekennzeichnet, vgl. Brehmer & Mehlhorn (2018:31).

sprachlicher Ökonomie begründet. Naturgemäß spielen hier alle Arten von Abkürzungsverfahren eine wichtige Rolle, wozu ich noch komme (Kapitel 7).

(10) a. *Auto* (statt: *Automobil*)
b. *маршрутка* (statt: *маршрутное такси*)
c. *Homeschooling* (statt: *Lernen zu Hause*)
d. *аусвайс* (statt: *цифровой пропуск*)

Die letzten beiden Beispiele sind nicht nur kürzer, sie darüber hinaus auch dadurch gekennzeichnet, dass lexikalisches Material aus einer anderen Sprache in die eigene integriert (und dadurch Teil der eigenen Sprache) wird. Hier kommt zusätzlich zur "Materialeinsparung" (messbar etwa in der Silbenzahl) ein weiterer Aspekt hinzu. Anglizismen wie in (10c) sind weithin durch ein hohes soziales Prestige gekennzeichnet. Sprecherinnen und Sprecher sind offen für solche Lexeme, weil die Verwendung prestigeträchtiger sprachlicher Ausdrücke mutmaßlich auch das eigene Prestige in den Augen anderer erhöht oder absichert. Hier wäre der kommunikative Zweck hinter der Wortverwendung in der Absicherung der eigenen sozialen Akzeptanz zu suchen. Salopp gesagt: das neue Lexem klingt einfach cooler als das, was im Lexikon bereits existiert.

Im Falle von (10d) ist die Integration des deutschen Wortstamms *Ausweis-* in die russische Sprache durch eine negative Konnotation, assoziiert durch die Geschichte des Zweiten Weltkriegs, motiviert. Sprecherinnen und Sprecher signalisieren durch die Verwendung dieses Lexems ihre negative Einstellung zu dem bezeichneten Gegenstand. Dabei handelt es sich in diesem Fall um das behördliche Dokument, das vorgelegt werden muss, um die eigene Wohnung in Corona-Zeiten verlassen zu dürfen.

Je nachdem, zu welcher sozialen Gruppe man sich sprachlich als zugehörig ausweisen will, kann das Kriterium Prestige natürlich ganz unterschiedlich ausgelegt werden. In den Augen patriotisch gesinnter Kreise, die in der frequenten Integration englischer Ausdrücke eine Überfremdung der eigenen Sprache zu erkennen glauben, disqualifiziert man sich durch die Verwendung von Anglizismen wie:

(11) a. *Bank-Account* (statt: *Bankkonto*)
b. *Meetingraum* (statt: *Tagungsraum*)
c. *сэндвич* (statt: *бутерброд*)
d. *тренд* (statt: *тенденция*)

e. *римейк* (statt: *переделка*)
f. *таск* (statt: *задача*)
g. *имидж* (statt: *образ*)

Ein existierendes Lexem kann auch negatives Prestige besitzen, bis hin zu seiner Tabuisierung. Man denke an das N*-Wort. Wer es benutzt, wird im deutschsprachigen Raum vom gesellschaftlichen Mainstream als Rassistin oder Rassist geächtet. Um die durch die Tabuisierung entstandene Lücke zu füllen, werden neue Begriffe (*Farbige, Schwarze, People of Colour, ...*) gesucht, die in der Sprachgemeinschaft dann aufmerksam auf negative (diskriminierende) Konnotationen hin geprüft werden.

Der Tabuwortschatz des Russischen ist bekanntlich reich gefüllt mit lexikalischen Wörtern, die man als Mat bezeichnet. Mat-Ausdrücke, genauer gesagt ihre Äußerungen, sind obszöne sprachliche Gesten. Sie werden verwendet, um in der eigenen sozialen Gruppe Prestigeerfolge zu erzielen.[4] Voraussetzung dafür, dass dieses Manöver gelingt, ist eine andere soziale Gruppe, die sich durch den Tabubruch herausgefordert fühlt. Deswegen ist Mat ein typisches Phänomen der Jugendsprache, die so gegen die "Welt der Erwachsenen" rebelliert. Oder auch des Proletariats, das sich so zumindest verbal gegen das "herrschende bürgerliche Establishment" auflehnt. Diese Form der Rede verfolgt die Strategie der Extravaganz, dazu mehr in Kapitel 6. Ein paar bekannte Beispiele:

(12) *блять, сука, пиздец, ахуительный, ...*

> Finden Sie weitere Beispiele in Ergänzung zu denen in (8) - (12). Was könnten neben semantischen Lücken, Ökonomie und Prestige weitere Motivationen für lexikalische Neuprägungen sein?

5.3 Stammbildung

Nach diesem kurzen Ausflug in die Soziolinguistik kommen wir zurück zu den Mechanismen der Wortbildung. Dass es sich bei begrifflichen Neubildungen um die Bildung neuer Wort*stämme* handelt, und nur mittelbar um die Bildung

[4] Das ist natürlich nur eine sehr allgemeine Charakterisierung des Mat. Ich behaupte aber, dass spezifischere Eigenschaften wie Expressivität, Provokation, Zugehörigkeit zur Subkultur usw. daraus folgen.

neuer Wortformen, lässt sich daran ablesen, dass aus einer anderen Sprache entlehnte neue Formen reguläre grammatische Endungen erhalten, vgl. auch (9a):

(13) *Больше двух не собираться, без аусвайса*
more two.GEN NEG gather.INF.IPFV without passport.GEN.SG.M
на улицу не выходить.
on street.ACC.SG.F NEG go_out.INF.IPFV
'Mehr als zwei dürfen sich nicht versammeln, ohne Ausweis darf man nicht auf die Straße gehen.'

Wortformen wie *абитуру* oder *аусвайса* entstehen also dadurch, dass im russischen Lexikon ein Wort aus einer anderen Sprache (hier: dem Deutschen) als neuer russischer (!) Wort*stamm* etabliert wird. Interessanterweise handelt es sich bei dem sprachlichen Material, welches als neuer Stamm in die entlehnende Sprache einwandert, in der Gebersprache um eine Wort*form*. Das zeigt anschaulich das folgende Beispiel:[5]

(14) *Sie ist zehn Zentimeter lang, so dünn wie ein Spaghetti und sieht eher aus wie ein Regenwurm: US-Forscher haben auf der Karibikinsel Barbados die kleinste Schlange der Welt entdeckt.* [Bild, 04.08.2008]

Das Suffix *-i* in *Spaghetti* ist im Italienischen eine Pluralendung. Der Singular lautet *spaghetto*. Man spricht in solchen Fällen von Reinterpretationen: die italienische Wortendung *-i* wurde von den Sprecherinnen und Sprechern des Deutschen als Bestandteil des Wortstamms reinterpretiert.

Als "typisches Kennzeichen slavischer Sprachen" (Lehmann 2013:218) gilt die Verwendung einer enormen Vielfalt von zum Zwecke der Stammbildung bereitgehaltener Affixe, sogenannter Wortbildungsaffixe. Mit Referenz auf (4) könnte man auch von Phase-1-Affixen sprechen. Bei der Wortbildung geht es also stets um die Ableitung zusätzlicher, als benötigt erachteter Lexeme. Es folgt daraus, dass Wortbildung ein Teil des Lexikons ist, denn Lexeme sind ja die Einheiten des Lexikons. Die Grenze zwischen "Phase 1" und "Phase 2" scheint somit genau die Grenze zwischen Lexikon und Grammatik zu sein. Die Phase 1 ist die Phase der lexikalischen Strukturbildung, die Phase 2 ist dagegen grammatische Strukturbildung.

[5] "Spaghetti", bereitgestellt durch das Digitale Wörterbuch der deutschen Sprache, <https://www.dwds.de/wb/Spaghetti>, abgerufen am 15.05.2020.

Mit der Wahl eines Lexems aus seinem mentalen Lexikon entscheidet sich die Sprecherin (bzw. der Sprecher[6]) für eine bestimmte lexikalische Bedeutung. Und zwar für die Bedeutung, die ihr für ihre kommunikative Botschaft am geeignetsten erscheint. Grundsätzlich gibt es hier zwei Möglichkeiten. Normalerweise wird die Wahl auf ein Lexem fallen, dass in ihrem Lexikon bereits existiert und von dem die Sprecherin glaubt, dass es auch im Lexikon der Adressatin der Botschaft existiert – denn andernfalls würde der Kommunikationsakt mit ziemlicher Sicherheit misslingen. Daneben gibt es aber auch noch eine zweite Möglichkeit. Diese besteht darin, dass die Sprecherin schöpferisch tätig wird und ein neues, ihrem Kommunikationsziel angepasstes Lexem erst kreiert. Das kann die Adressatin dann logischerweise noch nicht kennen. Damit der Kommunikationsakt trotzdem gelingt, muss die Sprecherin bei diesem zweiten Weg deswegen Sorge tragen, dass sich die Adressatin die intendierte lexikalische Bedeutung erschliessen kann. Wie das gewährleistet wird, ist eine spannende Frage.

Die Sprecherin wird so vorgehen, dass sie ein transparentes Wortbildungsverfahren wählt. Transparent heißt, dass die Adressatin zwar nicht das neue Lexem kennt, wohl aber die Teile, aus denen es aufgebaut ist inklusive ihrer Bedeutungen. Die Sprecherin muss, mit anderen Worten, absichern, dass die Adressatin das dem neu gebildeten Wortstamm zugrundeliegende Wurzelmorphem kennt, sowie die an der Neubildung beteiligten Wortbildungsaffixe.[7]

5.4 Kvartiroteka

Sehen wir uns ein Beispiel an. Der Link www.ikea.com/ext/ru/kvartiroteka/ führt uns in die *квартиротека* der Firma Ikea. Es handelt sich um eine online-Plattform, auf der Ikea kostenlos Vorschläge zur Inneneinrichtung von Wohnungen präsentiert. Der Clou ist, dass Interessenten aus einer Datenbank von Wohnungstypen, die mit der (relativ genormten) Wirklichkeit russischer Mietwohnungen korreliert, genau den von ihnen bewohnten Wohnungstyp auswählen können. So heißt es im Werbetext:

[6] Um nicht immer "die Sprecherin bzw. der Sprecher" oder "die Adressatin bzw. der Adressat" sagen zu müssen, benutze ich im Folgenden nur die feminine Form. Gemeint sind aber immer Sprechende jeglichen Geschlechts.

[7] Das ist nur eine notwendige, keine hinreichende Bedingung dafür, dass sich eine Neubildung etabliert. Was genau den Erfolg einer Neubildung bedingt ist eine extrem schwierige Frage. In Kapitel 6 werde ich ein bisschen was dazu sagen.

> Наши решения охватывают дома от Калининграда до Владивостока! Просто введите свой адрес на сайте проекта и наслаждайтесь новым дизайном вашей квартиры.
>
> Wir bieten Lösungen für Häuser von Kaliningrad bis Wladiwostok! Geben Sie ganz einfach Ihre Adresse auf der Projektseite ein und genießen Sie das neue Design Ihrer Wohnung.
> [eigene Übersetzung]

Das hier genannte Projekt heißt also *kvartiroteka*. Diese Wortform kommt im russischen Nationalkorpus NKRJa (noch?) nicht vor. Lexeme, deren Formen vorkommen, sind dagegen: BIBLIOTEKA, VIDEOTEKA, IGROTEKA, DISKOTEKA, KARTOTEKA, FOTOTEKA und APTEKA. Warum "funktioniert" das Wort *kvartiroteka*, wie man in der Werbesprache zu sagen pflegt?

(15) **Hypothese**: Die Neubildung *kvartiroteka* funktioniert, weil (a) und (b).

a. Das Russische verfügt über das Wortbildungselement *-tek*. Seine Bedeutung ist in etwa: 'Sammlung von verschiedenen Dingen der Art X, wobei sich das X aus der lexikalischen Bedeutung des Ausdrucks speist, mit dem sich *-tek* verbindet'.

b. Das Russische verfügt über das Lexem *kvartira* (bzw. den Nominalstamm *kvartir-*). Seine Bedeutung ist 'Wohnung'.

So ist eine *biblioteka* eine Sammlung verschiedener Bücher, eine *igroteka* eine Sammlung verschiedener Spiele, eine *kartoteka* eine Sammlung verschiedener Karteikarten, eine *videoteka* ist eine Sammlung verschiedener Videofilme und eine *fototeka* eine Fotosammlung. Diese Lexeme und ihre Bedeutungen vertragen sich gut mit (15a). Bei *diskoteka* können wir eine Bedeutungsverschiebung beobachten. Aus der ursprünglichen Sammlung verschiedener "Scheiben" (Schallplatten) ist die Location geworden, in der zu diesen Scheiben getanzt wird. Spätestens heute, wo sich in Diskotheken (oftmals) gar keine Scheiben mehr drehen, hat sich die ursprüngliche Bedeutung des Suffixes *-tek* bei der Verwendung des Wortes *diskoteka* verflüchtigt.

Noch weniger lässt sich *apteka* mit der in (15a) hypothetisierten Bedeutung von *-tek* ('Sammlung von Variationen von Dingen der Art X, wobei das X aus der lexikalischen Bedeutung des Ausdrucks speist, mit dem sich *-tek* verbindet') in Einklang bringen. Die Silbe *ap-* geht nämlich auf das altgriechische Morphem *apo-* 'weg, ab' zurück, und *-teka* auf das Morphem *théke* 'Kasten,

Kammer'. Mit *apothéke* wurde (laut Wikipedia) ursprünglich ein Lager für Vorräte im Allgemeinen bezeichnet.

Spekulieren wir doch einfach mal ein bisschen. Über das Lateinische sind die ursprünglich griechischen Wörter *βιβλιθηκη* und *αποθηκη* (vermutlich über das Deutsche) auch ins Russische entlehnt worden, als *biblioteka* und *apteka* in den Bedeutungen 'Sammlung verschiedener Bücher' bzw. 'Sammlung verschiedener Medikamente'. Begünstigt durch ihre hohe Textfrequenz wurde aus ihrem Gebrauch das Wortbildungsschema *X-o-tek* mit der Bedeutung 'Sammlung verschiedener Dinge der Art X' abstrahiert. Dieses Schema war dann einsatzbereit, um neue Wortstämme zu bilden. Jedem nominalen Element ist es im Prinzip erlaubt, die Variable *X* zu füllen, sofern die resultierende Bedeutung in den Augen der Sprecherinnen und Sprecher kommunikativ Sinn ergibt. Auf diese Weise entstanden in Analogie zu *biblioteka* die Begriffe *igroteka*, *kartoteka*[8] etc. Bei *kvartiroteka* handelt es sich um einen Neologismus aus dem Jahr 2019, der sich in diese Liste einreiht.

Wir können auch selbst neue Wörter nach diesem Muster bilden. Dazu müssen wir uns nur einen passenden Kontext vorstellen, um unsere Neologismen zu legitimieren (die aber trotz unserer Mühe höchstwahrscheinlich Okkasionalismen bleiben werden), z.B.:

(16) a. *паспортотека* ('Ausweissammlung')
b. *коронатестотека* ('Coronatestsammlung')
c. *аэропортотека* ('Flughafensammlung')

Überlegen Sie sich Kontexte, in denen die in (16) genannten Neologismen Sinn ergeben.

Gemäß der spekulativen Geschichte, die wir gerade erzählt haben, handelt es sich bei einem Wort wie *игротека* um ein Kompositum. Das *o* vor *teka* ist ein Interfix, wie in dem Kompositum *domostroenie* (das wir uns gleich noch genauer ansehen werden). Komposita zeichnen sich dadurch aus, dass zwei lexikalische Basen in Verbindung treten.

(17) a. *igr*: lexikalische Basis 'Spiel'
b. *o*: Interfix

[8] *kartoteka* ist vermutlich bereits selbst eine Entlehnung in das Russische.

c. *tek*: lexikalische Basis 'Sammlung verschiedener Dinge'
d. *a*: grammatisches Suffix 'Nominativ Singular'

Was eine lexikalische Basis ist, wird weiter unten erklärt. Hier sei nur soviel gesagt: Das Element *tek* kann keine lexikalische Basis sein, weil lexikalische Basen stammfähig sein müssen. In russischen Texten finden sich aber keine Wortformen, deren Stamm *tek-* in der nominalen Bedeutung 'Sammlung verschiedener Dinge' wäre. Das spricht gegen unsere Spekulation.

Es gibt aber eine Alternative. Sie besteht darin, Wortformen wie *igroteka* morphologisch so zu segmentieren: *igr-otek-a*. Nach diese Analyse wäre *igr-* eine lexikalische Basis (die aus einer Wurzel besteht), *-otek* ein stammbildendes Suffix und *-a* ein grammatisches Suffix:

(18) a. *igr*: lexikalische Basis 'Spiel'
b. *otek*: lexikalisches Suffix 'Sammlung von Dingen der Art X'
c. *a*: grammatisches Suffix 'Nominativ Singular'

Diese neue Analyse hat den Nachteil (sofern man das als Nachteil betrachtet), dass man eine phonologische Regel aufsetzen muss, um mit Wortformen wie *fototeka* und *videoteka* umgehen zu können. Sie lautet: Wenn das mit dem Phonem /o/ beginnende Suffix *-otek* an eine Wurzel gehängt wird, die mit dem Phonem /o/ endet, wird eines der zwei /o/-Phoneme getilgt. Wir können sogar genauer sagen, welches. Nämlich das zweite. Das belegt das Beispiel *sinemateka* ('Filmsammlung'). Unsere Regel müsste also genauer lauten: Wenn das mit dem Phonem /o/ beginnende Suffix *-otek* an eine Wurzel gehängt wird, die auf Vokal endet, wird das Phonem /o/ getilgt.

In einschlägigen Wörterbüchern (z.B. Tichonov 1996) wird das Segment *tek* in der Wortform *apteka* nicht als Morphem gewertet. Als Wurzelmorphem gilt vielmehr *aptek*. Was spricht dagegen, *ap* und *tek* als zwei Morpheme anzusehen? *ap* könnte doch ein sog. unikales Morphem wie *Him* in dt. *Himbeere* sein.

Im Folgenden interessieren uns weniger solche Wortbildungen, bei denen "fremde Wörter" als neue Stämme in die russische Sprache aufgenommen werden. Stattdessen sehen wir uns an, wie die Sprache aus ihrem eigenen Wortmaterial neue Wortstämme (und somit Lexeme) bildet.

5.5 Die typischen Wortbildungsverfahren

Wortbildung ist also, ganz allgemein gesagt: die Bildung von neuen Stämmen. Im Minimalfall stellt ein Wurzelmorphem alleine den Wortstamm. Dann kann der Stamm nicht neu sein (es sei denn die Wurzel ist neu). Deswegen kann dieser Fall getrost aus dem Bereich der Wortbildung ausgeklammert werden. So können wir provisorisch definieren:

(19) **Definition Wortbildung (1. Version):** Wortbildung ist die formale und damit einhergehende inhaltliche Manipulation einer Wurzel derart, dass im Ergebnis ein neuer Wortstamm (und somit ein neues Lexem) entsteht.

Da wir hier das radikale Teilchenmodell der Sprache als gegeben unterstellen, dürfen wir uns die "Manipulation", von der eben die Rede war, als das Hinzufügen eines sprachlichen Teilchens, eines Morphems, vorstellen. In der abstrakten Darstellung (20) sollen *a, b, c, ...* Morpheme symbolisieren. Das Wurzelmorphem ist durch das Wurzelzeichen markiert. Die Grenze zwischen Lexikon und Grammatik ist durch den Absatz innerhalb des Strukturbaums angedeutet. Das Morphem *c* in (20) ist folglich ein grammatisches Morphem. Der neuformierte Stamm in (20) besteht aus den Morphemen *a* und *b*. Er entsteht, indem *a* mit *b* zu *ab* verbunden wird. Das grammatische Affix *c*, dass an diesen Stamm tritt, vollendet die Wortform *abc*.

(20)

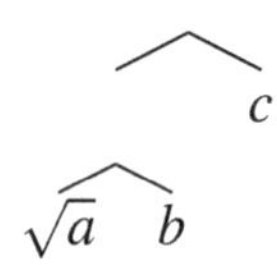

Die Verbindung von *a* und *b* im Lexikon zum Stamm *ab* ist ein, wie wir nun sagen werden, Ableitungsschritt. Die Bildung eines neuen Stamms auf der Basis einer Wurzel kann in einem Ableitungsschritt erfolgen, wie in (20), oder in mehreren aufeinanderfolgenden Ableitungsschritten.

(21)

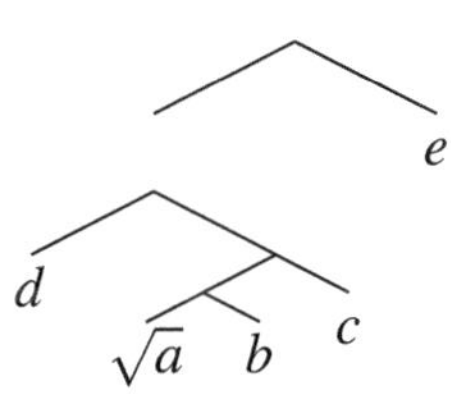

Der neue Stamm in (21) besteht aus den Morphemen *a*, *b*, *c* und *d*. Er entsteht in drei Ableitungsschritten: 1. *a* + *b*; 2. *ab* + *c*; 3. *d* + *abc*. Das grammatische Affix *e*, dass an diesen Stamm tritt, vollendet die Wortform *dabce*.

Eine russische Wortform, die von (20) korrekt beschrieben wird, ist neben vielen anderen z.B. *инфекция* ('Infektion'):

(22)

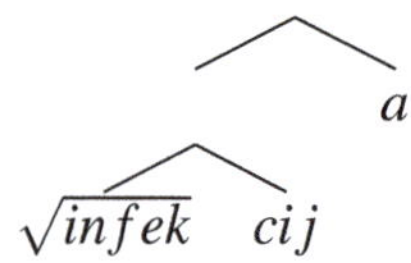

Dieses Beispiel illustriert gleich einen Grenzfall. Denn das Wurzelmorphem in (22) ist nicht stammfähig. Es gibt im Russischen keine Wortform, die durch Anfügen einer Endung an *инфек* entstünde. Aus diesem Grund wird man streiten dürfen, ob *инфек* wirklich als ein eigenes russisches Morphem angesehen werden sollte. Interessanterweise kommen im Morphemwörterbuch von Tichonov (1996) beide Varianten vor (eine Superinfektion ist eine neuerliche Infektion mit demselben Erreger):

(23) a. инфéкци/я [й/а] = infekcij-a (S.198)
b. супер/инфéк/ци/я [й/а] = super-infek-cij-a (S.560)

Eine Wortform, die von (21) korrekt beschrieben wird, wäre (mit derselben Relativierung) *неинфекционный* ('nichtinfektiös'):

(24)

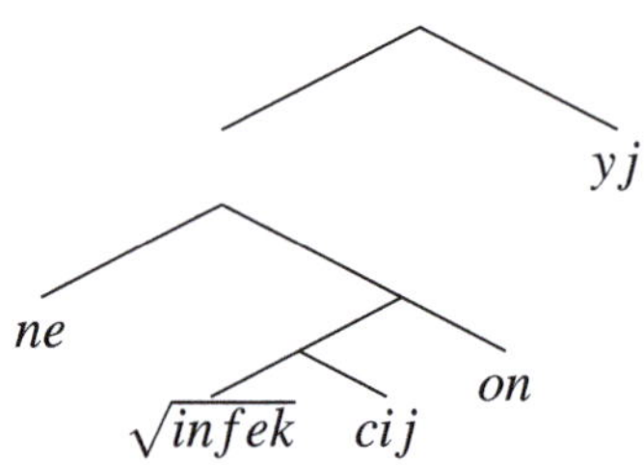

Natürlich gibt es viele andere russische Wortformen, die die Baumstrukturen in (20) und (21) exemplifizieren. Und es gibt viele andere Baumstrukturen als (20) und (21), die den internen Aufbau russischer Wortformen abbilden.

Im Folgenden wenden wir uns zunächst der formalen Seite der Wortbildung zu und schauen uns verschiedene, für das Russische typische Wortbildungsverfahren an. Die Darstellung folgt Lehmann (2013:219ff.)

Wie also werden im Russischen neue lexikalische Wörter gebildet? Welche konkreten Anwendungen abstrakter Strukturen wie in (20) und (21) sind typisch? Das sei unsere Frage. Um Antworten zu finden, sollten wir uns logischerweise dem lexikalischen Wissen widmen, über das Sprecherinnen und Sprecher des Russischen verfügen. Wir müssen also ihren Wortschatz untersuchen. Dazu zeichnen wir zunächst möglichst viele ihrer schriftlichen oder mündlichen sprachlichen Äußerungen auf. In der Textsammlung, die wir so erhalten, müssen wir nun die Wortformen und ihre jeweilige Wortart identifizieren... All diese Arbeit müssen wir zum Glück nicht mehr machen. Denn alle für unsere Fragestellung relevanten Sprachdaten liegen bestens aufbereitet in Form elektronischer Datenbanken, Textkorpora, vor. Das russische Nationalkorpus hatte ich bereits mehrfach erwähnt.

Innerhalb der Liste russischer Wortformen isolieren wir sodann die Wortformen der Wortarten Adjektiv, Adverb, Verb und Nomen. Denn diese Wortarten bilden, wie wir inzwischen ja wissen, offene lexikalische Klassen (Inhaltswörter). Hier dürfen wir also eine Vielzahl von Wortbildungsprodukten erwarten.

Die nominalen, verbalen, adjektivischen und adverbialen Wortformen, die jetzt vor uns liegen, nehmen wir uns eine nach der anderen vor. Wir streifen die grammatische Endung ab, um den Stamm freizulegen (denn der Stamm ist ja gleich die Wortform minus die Endung, vgl. auch Lehmann 2013:213). Dann nehmen wir den Stamm genauer unter die Lupe und bestimmen die Morpheme, aus denen er besteht. Auf dieser Basis rekonstruieren wir sodann die Ableitungschritte, die zu dem jeweiligen Stamm geführt haben. Besteht er aus nur einem Morphem, so handelt es sich um einen unabgeleiteten Stamm. Diese Fälle scheinen unter der uns interessierenden Fragestellung zunächst nicht so interessant zu sein. Besteht der Stamm aus mehreren Morphemen, so klassifizieren wir diese in die Kategorien Wurzelmorphem, Präfix, Suffix, Interfix usw. Daraus ergeben sich verschiedene Wortbildungsverfahren, die zu den vorliegenden Stämmen (bzw. weiter gedacht: Wortformen) geführt haben. Die wichtigsten Verfahren werden jetzt vorgestellt.

5.5.1 Die (klassische) Komposition

Eine Komposition liegt vor, wenn der Stamm des Wortes aus zwei (selten mehr) Wurzelmorphemen besteht.

(25) a. домостроение: */dom-o-stroj-en'ij-e/* ('Hausbau')

b. нефтепромышленность: */n'eft'-e-promyšl'-enn-ost'/* ('Ölindustrie')

c. кинотеатр: */k'ino-t'eatr/* ('Kinotheater')

Die zwei Wurzelmorpheme in (25a) sind */dom/* 'Haus' und */stroj/* 'Bau-'. Aus */stroj/* wird im ersten Ableitungsschritt durch das Wortbildungssuffix */en'ij/* der potenzielle Stamm */strojen'ij/* gebildet, der zum Beispiel als Stamm der Wortform *строения* (Genitiv, Singular, Neutrum) dienen kann, vgl. Abbildung 5.2.

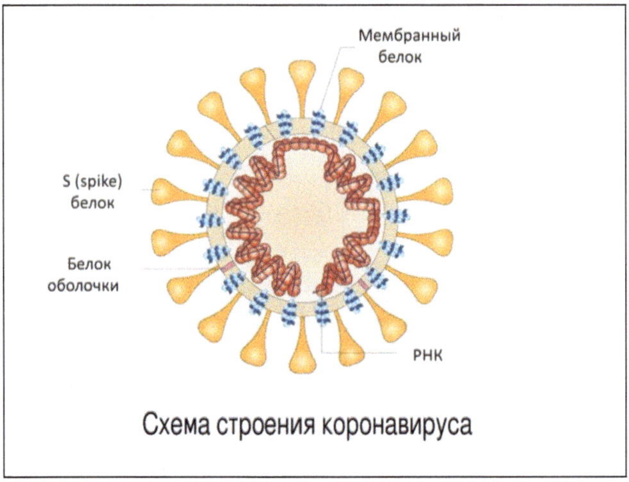

Abb. 5.2: Strukturschema Coronavirus

Der mögliche Stamm */strojen'ij/* tritt dann an den möglichen Stamm */dom/*. Dieser Schritt ist der für Komposita charakteristische:

> A compound is a complex lexeme that can be thought of as consisting of two or more base lexemes. In the simplest case, a compound consists of two lexemes that are joined together. (Haspelmath & Sims 2010:137)

Ein "Basislexem" ist eine im mentalen Lexikon etablierte Wissenseinheit. Sie beinhaltet eine phonologische Gestalt (d.h. eine Kette von Phonemen), die "stammfähig" ist, soll heißen: Von ihr können durch Anfügen von Endungen Wortformen gebildet werden. Mit dem Begriff der lexikalischen Basis an der Hand können wir unsere Definition von Wortbildung präzisieren:

(26) **Definition Wortbildung (2. Version):** Wortbildung ist die formale und damit einhergehende inhaltliche Manipulation einer lexikalischen Basis derart, dass im Ergebnis ein neuer Wortstamm (und somit ein neues Lexem) entsteht.

Zu beachten ist, dass wir uns mit dem Schritt von (19) zu (26) implizit darauf festlegen, Wörter wie *инфекция* nicht als Wortbildungsprodukte anzusehen, da *инфек*, wie wir sahen, nicht den Status eines Basislexems hat.[9]

Endet das erste Basislexem (= der erste "potenzielle Stamm") auf einen harten Konsonanten wie in */dom/*, und beginnt das zweite Basislexem mit einem Konsonanten, so erscheint als Fugenelement das Interfix *o*. Endet die erste Basis auf einen weichen Konsonanten wie in */n'eft'/*, und beginnt die zweite mit einem Konsonanten, so erscheint als Fugenelement das Interfix *e*, vgl. (25b).

Wie gesehen spielen für das Produkt der Wortbildung phonologische Eigenschaften (harte oder weiche Phoneme) eine nicht unwesentliche Rolle. Das ist der Grund, weshalb ich anders als zuvor in diesem Abschnitt keine Transliteration, sondern eine konsequent phonematische Notation gewählt habe. Phonematische Repräsentationen werden durch /.../ markiert. Nochmal zur Erinnerung: Eine Transliteration ist eine Graphem-für-Graphem Übertragung aus einer Schrift in eine andere. Die phonematische Notation hingegen gibt sprachliche Formen Graphem für Phonem wider.

(25c) illustriert den Fall, dass die erste Basis auf einen Vokal endet. Dann wird die Regel für den Einsatz des Interfixes redundant.

> Die Wortform корона ('Krone') besteht nach Tichonov (1996) aus zwei Morphemen: корон/а. Demnach bildet die Wurzel *koron* unabgeleitet den Stamm, an den sich als Endung das grammatische Suffix *a* hängt. Wie würden Sie das Kompositum коронавирус morphologisch analysieren?

(27) a. тёмно-синий: */t'em-n-o-s'in'-ij/* ('dunkelblau')

b. новостройка: */nov-o-stroj-k-a/* ('Neubau')

c. работоспособный: */rabot-o-sposobn-yj/* ('arbeitsfähig')

In (25) haben wir drei Beispiele für russische Komposita kennengelernt, in denen zwei nominale Basen verbunden wurden (Typ N+N). In (27) findet sich je ein Beispiel für Kombinationen, an denen eine adjektivische Basis beteiligt ist: A+A, A+N und N+A. Denkbar sind natürlich auch kompositionale Wortbildungen unter Beteiligung verbaler Basislexeme. Es gibt fünf mögliche Typen,

[9] Wie Sie wahrscheinlich bemerkt haben werden, benutze ich die Begriffe "Basislexem" und "lexikalische Basis" synonym.

und wie in der folgenden Tabelle zu sehen ist, besteht wenig Schwierigkeit, für diese deutschsprachige Beispiele anzuführen.

Typ	De	Ru
A+V	langsamsprechen	злоупотребить
N+V	radfahren	путешествовать
V+N	Singvogel	лежебока
V+A	trinkfest	?
V+V	spazierengehen	?

Auf russischer Seite sieht es anders aus. Lexeme mit einem V-Stamm als erstem Element sind kaum bekannt.[10]

(28) a. злоупотребить: */zl-o-u-potr'eb'-i-t'/* ('ausnutzen, missbrauchen')
b. путешествовать: */put'-e-še-stv-ova-t'/* ('reisen')
c. лежебока: */lež-e-bok-a/* ('Faulpelz')

Auch im Deutschen scheinen Komposita mit verbaler Erstkomponente relativ selten zu sein. Lässt sich das erklären? Was ist so besonders an der Anfangsposition, dass sich verbale Stämme hier offenbar schwer tun?

Bei der Art von Komposita, die wir bisher kennengelernt haben, verhält es sich so, dass das erste Element stets die Bedeutung des zweiten Elements einschränkt: Langsamsprechen ist eine bestimmte Art zu sprechen, Radfahren ist eine bestimmte Art zu fahren, Singvogel ist eine bestimmte Art von Vogel, Trinkfestigkeit ist eine bestimmte Art von Festigkeit, und Spazierengehen ist eine bestimmte Art von Gehen. Da das zweite Element offenbar systematisch die semantische Kategorie des Kompositums bestimmt, wird es in der Linguistik als der semantische Kopf bezeichnet. Das modifizierende Element heißt Dependent oder Modifizierer.

Und nicht nur in lexikalisch-semantischer Hinsicht bestimmt das zweite Element das Geschehen. Es bringt auch die grammatische Bedeutung des Kompositums in die Spur. Das erkennt man an N+N Komposita, bei denen die beteiligten nominalen Stämme in unterschiedliche Genusklassen gehören. Das Lexem *пылесосомышь* ('Staubsaugermaus', s. Abb. 5.3) ist ein feminines Nomen, weil *мышь* feminin ist (*пылесос* ist maskulin).[11] Und *коронавирус* ist ein maskulines Nomen, weil *вирус* maskulin ist (*корона* ist feminin).

[10] Das Beispiel *лежебока* verdanke ich Elena Sheiko. Belege für A+V und N+V sind extrem selten; auch die von mir hier angeführten Beispiele sind streitbar.

[11] https://lenta.ru/news/2008/02/26/vacuum

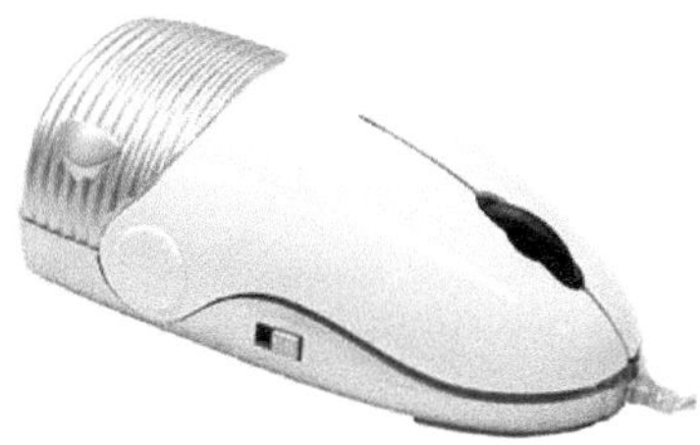

Abb. 5.3: Staubsaugermaus

Abschließend für diesen Abschnitt noch ein interessantes Kompositum, das sich aus drei Stämmen aufbaut.

(29)

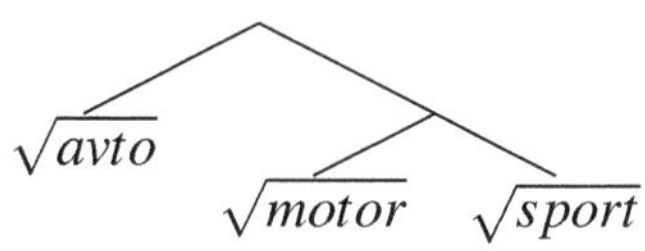

(29) dekomponiert das Wort *автомотоспорт*. Dieses bezeichnet eine Abteilung des Motorsports, die selbst wiederum eine Abteilung des Sports im Allgemeinen ist. Diese Bedeutungsstruktur kommt sprachlich dadurch zum Ausdruck, dass das Lexem in zwei Ableitungsschritten gebildet wird. Der unabgeleitete Stamm *sport* fungiert zunächst als Kopf, dessen Bedeutung durch den unabgeleiteten Stamm *motor* modifiziert wird. Der so abgeleitete Stamm *мотоспорт* fungiert daraufhin als Kopf, dessen Bedeutung durch den unabgeleiteten Stamm *avto* weiter verengt wird.

Jetzt fragen Sie sich sicher, wo denn der Auslaut *r* des Morphems *motor* in *автомотоспорт* geblieben ist. Gute Frage. So genau weiß ich das nicht. Aber nach den Regeln der Komposition im Russischen müsste nach dem Modifizierer *мотор* eigentlich ein Fugenelement *o* erscheinen. Das würde dann im Ergebnis *моторо-* (*мотороспорт*, *мотороцикл*, *моторосани*, ...) ergeben. Womöglich ist das den Sprecherinnen angesichts der vielen o's irgendwie zu unhandlich und man clippt einfach rechtsseitig eine Silbe ab? Wird das Morphem in der Derivation verwendet, zu der ich jetzt komme, so erscheint es jedenfalls als *мотор-* (*моторный*, *мотористка*, *моторчик*, ...).

5.5.2 Die Derivation

Mit dem Wortbildungsverfahren der Derivation hat man es zu tun, wenn sich eine lexikalische Basis und ein Affix zu einem neuen Stamm verbinden. Der Begriff der "lexikalischen Basis" wurde im vorigen Abschnitt eingeführt. Es handelt sich um einen Komplex von Morphemen, der stammfähig ist, soll heißen, der als Stamm für mögliche Wortformen herhalten kann, aber nicht muss. Im Minimalfall besteht eine lexikalische Basis aus einem Morphem, dem Wurzelmorphem (unabgeleiteter Stamm).

An die lexikalische Basis tritt ein Affix, und es entsteht eine neue lexikalische Basis, also ein neuer möglicher Stamm. Der Begriff "Affix" wurde in Kapitel 4 ausführlich erklärt. An der Derivation beteiligte Affixe nennt man auch "derivationale Affixe". Auch der Begriff "lexikalisches Affix" ist passend: Da sie an der Stammbildung beteiligt sind, applizieren derivationale Affixe in "Phase 1" (vgl. Kapitel 3) , also in der lexikalischen Phase der Wortformbildung.

Affixe, die für die Derivation relevant sind, kommen vor allem als Präfixe oder Suffixe vor – je nachdem, ob sie an die lexikalische Basis "von links" (Präfixe) oder "von rechts" (Suffixe) applizieren.

Ein paar Beispiele:

(30)

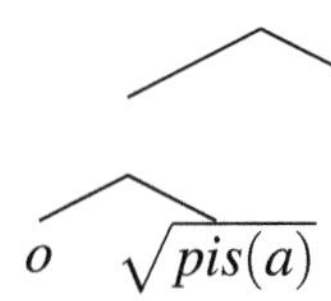

(30) zeigt den Aufbau der Wortform *opisat'* ('beschreiben'). Wir sehen, dass zunächst im Lexikon durch das Herantreten des Präfixes *o-* an die Wurzel *pis(a)*[12] ('schreiben') der Stamm *opis(a)* gebildet wird. Damit ist die lexikalische Bedeutung festgelegt, und es erfolgt in Phase 2 die grammatische Bedeutungsspezifikation durch das Herantreten der Infinitivendung *-t'*.

(31)

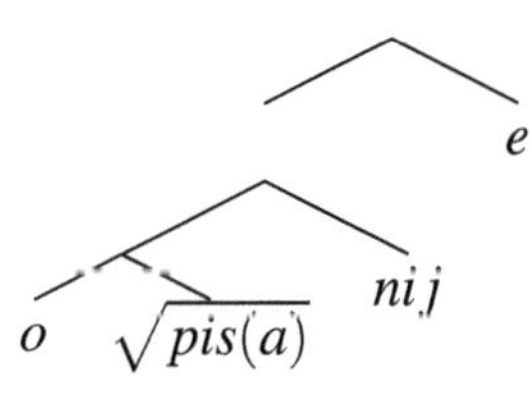

12 Der Vokal *a* gehört eigentlich nicht zur Wurzel. Es handelt sich um einen sog. Themavokal. Themavokale spielen in der Morphologie der russischen Verben eine zentrale, teilweise unverstandene Rolle. Ich werde auf dieses Thema in Kapitel 8 etwas genauer eingehen.

In (31) wird die interne Struktur der nominalen Wortform *opisanie* ('Beschreibung') abgebildet. An den verbalen Stamm (Basis) *opisa-* ('beschreiben') tritt das Suffix *-nij*. Dieses Affix hat die Funktion, die Transformation eines verbalen Konzepts in ein nominales Konzept anzuzeigen. Im Ergebnis steht der nominale Stamm *opisanij-* mit der Bedeutung 'Beschreibung'. Wie stets kann dieses Lexem, je nachdem, in welchem grammatischen Kontext es verwendet wird, mit verschiedenen grammatischen Endungen syntaktifiziert werden ("syntaktifiziert werden" heißt hier soviel wie "als Wortform im Satz Gestalt annehmen"): *opisanie*, *opisanija*, *opisaniju*, ...

Lehmann (2013: 219-220) nennt als weitere Möglichkeit der Derivation die "Postfigierung", in der das Postfix -ся/*-sja* als Wortbildungsmittel an eine verbale Basis tritt und einen neuen verbalen Stamm, und somit ein neues Lexem, ableitet. Das Beispiel ist:

(32) обнимать ('etw./jmd. umarmen')
$\rightarrow$ обниматься ('sich gegenseitig umarmen')

In der Tat unterscheiden sich die zwei Verben in (32) in ihrer lexikalischen Grundbedeutung. Durch das Postfix wird offensichtlich das Element der Reziprozität in die Bedeutung eingebracht, also dass die Handlung des Umarmens von zwei (oder mehr) Protagonisten wechselseitig vollzogen wird.

Ich erlaube mir an dieser Stelle einen kleinen Exkurs zum Postfix *-sja*. In Kapitel 4 hatten wir, der Argumentation von Plungjan (2000a) folgend, das Element *-sja* als ein Morphem kennengelernt, dass aufgrund seiner formalen Eigenschaften "fast schon ein Affix" ist. Wendet man sich der Bedeutungsseite dieses Elements zu, so kann man feststellen, dass es in Verbindung mit verschiedenen Verben recht verschiedene Funktionen erfüllt.

(33) a. *Mal'čik dolgo myl**sja**.*
b. *Oni obnimali**s'** i plakali.*
c. *Dom stroil**sja** znamenitym architektorom.*
d. *Kniga čitaet**sja** na odnom dychanii.*
e. *Dver' zakryla**s'**.*
f. *Sobaka ne kusaet**sja**.*
g. *Ona ulybaet**sja**.*

Die lexikalischen Bedeutungen der in (33) vorkommenden Verblexeme sind: MYT' 'waschen', OBNIMAT' 'umarmen', STROIT' 'bauen', ČITAT' 'lesen', ZA-

KRYT' 'schließen', KUSAT' 'beißen', ULYBAT'SJA 'lächeln'. Alle diese Bedeutungen beschreiben Szenen, in denen der Agens (= das die Handlung willentlich initiierende Subjekt) etwas wäscht, umarmt, baut, liest, schließt oder beißt (das "etwas" kann eine Person oder eine Sache sein). Das heißt, sie beschreiben Szenen mit zwei für die jeweilige Handlung konstitutiven Situationsmitspielern. Ein Waschen, ohne dass man etwas wäscht, ist kein Waschen. Ein Umarmen, ohne dass man etwas umarmt, ist kein Umarmen. Ein Bauen, ohne dass man etwas baut, ist kein Bauen. Usw. Man sagt, diese Verben haben eine zweistellige Valenz (sie sind transitiv). Die Ausnahme ist 'lächeln', denn man lächelt nicht etwas.[13] Das Verb *ulybat'sja* hat also keine zweistellige Valenz.

Jetzt kommt das Postfix semantisch ins Spiel. Seine Anwesenheit signalisiert, dass einer der zwei Situationsmitspieler, die das Verb kraft seiner lexikalischen Bedeutung beschreibt, an der Satzoberfläche unausgedrückt bleibt. Dies zu signalisieren ist, grob gesagt, sein Beitrag zur Satzbedeutung, seine semantische Aufgabe. Man beachte, dass es im Standardrussischen keine stammfähige Form *ulybat'* gibt.[14] Hier gehört das Element *sja* also zum Basislexem.

Übersetzen Sie bitte die Sätze in (33) und überlegen Sie: Welcher Situationsmitspieler wird jeweils durch das Postfix "unterdrückt"?

Haspelmath & Sims (2010:146) weisen darauf hin, dass Derivationsaffixe mitunter semantische Köpfe sein können. Was ein semantischer Kopf ist, haben wir im vorigen Abschnitt erfahren: Dasjenige von zwei sich verbindenden Elementen *a* und *b*, das die lexikalisch-semantischen und ggf. grammatischen Eigenschaften der Verbindung *ab* bestimmt.

Auch wir haben schon einen Fall kennengelernt, in dem es das Affix ist, das den semantischen Kopf der Wortbildung stellt, nämlich (31). In dem Beispiel bestimmt das Morphem *-nij* die Wortartzugehörigkeit des Derivats. Während die Basis *opisa-* ein verbaler Stamm ist, ist das Derivat *opisanij* ein nominaler Stamm, der syntaktifiziert entsprechend eine nominale Wortform ergibt, z.B. *описание*.

Das Präfix *o-* in (30) und (31) sowie das Postfix *-sja* in (32) sind klarerweise

[13] Man kann zwar etwas lächeln, aber das ist nicht gemeint. Ich hoffe, es ist verständlich, was ich meine.

[14] In der Umgangssprache existieren diese Formen allerdings, etwa in *Меня это улыбнуло* ('Das lies mich lächeln'). Dank an Hanna Bazanava für diesen Hinweis.

keine semantischen Köpfe. Beschreiben ist eine bestimmte Art von Schreiben.[15] Und wechselseitiges Umarmen ist eine bestimmte Art des Umarmens. In diesen Fällen ist also jeweils das Verb der Kopf des Derivats. Das Präfix bzw. Postfix ist der Dependent bzw. Modifizierer.

5.5.3 Die paradigmatische Derivation

Der von Lehmann (2013) für dieses Wortbildungsverfahren gewählte Name ist etwas sperrig. Und auch der damit bezeichnete Prozess ist nicht ganz einfach zu verstehen. Gemeint ist Folgendes: Von einer Basis A wird ein neuer Stamm B abgeleitet, ohne dass sich A und B in ihrer Morphemstruktur unterscheiden würden. Dass es sich bei B trotz formaler Identität mit A tatsächlich um einen neuen Stamm handelt, erkennt man erst daran, dass B durch ein anderes Inventar an grammatischen Endungen syntaktifiziert wird als A. Dass B ein anderes Formenparadigma ausbildet als A, liegt daran, dass mit dem Ableitungsschritt von A zu B ein Wechsel der lexikalischen Wortklasse einhergeht. Schnell ein paar Beispiele.

Die lexikalische Basis *раб-*, die nur aus einem Wurzelmorphem besteht, bedeutet 'Sklave'. Wenn diese Basis in Phase 2 syntaktifiziert wird, dann entsteht eine der folgenden Wortformen: *раб* (Nom.Sg), *раба* (Gen.Sg), *рабу* (Dat.Sg), *раба* (Akk.Sg), *рабом* (Ins.Sg), *рабе* (Lok.Sg), *рабы* (Nom.Pl), *рабов* (Gen.Pl), *рабам* (Dat.Pl), *рабов* (Akk.Pl), *рабами* (Ins.Pl) oder *рабах* (Lok.Pl).

(34) zeigt beispielsweise die Struktur der Nominativ Singular Wortform *раб*. Die Tatsache, dass diese grammatische Wertekombination (Nom.Sg) dadurch zum Ausdruck gebracht wird, dass die Wortform (im Gegensatz zu allen anderen möglichen Kasus-Numerus-Kombinationen) keine Endung trägt, wird hier durch ein Nullmorphem (∅) widergegeben.

(34)

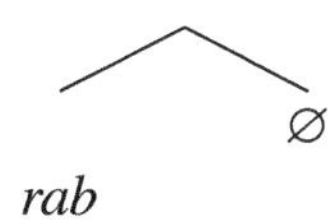

Und an dieser Stelle nun kommt der entscheidende Punkt: Von der lexikalischen Basis *раб-*, nennen wir sie von nun an *раб-*$_1$, kann qua paradigmatischer Derivation ein neuer Stamm *раб-*$_2$ abgeleitet werden.

[15] Wobei hier eine Bedeutungserweiterung zu verzeichnen ist, da man schreiben im Normalfall wohl nur im Rückgriff auf Schriftzeichen kann, während Beschreibungen auch mit anderen Ausdrucksmitteln geschaffen werden können. Aber vergleiche *pisat' kartinu* ('ein Bild malen').

Wenn *раб*-$_2$ in Phase 2 syntaktifiziert wird, entstehen andere Wortformen als wenn *раб*-$_1$ als Stamm dient. Folgende Wortformen können entstehen (Pluralformen sind für dieses Lexem ungebräuchlich): *раба* (Nom.Sg), *рабы* (Gen.Sg), *рабе* (Dat.Sg), *рабу* (Akk.Sg), *рабой*/ *рабою* (Ins.Sg) oder *рабе* (Lok.Sg).

Die Bedeutung von *раб*-$_2$ ist 'Sklavin', und daran erkennt man, was hier vor sich geht. Während der Stamm *раб*-$_1$ zur lexikalischen Klasse der Maskulina gehört, gehört der Stamm *раб*-$_2$ zur lexikalischen Klasse der Feminina. Das ist es, was oben mit "Wechsel der lexikalischen Wortklasse" gemeint war. Man könnte auch sagen: Mit dem Schritt von *раб*-$_1$ zu *раб*-$_2$ ist ein lexikalischer Paradigmenwechsel vollzogen worden. Deswegen heißt dieser Mechanismus der Bildung eines neuen Wortstamms "paradigmatische Derivation". (35) stellt das Wortbildungsverfahren als Baumdiagramm dar:

(35)

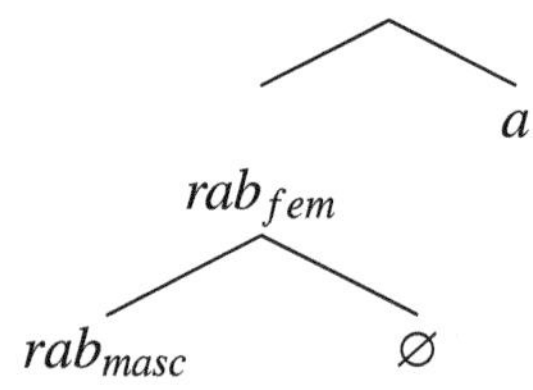

Da die paradigmatische Derivation, anders als alle anderen Bildungsverfahren für neue Stämme, die wir bisher kennengelernt haben (Komposition, Derivation), mit keiner morphologischen Veränderung der Basisform einhergeht, bleibt uns nichts anderes übrig, als ein Nullmorphem anzunehmen. Dieses "Nullteilchen" ist sozusagen der Preis, den wir jetzt dafür bezahlen müssen, dass wir die theoretische Entscheidung getroffen haben, vom radikalen Teilchenmodell auszugehen.[16]

Ein anderes bekanntes Beispiel für eine paradigmatische Derivation ist die Ableitung des femininen Lexems *супруга* ('Ehefrau') von dem maskulinen Lexem *супруг* ('Ehemann').

Doch nicht nur lexikalische Genusklassen können durch die paradigmatische Derivation wechseln, sondern z.B. auch lexikalische Wortarten.[17]

Ein Beispiel für eine paradigmatische Derivation von einer Wortart in eine andere zeigt (36).

---

[16] Ein (lexikalisches) Wortbildung-Nullmorphem ist viel schwieriger zu rechtfertigen als ein (grammatisches) Flexions-Nullmorphem. Denn grammatische Kategorien bilden einen endlichen Pool von alternativen Formen (Kap. 1), und wenn es sich nun so verhält, dass nur eine der Alternativen keine eigene Form hat, so wird das Fehlen dieser Form angesichts der Anwesenheit von Formen in allen anderen Fällen zu einem positiven Signal.

[17] Die Begriffe "lexikalische Genusklasse" und "lexikalische Wortart" sind Pleonasmen.

(36)

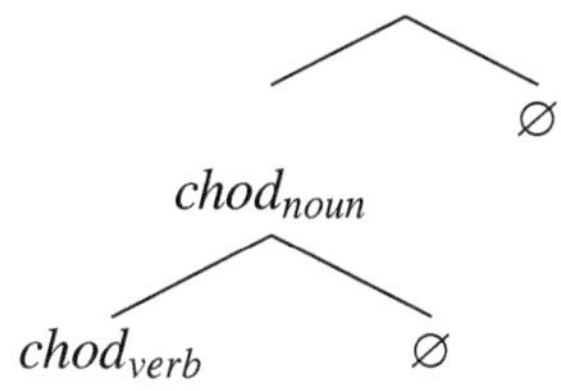

Das Wurzelmorphem *chod-* bedeutet ‘gehen’. Es kann als Wortstamm zur Bildung von Verbformen dienen.[18] Von ihm kann aber auch ein gleichlautender Stamm *chod-*$_2$ abgeleitet werden, der dann zur Bildung von Nominalformen mit der Bedeutung ‘Gang’ dient. (36) zeigt die Ableitung der endungslosen Nominalform *ход* (Nom.Sg), wie sie etwa in *ход событий* (‘Gang der Ereignisse’) vorkommt.

Ist Ihnen aufgefallen, dass wir angesichts dieses Wortbildungsverfahren unsere in (26) formulierte Definition von Wortbildung weiter präzisieren müssen? Denn im Falle der paradigmatischen Derivation wird die lexikalische Basis ja gar nicht formal manipuliert – die formale Änderung betrifft vielmehr die Endung(en). Also:

(37) **Definition Wortbildung (endgültige Version):** Wortbildung ist die erkennbare inhaltliche Manipulation einer lexikalischen Basis derart, dass im Ergebnis ein neuer Wortstamm (und somit ein neues Lexem) entsteht.

“Erkennbar” kann ein Wortbildungsschritt sein, weil die Form der lexikalischen Basis verändert wird oder weil sich das Endungsinventar ändert.

5.5.4 Die Konversion

Als “Konversion” bezeichnet Lehmann (2013:220) das Wortbildungsverfahren, aus dem Wortformen wie die folgenden hervorgehen:

(38) a. *начинающий* (‘Anfänger’)
b. *сладкое* (‘Dessert’)
c. *первое* (‘Vorspeise/erster Gang’)
d. *бегóм* (‘im Laufschritt’)
e. *ночью* (‘nachts’)

[18] In diesem Fall tritt ein Themavokal an *chod-*, vgl. Kapitel 8.

Was sofort auffällt, ist, dass es sich bei diesen Ausdrücken jeweils um Formen handelt, die rein formal zu einer anderen Wortart gehören als zu jener, zu der sie in (38) tatsächlich gehören. So ist *начинающий* eigentlich ein Adjektiv[19], fungiert hier aber als Nomen. Ebenso adjektivisch ist *сладкое*, und *первое* ist ein numerales Adjektiv. Die eigentliche Nominalform *бегом* (Instrumental, Singular, Maskulin) hat sich als Adverb im Lexikon etabliert, genau wie die eigentliche Nominalform *ночью* (Instrumental, Singular, Feminin).[20]

Diese Wortformen haben eine wörtliche (eigentliche) Bedeutung und eine übertragene Bedeutung. Das Besondere ist: Nicht nur in ihrer wörtlichen Bedeutung, sondern daneben auch in ihrer übertragenen Bedeutung sind sie im Lexikon als (voneinander verschiedene) Lexeme registriert.

(39) fasst die wörtliche Dimension der Formen inklusive ihrer lexiklischen Ausgangsbedeutungen zusammen (die Bedeutungen der Formen selbst können Sie in (38) ablesen):

(39) a. *начинающий*: deverbales Adjektiv (Partizip); NOM,SG,M,LF; lexikalische Bedeutung: 'anfangen'
b. *сладкое*: Adjektiv; NOM,SG,N,LF; lexikalische Bedeutung: 'süß'
c. *первое*: Adjektiv; NOM,SG,N,LF; lexikalische Bedeutung: 'erst-'
d. *бегом*: Nomen; INS,SG,M; lexikalische Bedeutung: 'Lauf'
e. *ночью*: Nomen; INS,SG,F; lexikalische Bedeutung: 'Nacht'

Die von den Wortformen in (38) repräsentierten Lexeme sind dahingehend besonders, dass – anders als in allen zuvor besprochenen Wortbildungsverfahren – der Stamm nicht modifiziert wird, um einen neuen Stamm zu bilden. Die Genese ist eine andere. Hier hat sich eine syntaktifizierte Form (also eine Wortform) durch häufigen Gebrauch in immer demselben Kontext in einer neuen Funktion im Lexikon etabliert. Gut lässt sich das an *сладкое* und *первое* nachvollziehen: Diese Adjektive traten und treten so regelmäßig im situativen Kontext eines Restaurantbesuchs als linke Nachbarn von *блюдо* ('Gericht, kulinarisch') auf, dass die Nennung des Kopfnomens *блюдо* entbehrlich wurde, ohne dass der Kommunikationserfolg dadurch gefährdet wäre. Aus Gründen der Sprachökonomie (kommunikative Ressourcen werden effizient eingesetzt, vgl. Sperber & Wilson 1986) wurde das entbehrliche Element schließlich nicht

[19] Ich zähle Partizipen, denn um ein solches handelt es sich hier (Partizip Präsens Aktiv), zu den Adjektiven.

[20] Zu letzteren Beispielen vergleiche den Abschnitt "Das Adverb" in Kapitel 2.

mehr artikuliert, weil inzwischen die Adjektivform allein die Bedeutung der Nominalphrase (*сладкое блюдо, первое блюдо*) trägt. In dieser Bedeutung wurde das Adjektiv von den Sprecherinnen und Sprechern memorisiert. Aus der ursprünglichen Adjektivform *сладкое* (39b) ist auf diese Weise eine Nominalform *сладкое* (38b) geworden.

Im grammatischen Informationssystem *grammis* wird der Prozess der "Konversion" wie folgt definiert (https://grammis.ids-mannheim.de/). Passt diese Definition besser zu den in Abschnitt 5.5.3 oder den in Abschnitt 5.5.4 behandelten Bildungen?

Konversion ist ein Wortbildungsprozess, bei dem ohne Wortbildungsmittel ein Wort in eine andere Wortart überführt wird. Die Zugehörigkeit zu einer Wortart kann durch Flexionsaffixe sichtbar werden, die damit die neuen Eigenschaften des Wortstammes kennzeichnen.

5.5.5 Besondere Arten der Komposition

Im letzten Abschnitt dieses Kapitel gehe ich nun noch auf drei besondere Formen der Komposition ein. Die aus ihnen resultierenden Lexeme werden als kopfinitiale, exozentrische und appositionelle Komposita bezeichnet.

Das Verfahren der Komposition wurde in 5.5.1 mit Haspelmath & Sims (2010) so definiert: Ein Kompositum ist ein komplexes Lexem, das aus zwei (oder mehr) Basislexemen besteht. Als "klassische Komposition" hatte ich dort den Fall bezeichnet, bei dem die zweite lexikalische Basis in der Linearisierung (= die erste in der hierarchischen Struktur) den semantischen Kopf des Kompositums bildet.

Zur Wiederholung: Der Terminus "semantischer Kopf" bezeichnet dasjenige von zwei vereinigten Elementen, das dem aus der Vereinigung entstehenden neuen, komplexen Element seine Eigenschaften sozusagen vererbt. Das deutsche Wort *Sporthalle* besteht offensichtlich aus den zwei Basislexemen *Sport* und *Halle*. *Sport* ist maskulin, und *Halle* ist feminin. Daran, dass das Kompositum *Sporthalle* feminin ist, kann man erkennen, dass *Halle* hier den semantischen Kopf bildet. *Sporthalle* "erbt" also seine Genusklasse von *Halle*. Und nicht nur die. Auch die Tatsache, dass *Sporthalle* ein Nomen ist, ist eine von *Halle* ererbte Eigenschaft. Das erkennt man, wenn man sich das quasisynonyme Kompositum *Turnhalle* anschaut, denn dieses besteht aus einer verbalen Basis (*turn*) und einer nominalen (*Halle*), und ist selbst ein Nomen.

Komposita der Art *Sporthalle* ("klassische Komposita") nennt man kopffinal. Der Grund sollte offensichtlich sein. Das Russische kennt daneben auch kopfinitiale Komposita. Hier ein paar Beispiele:

(40) a. *собака-поводырь* ('Blindenhund')
b. *лягушка-бык* ('Ochsenfrosch')
c. *лошадь-качалка* ('Schaukelpferd')
d. *музыкант-виртуоз* ('virtuoser Musiker')

Welches Genus haben die Komposita in (40) jeweils? Es heißt *хорошая собака-поводырь* (und nicht etwa: *хороший собака-поводырь*), und es heißt *большая лягушка-бык* (und nicht etwa: *большой лягушка-бык*). Damit können wir konstatieren, dass bei dieser Art der Komposition das erste Element den semantischen Kopf stellt. Im Fall von *музыкант-виртуоз* und *лошадь-качалка* funktioniert diese Diagnostik nicht, da beide Basislexeme jeweils zum selben Genus gehören.

Hier ist es also jeweils das zweite Element, das den Referenzbereich (die Extension) des ersten Elements einschränkt: die Menge aller Blindenhunde ist eine Telimenge der Menge aller Hunde; die Menge aller virtuosen Musiker ist eine Teilmenge der Menge aller Musiker, usw. Dasjenige Element, das semantisch eingeschränkt wird, legt sozusagen die lexikalische Grundkategorie fest, die durch das einschränkende Element nicht mehr verschoben, sondern nur noch eingeengt wird. Der semantische Kopf liefert die lexikalische Grundkategorie des Kompositums, der Modifizierer spezifiziert sie.

Sowohl kopfinitiale Komposita als auch kopffinale Komposita sind endozentrisch. Damit ist gemeint, dass der semantische Kopf "innerhalb" (endo-) des jeweiligen Kompositums ausdrücklich vorkommt (vgl. Haspelmath & Sims 2010:139). Daneben gibt es exozentrische Komposita. Ein Beispiel aus dem Russischen wäre etwa *молокосос* ('Grünschnabel, Milchbubi, Greenhorn'). Auch dieses Lexem besteht aus zwei Basislexemen, die in diesem Fall jeweils "einmorphemig" sind: der nominalen Wurzel *молок* ('Milch') und der verbalen Wurzel *сос* ('saugen'). Dazwischen tritt das uns schon bekannte Interfix *о*. Das Kompositum bezeichnet nun aber weder eine bestimmte Art von Milch, noch eine bestimmte Art des Saugens. Was *молокосос* tatsächlich bezeichnet ist eine bestimmte Art von Person. Die lexikalische Grundkategorie kommt in diesem Kompositum explizit nicht vor – deswegen wird es exozentrisch genannt. Da die Grundkategorie bei exozentrischen Komposita assoziativ inferiert wird, umhüllt diese Bildungen eine besonders kreative Aura.

Ein anderes Beispiel wäre *носорог*. Auch die deutschsprachige Entsprechung *Nashorn* ist im Übrigen ein exozentrisches Kompositum (ebenso wie oben *Grünschnabel*), denn es handelt sich bei einem Nashorn ja um eine Art von Tier und nicht um eine Art von Horn. Ich schlage vor, die Binnenstruktur der Nominalform mit der Wertefixierung Nominativ Singular Maskulin wie folgt zu analysieren:

(41)

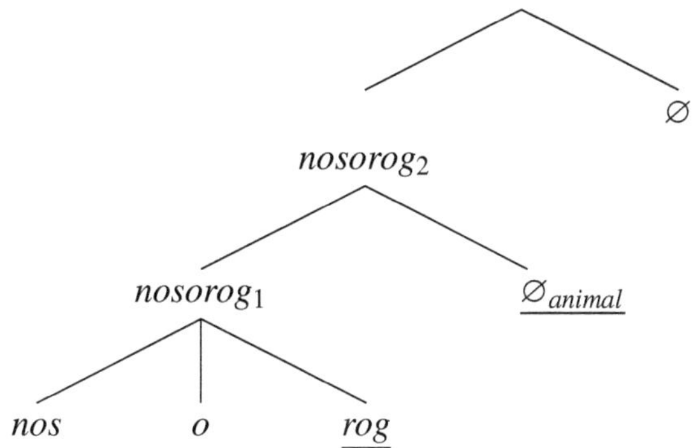

Die semantischen Köpfe sind in (41) durch Unterstreichungen markiert. In einem ersten Schritt wird $nosorog_1$ gebildet: ein Kompositum, welches eine bestimmte Art von Horn bezeichnet (ein Horn, das sich dort befindet, wo man die Nase vermuten würde). In einem zweiten Schritt wird durch einen immateriellen semantischen Kopf $\varnothing_{animal}$ dann $nosorog_2$ gebildet: ein Kompositum, welches ein Tier bezeichnet, das ein solches Horn besitzt. Damit endet der Stammaufbau (Phase 1). Danach folgt noch die Syntaktifizierung durch Anfügen der Endung (Phase 2). Diese ist im Falle Nominativ Singular Maskulin ebenfalls immateriell.

Die Annahme eines Nullelements, wie ich es oben vorgeschlagen habe, ist sicherlich bestreitbar, aber nicht unüblich (vgl. Berger 2006:80). Es handelt sich hier um den Versuch, die Intuition der Exozentrik dieser Wortbildungen strukturell widerzugeben, also dass die semantische Grundkategorie "außerhalb" des explizit gegebenen sprachlichen Materials festgelegt würde.

Sammeln Sie weitere exozentrische Komposita des Russischen und Deutschen.

Jetzt seien abschließend wenigstens noch kurz die appositionellen Komposita erwähnt. Diese zeichnen sich dadurch aus, dass keiner der zwei lexikalischen

Basisstämme, aus denen das Kompositum aufgebaut ist, den semantischen Kopf stellt. In der russischen Akademiegrammatik (Švedova et al. 1980:242) ist entsprechend von einer "gleichberechtigen Beziehung der Stämme" (равноправное отношение основ) die Rede.

(42) a. *железобетон* ('Stahlbeton')
b. *лесостепь* ('Waldsteppe')
c. *глухонемой* ('taubstumm')

Stahlbeton ist weder eine spezielle Art von Beton, noch eine spezielle Art von Stahl, sondern ein Verbundwerkstoff aus Beton und Stahl. Eine Waldsteppe ist eine "Vegetationsform im Grenzbereich zwischen sommergrüner Laubwaldregion und Steppe" (www.spektrum.de). Das heißt, das, was hier jeweils durch das Kompositum bezeichnet wird, hat Eigenschaften von beiden lexikalischen Basen in gleichem Maße. Stahlbeton ist alles, was gleichzeitig sowohl aus Stahl, als auch aus Beton ist. Waldsteppe ist alles, was gleichzeitig sowohl Wald, als auch Steppe ist. Diese "Schnittmengenbedeutung" wird auch mit dem Adjektiv *глухонемой* kommuniziert, obwohl es in Wirklichkeit nicht stimmt. Die meisten Menschen, die mit diesem Wort bezeichnet werden, sind nämlich gar nicht stumm (wohl aber taub). Vor diesem Hintergrund hat sich im Deutschen zu *taubstumm* die korrektere Alternative *gehörlos* etabliert.

Ich hatte oben gesagt, dass appositionelle Komposita keinen semantischen Kopf haben. Sie können aber einen morphologischen Kopf haben. Welches Beispiel in (42) zeigt das?

Lieber (2009, 2016) weist darauf hin, dass die Art der Bedeutung der zwei koordinierten Elemente in diesen Komposita (die sie *coordinate compounds* nennt), identisch sein muss. So sind z.B. Eisen und Beton beides Baumaterialien, und Wald und Steppe sind beides Landschaftsarten. Zu behaupten, das entstehende Lexem denotiert immer eine Mischung aus den zwei Dingen, wäre im Übrigen zu stark. Schließlich bezeichnet das Adjektiv *чёрно-белый* nicht die Farbe Grau. Tatsächlich entscheidet der Kontext, ob das appositionelle Kompositum eine Sache bezeichnet, die eine Mischung der zwei Komponenten darstellt, oder eine Sache, die sich teilweise aus dem einen und teilweise aus dem anderen zusammensetzt. Diese sprachliche Mehrdeutigkeit kann orthografisch aufgelöst werden, wie in den zwei deutschen Sätze in (43):

(43) a. *Galatasaray spielt in orangeroten Trikots.*
b. *Galatasaray spielt in orange-roten Trikots.*

In (43a) spielt Galatasaray in einfarbigen Trikots, in (43b) in zweifarbigen.

6 Benennungen und Beschreibungen

6.1 Überblick

Wie das vorige Kapitel hoffentlich bereits gezeigt hat, ist Wortbildung ein faszinierendes Thema. In diesem Kapitel möchte ich dies noch weiter herausarbeiten, indem ich besonders auf den kreativen Aspekt von Wortbildungen hinweise. Mit diesem Aspekt in Verbindung steht eine prinzipielle Schwierigkeit, mit der sich die Sprachwissenschaft angesichts von Wortbildungen konfrontiert sieht. Die Linguistik möchte nämlich gerne Aussagen darüber treffen, was mögliches Sprachverhalten der Menschen ist und was nicht. Im Bereich der Wortbildungen ist es aber unheimlich schwer, diesbezüglich korrekte Voraussagen zu treffen. Wir werden sehen, warum das so ist.

Wie erwähnt verfügen die slavischen Sprachen über einen großen Reichtum an Wortbildungsmitteln. Die Akademiegrammatik der Russischen Sprache (Švedova et al. 1980) widmet diesem Thema nicht weniger als 319 (!) eng bedruckte Seiten. Angesichts dieser Vielfalt ist es wohl überflüssig zu erwähnen, dass ich hier nicht mehr als an der Oberfläche kratzen kann.

Eine wesentliche Botschaft dieses Kapitels lautet, dass neue sprachliche Strukturen grundsätzlich für einen von zwei Zwecken aufgebaut werden. Entweder, um etwas zu beschreiben, oder, um etwas zu benennen. Wortbildung dient dem Zweck der Benennung. Daraus, dass Wortbildung vom Zweck der Beschreibung entbunden ist, erklärt sich sein kreatives Potenzial. Es ist üblich, zwischen Einwortbenennungen (der klassischen Domäne der Wortbildung) und Mehrwortbenennungen zu unterscheiden. Tatsächlich aber ist eine klare Grenze zwischen beiden Bereichen schwer zu ziehen. Darum wird es in diesem Kapitel gehen. Aber der Reihe nach.

6.2 Gelingensbedingungen einer Neubildung

Warum ist Wortbildung so kompliziert, im Sinne von: so schwierig theoretisch zu beschreiben? Es geht bei der Wortbildung um sprachliche Verfahren, mit denen das Lexikon erweitert wird. Eine Sprecherin (oder ein Sprecher) kreiert qua Wortbildung ein neues Nomen, Verb oder Adjektiv. Warum sie das tut, kann verschiedene Gründe haben. Ganz allgemein können wir sagen: weil sie das neue Wort in der Sprechsituation, in der sie sich befindet, gemessen an ihrer kommunikativen Absicht, für zielführend hält.

Theoretisch könnte unsere Sprecherin sich eine x-beliebige neue Form überlegen, aber ihre Gestaltungsfreiheit ist natürlich durch eine fundamentale Bedingung beschränkt, die sie einhalten muss: das neue Wort soll vom Hörer (oder der Hörerin) auch verstanden werden. Die Benennung, die das neue Wort leisten soll, muss für den Hörer nachvollziehbar sein. Aber wie ist das zu gewährleisten, wenn das Wort doch neu ist?

Eine prinzipielle Möglichkeit ist, dass die Gesprächspartner das neue Wort verabreden, wenn sie vielleicht eng miteinander befreundet sind. Dann gehört das Wort zu ihrem ganz intimen (exklusiven) geteilten Wissen, und niemand außer den beiden wird das neue Wort verstehen. So haben beispielsweise Batman und Superman ein geheimes Wort verabredet, mit dem sie sich gegenseitig um Hilfe bitten. (1) verrät, wie es lautet. Das neue Wort ist, das sollte offensichtlich sein, durch eine semantische Umdeutung entstanden: das Lautereignis [bə'nænə'mʌfɪn] bezeichnet keine Art von Kuchen mehr, sondern bedeutet stattdessen "Hilfe".

(1) *Banana muffin*

Ist der Kreis der Eingeweihten etwas größer, fügt sich das neue Lexem in einen Exklusivwortschatz ein, wie er für Gauner-, Jugend- oder Fachsprachen charakteristisch ist. Als weitere Beispiele aus dem Bereich der Fiktion führe ich die Wörter in (2) auf. Es handelt sich um Wörter des englischen Jargons Nadsat aus dem Roman *A Clockwork Orange*, der von der Teenager-Gang um die Hauptfigur Alex gesprochen wird.

(2)
a. *droog* ('Freund')
b. *lewdies* ('Leute')
c. *chelloveck* ('Mensch')
d. *malchik* ('Junge')
e. *gulliver* ('Kopf')
f. *nadsat* ('Teenager')
g. *horrorshow* ('gut')

Fälle von verabredeten Neologismen ignorieren wir jetzt und stellen uns vor, die Sprecherin bildet ein neues Wort im Gespräch mit einem Menschen, den sie nicht kennt. Es stellt sich für sie implizit die Frage nach den Gelingensbedingungen ihrer Neubildung:

(3) Was muss ich beachten, damit mein neugeprägtes Wort verstanden wird?

Die Sprecherin weiß, dass ihr Gegenüber das betreffende Wort noch nie gehört hat (denn sie bildet es ja neu). Sie weiß aber gleichzeitig, dass sie und ihr Gegenüber, obwohl sie sich nicht kennen, einen gemeinsamen Wissenshorizont haben. Zum einen gibt es das, was man als kulturelles Hintergrundwissen bezeichnen kann, und zum anderen sprechen sie ja dieselbe Sprache. Die Sprecherin kann bei der Gestaltung ihrer Neubildung also auf zwei Wissensquellen zurückgreifen, nämlich (i) auf enzyklopädisches Wissen in dem Maße, wie man es von einem durchschnittlichen Gesprächspartner erwarten darf, und (ii) auf sprachliches Wissen über die gemeinsame Kommunikationssprache, die z.B. das Russische sein könnte.

Zur Ressource (ii) gehört insbesondere lexikalisches Wissen, also Wissen über all die *bereits existenten Wörter* des Russischen – wiederum in dem Maße, wie die Sprecherin es von einem durchschnittlichen Russischsprecher erwarten kann. Das Lexikon bereits existierender Wörter besteht aus Lexemen, die irgendwann von irgendeinem Mitglied der Sprachgemeinschaft "vorgeschlagen" und dann von anderen Mitgliedern der Sprachgemeinschaft "akzeptiert" wurden. Das einst neue Lexem hat sich sozusagen bewährt. Es wurde als plausibel und kommunikativ nützlich erachtet und in den gemeinsamen Wortschatz aufgenommen. Es hat sich etabliert, man sagt: lexikalisiert.

Einst "vorgeschlagene" Wörter müssen nicht immer Neuschöpfungen sein. Ganz und gar nicht. Das Lexikon ist, wie bereits in Kapitel 5 gesagt, voll von Entlehnungen aus anderen Sprachen. Auch semantische Umdeutungen auf Wort- oder Phrasenebene führen zur Lexikonerweiterung. Bunčić (in Vorb.a) bietet zu diesem Themenkomplex einen hervorragenden Überblicksartikel.

Dass sich Neuprägungen am lexikalischen Hintergrundwissen der Gesprächsbeteiligten ausrichten, lässt sich recht schön an den folgenden drei Komposita des Deutschen ablesen. Es handelt sich um verschiedene Arten von Covid-19-Schnelltests, die derzeit (2021) in den Schulen durchgeführt werden und die sich am kindlichen Lexikon orientieren.

(4) a. *Lollitest*
b. *Spucktest*
c. *Popeltest*

Die Formulierungen “vorgeschlagen” und “akzeptiert” habe ich oben bewusst in Anführungsstriche gesetzt. Dass sich das Lexikon einer Sprache dadurch erweitert, dass eine innovative Bildung von anderen akzeptiert und übernommen wird, ist richtig. Doch sollte man über die Art und Weise, wie sich dieser Prozess vollzieht, genau nachdenken. Wenn man das tut, wird man “vorschlagen” und “akzeptieren” für keine gut gelungenen Formulierungen halten. Um nachzuvollziehen, wie eine Lexikonerweiterung wirklich geschieht, muss man grundsätzlich zwei Ebenen der Betrachtung sorgfältig auseinanderhalten.

6.3 Exkurs: Sprachwandel

Die eine Betrachtungsebene ist die Mikroebene der individuellen Sprecherinnen und Sprecher. Auf dieser Ebene kreiert jemand an irgendeinem Ort zu irgendeiner Zeit für seine individuellen Zwecke ein neues Wort, und andere hören (oder lesen) das Wort, finden es nützlich und/oder cool und benutzen es fortan ebenfalls. Wieder andere hören es, finden es nützlich und benutzen es ebenfalls... Und so weiter. So breitet sich das inzwischen nicht mehr neue Wort in der Sprachgemeinschaft allmählich aus. Die andere Ebene ist die Makroebene. Das ist die Betrachtungsebene, von der aus wir gerne über “das Russische” oder “das Deutsche” sprechen. Aber so selbstverständlich wie uns diese Redeweise auch erscheinen mag, was ist “das Russische” (oder “das Deutsche” oder “das Kurdische” oder ...) ontologisch gesehen überhaupt?

Sprachen sind weder natürliche noch künstliche Dinge, sondern “Phänomene der dritten Art”:

> Phänomene der dritten Art sind immer zusammengesetzt aus einem Mikrobereich, der intentional ist, und einem Makrobereich, der kausaler Natur ist. Den Mikrobereich bilden die an der Erzeugung des Phänomens beteiligten Individuen bzw. ihre Handlungen [...] Den Makrobereich bildet die durch den Mikrobereich hervorgebrachte Struktur [...] Ein Phänomen der dritten Art ist die kausale Konsequenz einer Vielzahl individueller intentionaler Handlungen, die mindestens partiell ähnlichen Intentionen dienen. (Keller 2014:92-93)

“Vorgeschlagen” und “akzeptiert” habe ich oben in Anführungsstriche gesetzt, weil die Sprecherinnen und Sprecher (auf der Mikroebene) sich bei ihren individuellen sprachlichen Handlungen normalerweise keine Gedanken über die Auswirkungen machen, die ihre Sprechakte in der Summe für die Struktur auf der Makroebene haben. Unsere Sprecherin verfolgt nicht willentlich das Ziel, das Lexikon ihrer Sprache zu erweitern. Sie ist einzig an ihrem Kommunikationserfolg auf der Mikroebene interessiert. Was aussieht wie das Resultat eines absichtsvollen Plans entsteht in Wirklichkeit unwillentlich. Deswegen wird der auf der Makroebene einsetzende Sprachwandel als "invisible-hand-Prozeß" bezeichnet (Keller 2014:100).

Es gibt wichtige Ausnahmen, also Fälle, bei denen auf der Mikroebene gezielt versucht wird, auf die Makrostruktur Einfluss zu nehmen. Ein solcher Fall sind Genderlinguistische Diskurse. Diese sind dadurch gekennzeichnet, dass die Handelnden sehr wohl ein Bewusstsein für die Effekte ihrer Sprechakte auf der Makroebene haben. Ihr Streben geht dahin, dieses Bewusstsein auch bei anderen Sprecherinnen und Sprechern ihrer Sprachgemeinschaft zu wecken. Der Grund ist, dass sie mit der vorgefundenen Struktur ihrer Sprache unzufrieden sind und diese kollektiv (anders geht es ja nicht) ändern möchten.

Ein anderer Fall sind nationalistische Diskurse. Da "das Russische" (ebenso wie "das Deutsche", aber anders als "das Kurdische") den Status einer Nationalsprache hat, wird diese von den Sprecherinnen und Sprechern produzierte Sprachstruktur von staatlichen Akteuren politisch kultiviert und instrumentalisiert. Das ist in unserer Welt so normal, dass es vielen schon gar nicht mehr auffällt. Wer in einem solchen Diskursrahmen handelt, reifiziert (= verdinglicht) die Struktur der Makroebene, schreibt ihr womöglich besondere Eigenschaften zu – sie sei z.B. (facetten)reich und (ausdrucks)stark und die Sprache der Dichter und Denker – und reklamiert sie als Eigentum der Nation, das es im Sinne der Nation zu pflegen und zu verteidigen gilt. Etwa durch medien- oder schulrechtliche Maßnahmen oder durch ein Sprachschutzgesetz. Oder auch durch die Einrichtung eines staatlichen Feiertags (vgl. Abb. 6.1). Die Vorstellung geht so weit, dass man einer Sprache allen Ernstes sogar den Krieg erklären kann:

(5) *Войну* *русскому* *языку*
war.ACC.SG.F russian.DAT.SG.M.LF language.DAT.SG.M
объявляют *не* *только* *пещерные*
declare.PRS.IPFV.3PL not only cave.NOM.PL.M.LF
русофобы.
russophobe.NOM.PL.M
'Der russischen Sprache erklären nicht nur höhlenbewohnende Russophobe den Krieg.' (Putin)

Auf die innovative Neubildung *пещерные русофобы* des russischen Präsidenten kommen wir später noch einmal zurück.

Die zwei genannten Diskurse sind Beispiele für Sprachpflege, oder auch "geplanten Sprachwandel" (Keller 2014:128-129). Geplanter Sprachwandel funktioniert notwendigerweise immer so, dass man versucht, die Sprechenden mit irgendwelchen Mitteln zu einem bestimmten kollektiven Sprachverhalten zu bewegen. Die Mittel können darin bestehen, dass man mit Argumenten zu überzeugen versucht, dass das gewünschte Verhalten im Eigeninteresse der Sprecherinnen und Sprecher ist. Das ist der Ansatz der Genderbewegung. Oder darin, dass man gewaltvoll (z.B. per Gesetz) Tatsachen schafft, an denen die Menschen nicht vorbeikommen, so dass das gewünschte Verhalten nolens volens zu ihrem Eigeninteresse wird. Das ist der Hebel der Sprachpolitik.

Abb. 6.1: Tag der Sprache

Damit endet dieser kurze Exkurs und wir kehren zurück zu unserem eigentlichen Thema, der Wortbildung.

6.4 Wortbildungsreihen

Wenn man ein neues Wort bilden und benutzen möchte, so muss man Sorge tragen, dass dieses auch verstanden wird. Dazu orientiert man sich nicht zuletzt an dem bereits existierenden Wortschatz. Den existierenden Wortschatz können wir uns als eine Gesamtheit von (mehr oder weniger weit gediehenen) Lexikalisierungen vorstellen. Wir wissen nicht, warum sich nun gerade diese Lexeme (mehr oder weniger) durchgesetzt haben. Wir sehen lediglich das Ergebnis als den Status Quo, wenn wir zum Beispiel Textkorpora konsultieren.

Schauen wir uns das Lexikon des aktuellen Russischen an, so entdecken wir viele Lexeme, die ganz offensichtlich Wortbildungsprodukte sind. Ganz offensichtlich, weil ihr Stamm aus mehr als einem bedeutungstragenden Segment (Morphem) besteht. Wir entdecken Derivationsaffixe, Fugenelemente, zweite Wurzelmorpheme usw. Bei vielen anderen Lexemen hingegen besteht der Stamm nur aus einem einzigen Wurzelmorphem. In diesen Fällen ist nicht ersichtlich, dass das Lexem ein Wortbildungsprodukt wäre. Aber sind morphologisch nicht-komplexe Lexeme allesamt Entlehnungen? Wohl kaum. Doch wo kommen sie sonst her? Fallen lexikalische Wörter vom Himmel?

In gewisser Weise fallen Lexeme tatsächlich vom Himmel. Versetzen Sie sich in die Lage eines Kindes, das in eine Sprachgemeinschaft hineinwächst. Es lernt automatisch ganz viele lexikalische Wörter kennen, und diese sind – aus seiner Sicht – einfach da. Wie vom Himmel gefallen. Nun lernt das Kind die Wörter seiner Muttersprache aber nicht isoliert voneinander. Es verfügt über eine gewisse Sprachbewusstheit und stellt bei fortschreitendem Spracherwerb innerlexikalische Vergleiche an. Es registriert Muster in seinem Wortschatz. So kann ein Kind z.B. auf die Idee kommen, dass in dem Wort *Auto* das Wort *Au* steckt, und für sich folgern, dass das kein Zufall ist, und eine eigene Folktheorie entwickeln, etwa: “In *Auto* steckt *Au*, weil es weh tut, wenn man von einem Auto überfahren wird”. Das Beispiel stammt von meinem Sohn.

Der Wortschatz der Muttersprache stellt natürlich ein enormes Reservoir für innerlexikalische Vergleiche dar. Die These, dass in *Auto* das Morphem *Au* steckt, wird mein Sohn früher oder später fallen lassen. Dafür werden sich andere Hypothesen erhärten. Er wird vielleicht später auf die Idee kommen, dass *Impfstoff* aus den zwei Elementen *impf* und *stoff* besteht. Sein Gedanke wird dadurch ausgelöst und gestützt, dass es in seinem mentalen Lexikon Reihen wie in (6) und (7) angedeutet gibt. Man spricht auch von Komposita-Familien. (6) ist eine Kopffamilie und (7) eine Modifiziererfamilie (Schlücker & Plag 2011).

(6) a. *Impfstoff*
b. *Sprengstoff*
c. *Treibstoff*
d. *Brennstoff*
e. ...

(7) a. *Impfstoff*
b. *Impfausweis*
c. *Impftermin*
d. *Impfdrängler*
e. ...

Das Bewusstsein für solche Familien lädt zu Analogiebildungen ein. Wenn eine Benennung für ein neu entdecktes (oder für ein neu als bezeichnungswürdig erachtetes) Phänomen gesucht wird, kann nach dem Muster der Reihe eine Neubildung "vorgeschlagen" werden. Das russische Beispiel *квартиротека* hatte ich diesbezüglich in Kapitel 5 diskutiert. Hier nun ein weiteres, diesmal deutschsprachiges Beispiel: Angenommen, unsere Sprecherin von oben sucht einen Namen für eine Substanz, durch deren Zusatz festes Material verflüssigt wird. In Analogie zu (6) könnte sie auf die Idee kommen, diese Substanz *Schmelzstoff* zu nennen.[1]

Ob die Neuprägung *Schmelzstoff* öffentlich wird, also sich in der Sprachgemeinschaft durchsetzt, oder ein privater Okkasionalismus bleibt, also sich nicht durchsetzt, wird sich zeigen. Dies mit Sicherheit vorauszusagen ist so unmöglich wie das Wetter von nächster Woche oder – vielleicht passender – der Erfolg eines Startup-Unternehmens. Wir können bestenfalls über die Faktoren nachdenken, die darauf Einfluss nehmen, ob eine Neuprägung sich etabliert oder ob sie floppt. Die Sprecherin selbst interessiert es, wie bereits gesagt, gar nicht, ob sich ihr Neologismus in der Sprachgemeinschaft durchsetzt – ihr geht es einzig und allein darum, ob das neue Wort ihr unmittelbares Kommunikationsziel erfüllt.

6.5 Erfolgsbedingungen für Wortbildungen

Die Linguistik jedoch, die sich einen Reim auf die Mechanismen der Wortbildung machen will, interessiert sich naturgemäß sehr für die Faktoren, die den Erfolg einer Wortbildung begünstigen. Mögliche Faktoren, die in den Sinn kommen, sind:

[1] Das Lexem *Schmelzstoff* ist im Wortschatz-Projekt der Universität Leipzig (https://wortschatz.uni-leipzig.de) nicht belegt, in der Suchmaschine Google finden sich 3.400 Belege, v.a. fachsprachliche. Im Digitalen Wörterbuch der deutschen Sprache (https://www.dwds.de/) erfahren wir: "*Schmelzstoff* ist nicht in unseren gegenwartssprachlichen lexikalischen Quellen vorhanden" (09.04.21).

(8) a. Das neue Wort sollte möglichst kurz sein.
b. Das neue Wort sollte sich möglichst einfach aussprechen lassen.
c. Das neue Wort sollte sich semantisch möglichst schnell erschließen lassen.
d. Das neue Wort sollte man sich möglichst leicht merken können.

(8a-b) sind Bedingungen an die Sprecher(innen)freundlichkeit, (8c-d) sind Bedingungen an die Hörer(innen)freundlichkeit. Ein Wort ist sprecherfreundlich, wenn es mit möglichst wenig Aufwand erfolgreich kommuniziert werden kann. Ein Wort ist hörerfreundlich, wenn sich sein Inhalt mit möglichst wenig Aufwand erfolgreich erschließen lässt. Wenn man es weiter denkt, folgt (8b) wahrscheinlich aus (8a): je kürzer, desto einfacher auszusprechen. Und (8d) aus (8c): je nachvollziehbarer die Bedeutung, desto leichter zu merken. Wenn das so stimmt, dann können wir verallgemeinern:

(9) Damit eine Neuprägung erfolgreich ist, muss sie einen ausgewogenen Kompromiss zwischen den Bedürfnissen der Sprecherinnen und Sprecher einerseits und der Hörerinnen und Hörer andererseits darstellen.

Die Bedingungen in (8) und (9) sind aber noch nicht die ganze Geschichte. Die genannten Faktoren sind *kostenbezogene* Faktoren. Mit "Kosten" sind, grob gesagt, der artikulatorische und der kognitive Aufwand bei der Kommunikation des Worts gemeint. Daneben gibt es *nutzenbezogene* Faktoren.

Worin besteht kommunikativer Nutzen? Als grobe Annäherung ist es sicherlich nicht falsch anzunehmen, dass sprachliche Äußerungen stets auf im weitesten Sinne "sozialen Erfolg" abzielen:

> Unter sozialem Erfolg möchte ich all das verstehen, wonach wir in unserem sozialen Zusammenleben streben [...] Dazu gehören Ziele wie Einfluß, Zuneigung, Nahrungsmittel, verstanden werden, gelesen werden, Macht, Partner, Aufmerksamkeit, akzeptiert werden und dergleichen mehr. Den sichtbaren statussymbolisierenden Teil, woran man bei 'sozial erfolgreich' an ehesten denkt, möchte ich nicht ausschließen, aber er stellt nur eine von vielen Formen sozialen Erfolgs dar (Keller 2014:122-123).

Zurück zu unserer Sprecherin, die Gründe sieht, ein neues Wort zu kreieren. Vielleicht zielt ihr Kommunikationsakt auf eine Art von sozialem Erfolg, für den es unabdingbar ist, dass ihre Rede möglichst präzise verstanden wird. Dann wird sie bei ihrer Wortneuschöpfung wahrscheinlich eine eher defensive, konservative Benennungsstrategie verfolgen, gemäß der Maxime "Rede normal und angepasst" bzw. "Rede so, dass du als Gruppenzugehöriger zu erkennen bist" (Keller 2014:137). Vielleicht zielt sie aber auch auf eine andere Art von sozialem Erfolg, einen, für den es zweckmäßig ist, dass ihre Rede möglichst auffällt. Dann entscheidet sie sich vielleicht dafür, das Risiko einzugehen, nicht präzise verstanden zu werden, zugunsten der innovativen Maxime "Rede so, dass du als nicht zu der Gruppe gehörig erkennbar bist" (Keller 2014:139). Haspelmath (1999:1055) nennt letztere Strategie die Maxime der Extravaganz: "talk in such a way that you are noticed".

Fassen wir die Sache soweit einmal zusammen. Einerseits muss das neue Wort verstehbar sein. Daran führt kein Weg vorbei. Andererseits kann die Neuprägung, je nachdem, welches kommunikative Ziel gerade verfolgt wird, entweder konservativ oder extravagant sein. Eine extravagante Wortbildung riskiert grundsätzlich das Verstandenwerden zugunsten des Auffallens.

In der folgenden Stellenanzeige wird bewusst eine (relativ) neue Wortbildung benutzt. Dabei gibt es für den betreffenden Beruf ein seit langem etabliertes Wort im Lexikon des Deutschen. Erklären Sie die Wortwahl.

Du bist handwerklich geschickt, und du suchst nach einer vielseitigen und abwechslungsreichen Tätigkeit jenseits von Schreibtisch und Büro? Dann bist du vielleicht die Idealbesetzung für den Beruf des Facility-Managers.

6.6 Extravagantes Sprechen

Welche kommunikativen Ziele legen das Verfolgen einer extravaganten Wortbildungsstrategie nahe? All jene, bei denen die Aufmerksamkeit des Publikums nicht von vornherein gesichert ist, sondern erst mit dem Sprechakt hergestellt werden muss. Ein typischer Fall sind Werbebotschaften. Allgegenwärtig in unserer Alltagswelt, konkurrieren sie miteinander um unsere Aufmerksamkeit. In Werbetexten dürfen wir extravagante Wortbildungen erwarten. Die Kunst des Werbetextens besteht darin, ein Maximum an Extravaganz mit einem Maximum an Verständlichkeit zu paaren – zwei Ziele, die sich sachlich betrachtet gegenseitig im Weg stehen. Die Abbildungen 6.2 und 6.3 zeigen zwei Beispiele. Beurteilen Sie selbst, inwieweit es hier gelungen ist, die zwei gegenläufigen Ziele zu erreichen. Fällt der jeweilige Text auf? Kommt die Botschaft korrekt an?

Abb. 6.2: Extravagante Wortbildung 1

> Die Wortform *joguljarnoe* in Abb. 6.3 ist offenbar in Analogie zu den existierenden russischen Adjektiven *reguljarnoe* und *populjarnoe* gebildet worden. Aus welchen Morphemen besteht der Stamm dieser Adjektivformen? Finden Sie weitere russische Adjektive auf *-ljarnoe*, indem Sie z.B. das Wortschatz-Portal der Universität Leipzig nutzen.

Ich möchte an dieser Stelle nicht falsch verstanden werden. Extravaganz ist natürlich kein Privileg der Wortbildung. Das Internet-Meme in Abbildung 6.4 dokumentiert extravagante Sprachverwendung, ohne dass irgendeines der benutzten Wörter ungewöhnlich gebildet wäre. Das Prinzip "talk in such a way that you are noticed" wird in diesem Fall durch das Sprachspiel mit den zwei Verben *odet'* und *nadet'* und ihren ähnlichen und doch unterschiedlichen Bedeutungen eingelöst. Durch die explizite Kontrastierung mit *nadet' masku* muss *odet' masku* so verstanden werden, dass der Mund-Nasen-Schutz nicht am Kopf getragen wird. Und dies, so lesen wir, auf eine Weise, dass die Polizei eingreift. Das löst Kopfkino und einen Humoreffekt aus. Textbasierte Internet-Memes sind ein typisches Beispiel für sprachliche Handlungen, die um die Aufmerk-

Abb. 6.3: Extravagante Wortbildung 2

samkeit des Publikums konkurrieren. Ein Wettbewerb der Extravaganz. Nur (meistens) – anders als Werbetexte – ohne kommerziellen Hintergrund.

Es ließen sich viele weitere Beispiele für sprachliche Extravaganzen anführen. Etwa die Benutzung von Tabuwörtern (Mat), die ich in Kapitel 5 angesprochen habe. Oder, genereller, Beispiele aus der Jugendsprache (10). Unschwer zu erkennen, dass es sich oft um Entlehnungen aus dem Englischen handelt:

(10) a. *падра* ('Freundin')

b. *ауф* ('Wow')

c. *вайб* ('Stimmung')

d. *душнила* ('Schleimer')

e. *краш* ('Schwarm, Objekt der Sehnsucht')

Abb. 6.4: Extravaganter Text

6.7 Benennung versus Beschreibung

Wir nähern uns nun der Antwort auf die Frage, warum die Produkte der Wortbildung wissenschaftlich nur so schwer greifbar sind. Wortbildungsverfahren dienen der Funktion der Benennung (neudeutsch: *Naming*), während andere Verfahren der sprachlichen Strukturbildung (Formenbildung, Syntax) der Funktion der Beschreibung dienen. Was mit "Benennung" gemeint ist, dürfte intuitiv einigermaßen klar sein: Dinge brauchen Namen. Was aber ist mit "Strukturen, die der Beschreibung dienen" gemeint? Ich versuche es zu erklären.

Wenn wir einfache sprachliche Zeichen zu komplexen Strukturen verketten, entsteht auf der semantischen Seite eine komplexe Bedeutungskomposition. Bedeutungen kann man sich als Beschreibungen vorstellen. Ein vollständiger Deklarativsatz beschreibt eine Szene, und jedes Glied des Satzes speist eine Teilbeschreibung in die Gesamtbeschreibung. Misst man die semantische Beschreibung, die der Satz liefert, an der außersprachlichen Realität, so kann feststellen, ob die Satzbedeutung mit der Realität korrespondiert oder nicht. Soll heißen: Ob der Satz, gemessen an der Realität wahr ist oder nicht. Erinnern Sie sich z.B. an den folgenden Satz aus Kapitel 2?

(11) *Брут* *убил* *Цезаря.*
B.NOM.SG.M kill.PST.PFV.SG.M C.ACC.SG.M
'Brutus tötete Cäsar.'

Die Beschreibung, die dieser Satz liefert, ist gemessen an der Realität wahr. Die Beschreibung, die Satz (12) dagegen liefert, ist *fake news*.

(12) *Цезарь* *убил* *Брута.*
C.NOM.SG.M kill.PST.PFV.SG.M B.ACC.SG.M
'Cäsar tötete Brutus.'

Wichtig ist jetzt: Wenn ich einen Satz so formuliere, dass seine Beschreibung nicht im Einklang mit der Realität ist, dann kann ich von jemandem, der es besser weiß, mit Fug und Recht korrigiert werden. Denn die Bildung von Sätzen verfolgt grundsätzlich das Ziel, sprachliche Strukturen aufzubauen, mit denen Wahrheiten behauptet werden.[2] Das ist gemeint, wenn ich oben schreibe, dass syntaktische Strukturbildung zum Ziel hat, eine beschreibende Bedeutungsstruktur aufzubauen – beschreibend im Sinne von einen Ausschnitt der Welt beschreibend.

Auch ein Wortbildungsprodukt bringt eine Beschreibung mit sich. Aber diese scheint von nachgeordneter Relevanz zu sein. Primär dient Wortbildung nämlich, wie oben bereits gesagt, der Funktion der Benennung.

> Ведь лексика, этот "строительный материал" языка [...] для того и существует, чтобы называть элементы действительности, предметы мысли. Новые слова, [...] первоначально не прямо называют новый предмет, а скорее описывают его. Но стадия "описательности" наименования при нормальных условиях [...] рано или поздно преодолевается. (Isačenko 1958:339-340)
>
> [Denn gerade dafür existiert ja das Lexikon, dieses "Baumaterial" der Sprache, um Elemente der Wirklichkeit, Gedankenobjekte, zu benennen. Neue Wörter benennen das neue Objekt anfangs nicht direkt, sondern beschreiben es eher. Aber das Beschreibungsstadium der Benennung wird unter normalen Umständen früher oder später überwunden sein. (eigene Übersetzung)]

Ein Wortbildungsprodukt ist also nicht dem Zweck verpflichtet, die Realität wahrheitsgemäß zu beschreiben, auch wenn es das tut. Seine Aufgabe ist eine andere. Mittels der Wortbildung soll die Aufmerksamkeit der Hörerin bzw. des Hörers auf ein bestimmtes Phänomen der Welt (Ding, Ereignis, ...) gelenkt werden. Die Bildung von Wörtern richtet sich grundsätzlich an diesem Zweck aus: sprachliche Strukturen zu schaffen, mit denen erfolgreich *referiert* werden kann. Wenn ich ein Wort so aufbaue, dass seine Beschreibung nicht im

[2] Miteinander zu sprechen heißt zu kooperieren, heißt (zumindest grundsätzlich) davon auszugehen, dass alle Gesprächsteilnehmenden versuchen, wahre Beiträge zum Gespräch zu leisten (Grice 1989, 1993).

Einklang mit der Realität ist, dann macht das also nichts, solange ich mit dem Wort erfolgreich referieren kann. Deswegen können Wortbildungsprodukte im Extremfall, gemessen an der Realität, direkt falsch sein:

(13) a. *Fledermaus*
b. *Pfauenauge*
c. *Knurrhahn*

Die Benennung in (13a) ist sachlich falsch, weil es sich bei dem benannten Phänomen um eine natürliche Art (natural kind) handelt, die als solche in der biologischen Taxonomie der Lebewesen ihren wissenschaftlich begründeten Platz hat. Und dort gehören Fledermäuse nun einmal nicht zu den Mäusen. Bei der Benennung (13b) drücken wir ein Pfauenauge zu. Zwar wird ebenfalls eine natürliche Art bezeichnet, doch ist hier ganz offensichtlich, dass es sich um eine metaphorische Bezeichnung handelt. Niemand würde auf den Gedanken kommen, dass es sich bei Pfauenaugen um Augen handelt (wohl aber könnte jemand auf die Idee kommen, dass Fledermäuse Mäuse sind). Und wer glaubt, dass Knurrhähne eine Vogelart seien, ist ebenfalls auf dem Holzweg (13c). In (14) sehen wir die entsprechenden russischen Benennungen, die den deutschen sehr ähnlich sind.

(14) a. *летучая мышь*
b. *павлиний глаз*
c. *морской петух*

Während die Komposita in (13) Namen von natürlichen Arten sind, benennen jene in (15) Artefakte:

(15) a. *Computermaus*
b. *Katzenauge*
c. *Wasserhahn*

Hier stören wir uns überhaupt nicht an der "sachlich falschen" Benennung. Irgendwie müssen diese nichtnatürlichen Dinge ja heißen, und warum dann nicht ihre Ähnlichkeit mit bestimmten natürlichen Dingen metaphorisch ausnutzen? Ein erneuter Blick auf die russischen Entsprechungen zeigt diesmal, wo es um die Benennung von Artefakten geht, ein größeres Auseinandergehen der beiden Sprachen.

(16) a. *компьютерная мышь*
b. *световозвращатель*
c. *кран*

Der entscheidende Punkt sei noch einmal hervorgehoben: Wenn ich eine Benennung benutze, die das bezeichnete Ding inkorrekt beschreibt, darf ich deswegen nicht korrigiert werden. Um eine korrekte Beschreibung geht es bei Wortbildungsprodukten nicht. Es geht darum, ein Wort zu haben, das die zu bezeichnende Sache in geeigneter Weise benennt. Mit anderen Worten, es geht darum, einen passenden Namen für die Sache zu finden. Einen Namen, der dann möglicherweise Eingang in das Lexikon der Sprache findet. In der Tat ist das Lexikon im Endeffekt nichts anderes als ein Pool von Namen.

Wenn ich eine neue Benennung für eine Art von Ding suche, ist es also sinnvoll, zunächst eine Form zu wählen, die das Ding gut beschreibt. Einerseits sollte die Form nicht zu lang und umständlich sein, andererseits sollte die Dingbeschreibung hinreichend nachvollziehbar sein, um die Aufmerksamkeit auf eben genau diese Art von Ding zu lenken. Sobald sich dann eine neue Form etabliert hat, ist das "Beschreibungsstadium" bewältigt.

6.8 Einwortbenennungen

Traditionellerweise wird die Sphäre der Wortbildung, wie ihr eigener Name beschreibend suggeriert, auf Einwortbenennungen beschränkt:

> In diesem Sinne ist die Wortbildungslehre ein Teil der allgemeineren Benennungslehre, d.h. der Onomatologie, und zwar der Teil, der sich mit der Bildung der Benennungen im Rahmen eines einzigen Wortes befaßt, aufgrund in der Sprache schon vorhandener Wörter [...] Wortbildung [hat] es nur mit Einwortbenennungen zu tun. (Dokulil 1968:10)

Die Einschränkung des Bereichs der Wortbildung auf Einwortbenennungen hat zur Konsequenz, dass sie von den Phraseologismen streng getrennt werden. Es ist aber fraglich, wie begründet diese Trennung tatsächlich ist, denn es gibt auffällige Parallelen zwischen Wortbildungen und Phraseologismen: "Es lassen sich [...] in der Wortbildung ähnliche semantische Prozesse wie in der Phrasembildung nachweisen" (Barz 2007:31; s.a. Fleischer 1997). Die folgenden Beobachtungen untermauern diese Behauptung:

(17) a. *eine große Fresse haben* (= angeben)
b. *Großmaul* (= Angeber)
c. *das spielt keine Bedeutung*
d. *Tormann*
e. *Liger*
f. *den lieben Gott einen guten Mann sein lassen*
g. *Ganz anders als ihr Vorgänger Schröder, der Putin einen guten Mann sein liess, nimmt die Kanzlerin [...] praktisch jede Gelegenheit wahr, dem Kremlchef die Leviten zu lesen. (NZZ)*
h. *Götterdämmerung*
i. *Kanzlerdämmerung*

(17a) und (17b) bringen dieselbe Metapher zum Ausdruck, einmal im Rahmen eines Phraseologismus und einmal im Rahmen einer Wortbildung. (17c) ist eine Kontamination aus *das hat keine Bedeutung* und *das spielt keine Rolle* bei quasi identischer Bedeutung der zwei Phraseme. Übrigens begegnet einem im Russischen exakt derselbe Fall. Immerhin fünf mal lässt sich (18a) im russischen Nationalkorpus belegen. In Klammern die Belegzahlen auch für die beiden "richtigen" Syntagmen.

(18) a. *играет значение* (5)
b. *имеет значение* (1093)
c. *играет роль* (603)

Ähnlich wie die Verbfügung (17c) könnte man das Kompositum in (17d), *Tormann* (383.000), vielleicht als Kontamination von *Torwart* (7.790.000) und *Schlussmann* (593.000) ansehen.[3] Typischerweise führen Kontaminationen im Bereich der Einwortbildungen aber zu Bedeutungsveränderungen, wie in (17e), einem Mischwort aus *Löwe* und *Tiger*. Beispiele dieser Art werden uns noch ausführlich in Kapitel 7 unter der Überschrift *Blending* begegnen. (17g) zeigt, dass der Phraseologismus in (17f) modifiziert gebraucht werden kann. Analog dazu zeigt (17i), wie die Einwortbenennung (17h) modifiziert verwendet wird.

Wenn es "Einwortbenennungen" gibt, steht damit automatisch der Begriff der "Mehrwortbenennungen" im Raum. Angesichts der Parallelen, die wir in (17) beobachtet haben scheinen Phraseologismen Mehrwortbenennungen par

[3] Die Werte in Klammern geben die Zahl der Google-Belege (25.4.2021) an.

excellence zu sein. In der Tat spricht man mit Telija (1977) oft von Phraseologismen als "sekundären Nominationen" (s.a. Fleischer 1997, Grzybek 2008). Damit soll gesagt sein, dass es sich bei Phraseologismen um syntaktische Konstruktionen handelt, also Verbindungen von mehreren Wörtern, die primär eine beschreibende Bedeutungsdimension haben. Das ist ihre wortwörtliche Bedeutung. Darauf aufbauend (sekundär) haben sie sich in der Sprachgemeinschaft zudem als Benennungen für ein Phänomen oder einen Sachverhalt etabliert. Das ist ihre idiomatische Bedeutung.

Hier zwei russische Beispiele, die dies illustrieren mögen:

(19) a. *beznosaja* 'Der Tod' (wrtl. 'die Nasenlose')
b. *starucha s kosoj* 'Der Tod' (wrtl. 'die Alte mit der Sense')

(19a) und (19b) sind zwei Benennungen für dieselbe Sache, für den Tod. Weil es sich um Benennungen handelt, ist die Beschreibungsdimension hier von nachgeordneter Relevanz – die Ausdrücke dienen dem Zweck der Referenz (s.o.). Deswegen kann die Benutzerin bzw. der Benutzer des Ausdrucks weder in dem einen Fall, noch in dem anderen Fall dafür kritisiert werden, dass die figurativen Beschreibungen womöglich nicht tatsachengerecht wären. (19a) besteht aus nur einem Wort und ist folglich eine Einwortbenennung. (19b) dagegen besteht aus mehr als einem Wort, und man möchte entsprechend von einer Mehrwortbenennung sprechen. Neben seiner idiomatischen (benennenden) Bedeutung hat der Ausdruck in (19b) auch eine wörtliche (beschreibende) Bedeutung, und kann deswegen erfolgreich zur Referenz auf die Dame benutzt werden, die wir in Abbildung 6.5 sehen.

Phraseologismen als Mehrwortbenennungen zu bezeichnen steht jedoch im Widerspruch zur slavistischen Tradition, die Phraseme wie (19b) aus dem Bereich der Mehrwortbenennungen ausgeklammert. Das sehen wir im nachfolgenden Abschnitt.[4] Soweit wollen wir festhalten, dass Wortbildungsprodukte Benennungen sind, dass Benennungen oft aus einem Wort bestehen, aber auch aus mehr als einem Wort bestehen können. In slawischen Sprachen kommen Benennungen aus mehr als einem Wort vergleichsweise oft vor. Einen eigenen Bereich der Linguistik zu isolieren, der sich ausschließlich dem Studium der

[4] Es gibt noch eine weitere Tücke, die mit dem Begriff "Einwortbenennung" verbunden ist. Streng genommen sind nämlich nicht nur Wortbildungsprodukte, sondern natürlich auch Simplizia wie zum Beispiel *kniga*, *dom*, *Buch* oder *Haus* Benennungen, die aus einem Wort bestehen. Da es sich bei diesen Lexemen aber nicht um Wortbildungsprodukte handelt, werden sie normalerweise nicht als Einwortbenennungen bezeichnet.

Abb. 6.5: starucha s kosoj

Einwortbenennungen widmet, erscheint vor diesem Hintergrund zweifelhaft. Und dennoch gibt es gute Gründe, Einwortbenennungen einen besonderen Status zuzuschreiben – dazu später mehr in Kapitel 7.

6.9 Mehrwortbenennungen

Der Vergleich zwischen dem Deutschen und dem Russischen zeigt, dass das Russische für viele Dinge, die im Deutschen durch Komposita benannt werden, sogenannte "substantivisch-attributivische Mehrwortbenennungen" (Gladrow et al. 1989:158) bereit hält. Für Dokulil (1968:14) kommt dies nicht weiter überraschend, denn seiner Ansicht nach besteht ein intrinsischer Zusammenhang zwischen diesen beiden Phänomenen: "[d]ie Zusammensetzungen [= Komposita; OMR] formen (gestalten) größtenteils dieselben Inhaltsstrukturen wie die syntaktisch geformten äquivalenten Mehrwortbenennungen".

Gladrow et al. (1989:158) definieren Mehrwortbenennungen in klarer Abgrenzung zu Phraseologismen:

> Von phraseologischen Wendungen [...] unterscheiden sie sich dadurch, daß sie direkt motiviert sind und ihre Komponenten im Verband der Benennung die Bedeutung bewahren, die sie im freien Gebrauch aufweisen.

Für Mehrwortbenennungen ist demnach konstitutiv, dass sie keine übertragenen Bedeutungen zum Ausdruck bringen. (20) zeigt zwei Beispiele aus Gladrow et al. (1989) mit ihren deutschen Entsprechungen, ergänzt um zwei weitere Beispiele:

(20) a. *атомная электростанция – Atomkraftwerk*
b. *теория относительности – Relativitätstheorie*
c. *пивная банка – Bierdose*
d. *баночное пиво – Dosenbier*

Die Frage, die das aufwirft, ist, wie man dann mit russischen Begriffen wie jenen in (21) umzugehen hat. Denn *дочь* bedeutet "im freien Gebrauch" nicht das, was es in *дочернее общество* bedeutet. Und ein Teufelskreis entsteht nicht wirklich durch Zauberei. Handelt es sich also bei diesen sprachlichen Einheiten nicht um Mehrwortbenennungen, obwohl sie doch benennen und aus mehreren Wörtern bestehen?

(21) a. *дочернее общество* – 'Tochtergesellschaft'
b. *заколдованный круг* – 'Teufelskreis' (wrtl. 'verzauberter Kreis')

Und wie steht es mit dem Beispiel (19b)? Das Nomen *старуха* hat "im freien Gebrauch" nicht die Bedeutung Tod. Der Ausdruck *старуха с косой* ist klarerweise ein Phraseologismus, aber sollten wir Phraseologismus und Mehrwortbenennung wirklich als Gegensätze verstehen?

Sinnvoller erscheint mir der Ansatz, wonach sowohl Wortbildungen (Einwortbenennungen) als auch Phraseme (Mehrwortbenennungen) vollmotiviert, teilmotiviert oder nicht motiviert sein können (Barz 2007:27). Die Mehrwortbenennungen in (20) wären dann vollmotiviert (die Bedeutungen, die die Komponenten im freien Gebrauch aufweisen, bleiben gewahrt), und die Mehrwortbenennungen in (21) wären teilmotiviert (die Bedeutungen, die die Komponenten im freien Gebrauch aufweisen, bleiben zwar nicht gewahrt, aber es besteht eine nachvollziehbare konzeptuelle Ähnlichkeit). Das wäre dann ganz analog zu den

Verhältnissen in den Einwortbenennungen, die uns in den deutschen Übersetzungen begegnen. Vergleiche auch die jeweils teilmotivierten Entsprechungen in (22).

(22) a. *старуха с косой*
b. *Sensenmann*

Aufgrund der auffallenden Ähnlichkeiten zwischen Einwortbenennungen und Mehrwortbenennungen sollten wir besser keine kategorische Grenze zwischen beiden Phänomenbereichen ziehen. Wir dürfen im Bereich der Mehrwortbildungen Extravaganzen im selben Maß erwarten wie im Bereich der Einwortbenennungen. Und das ist auch der Fall. Ein Beispiel wäre Abbildung 6.6. Es zeigt eine für Werbezwecke sehr kreativ eingesetzte Modifizierung der festen Wendung *утро начинается с кофе*.

Abb. 6.6: Modifizierung eines Phraseologismus

Ein anderes, prominent artikuliertes Beispiel ist uns oben in (5) begegnet: *peščernye rusofoby*. Dieser Neologismus des russischen Präsidenten ist in vielerlei Hinsicht interessant.

Kurz zum Hintergrund: Professor Gusejnov postet am 29. Oktober 2019 auf Facebook einen Text mit der Aussage, das Land (Russland) würde heute in einem "armseligen kloakischen Russisch" sprechen und schreiben. Es erhebt sich ein Shitstorm mit dem Tenor, Gusejnov hätte die russische Sprache beleidigt. Andere stimmen Gusejnov zu, dass das Russische vor die Hunde geht. Im

Kreml tagt am 5. November 2019 der "Rat der russischen Sprache". Das Gremium berät die russische Regierung in Fragen zum Schutz und zur Förderung des Russischen. Putin eröffnet die Sitzung und thematisiert die Causa Gusejnov mit den in (5) wiedergegebenen Worten. Es ist allerdings nur ein Seitenhieb. Das eigentliche Thema seiner Rede ist die weltweite Unterdrückung der russischen Sprache, ihre Marginalisierung nicht zuletzt durch andere Staaten (und hier wird wohl nicht zuletzt die Kiever Ukrainisierungspolitik gemeint sein). Außer den primitiven (höhlenbewohnenden) Feinden des Russischen gibt es für Putin auch ernstzunehmende Feinde, die der russischen Sprache den Krieg erklärt haben.

Putins *peščernye rusofoby* ist eine Replik auf Gusejnovs *ubogij kloačnyj russkij* ('armseliges kloakisches Russisch'). Beides sind extravagante Bildungen, die gehörige Aufmerksamkeit auf sich gezogen haben. So sind beide im Ranking zum russischen Wort des Jahres 2019 auf Platz zwei gelandet – *kloačnyj russkij* in der Rubrik 'Vyraženie 2019' und *peščernye rusofoby* in der Rubrik 'Antijazyk 2019'.

6.10 Warum Wortbildungen oft unvorhersehbar sind

Wir sahen: Sprachliche Formen sind grundsätzlich dahingehend zu unterscheiden, ob sie zum Benennen oder zum Beschreiben von Aspekten der Welt dienen. Einheiten des Lexikons dienen grundsätzlich dem Zweck des Benennens. Erinnern wir uns an das oben angeführte Zitat von Isačenko: "Ведь лексика, этот "строительный материал" языка [...] для того и существует, чтобы называть элементы действительности".

Das Lexikon ist demnach also jener Teil der Sprache, der, ganz prinzipiell gesagt, ein Inventar von benennenden Ausdrücke bereitstellt – den Wortschatz. Die Grammatik (bzw. Syntax) ist dagegen die Komponente der Sprache, die es ermöglicht, auf der Basis dieser Benennungen nach Bedarf beschreibende Ausdrücke zu produzieren. Das ist wichtig, denn nicht für jeden nennenswerten Aspekt der Welt gibt es eine Benennung im Lexikon.

Wenn sich ein namenloser Aspekt der Welt aber als nennenswert bewährt, d.h. wenn er nur oft genug zum Gesprächsthema wird, kann der dafür durch die Grammatik gebildete beschreibende Ausdruck in einen benennenden Ausdruck übergehen. Er wird dann sozusagen im Lexikon aufgenommen. Wir können uns das so vorstellen, dass der Ausdruck als neue Wisseneinheit (Lexem) im permanenten Gedächtnis abgespeichert wird.

Sobald ein Ausdruck im Lexikon als benennender Ausdruck registriert ist, ist sein Beschreibungsaspekt kommunikativ überflüssig geworden. So kommt es, dass viele lexikalische Neuprägungen, die anfangs noch beschreibungsadäquat sein mögen, ihre Beschreibungsadäquatheit nach und nach abgeben. Eine solche Entwicklung heißt Lexikalisierung.

> Die Lexikalisierung eines sprachlichen Ausdrucks ist seine Inventarisierung als Lexikoneintrag. Er wird dann von den Sprechern nicht mehr analysiert oder muss es jedenfalls nicht mehr werden, da auf ihn als Ganzes zugegriffen wird [...] Da er nicht mehr analysiert wird, wird seine ehemalige interne Struktur nicht mehr gebraucht; sie kann zerstört werden. (Lehmann 2007: 2.4.3)

Die Zerstörung der "internen Struktur" kann sich inhaltlich und/oder formal auswirken. Inhaltlich, wenn mit der Zeit zusätzliche Weltaspekte in die Bedeutung des Lexems aufgenommen werden – solche, die der Ausdruck nicht mehr korrekt beschreibt. Formal, wenn die Form des Ausdrucks sich im Laufe seiner Benutzung vereinfacht und die Beschreibung dadurch nicht mehr nachvollziehbar wird.

Benennungen können aus einem Wort oder aus mehr als einem Wort bestehen. Wenn sie aus mehr als einem Wort bestehen, handelt es sich um Phraseologismen. Benennungen, die nur aus einem Wort bestehen, können aus einem Morphem bestehen oder aus mehr als einem Morphem. Wenn eine Benennung strukturell komplex ist, d.h. wenn sie aus mehr aus einem Element (Morphem oder Wort) besteht, kann sie beschreibungsadäquat sein, muss es aber nicht. Mit "beschreibungsadäquat" ist gemeint, dass die Strukturelemente der Benennung ihre hauseigenen Bedeutungen – die Bedeutungen, die sie aufweisen, wenn sie in anderen Verbindungen (oder eventuell allein) auftreten – bewahren. Für Beschreibungsadäquatheit wird in der Linguistik zumeist der Begriff der Kompositionalität benutzt. Um demgegenüber die Nicht-Kompositionalität eines komplexen Ausdrucks zu bezeichnen, steht der Begriff der Idiomatizität bereit.

Die Tabelle 6.1 ist mein Versuch, die Verhältnisse im Überblick darzustellen. Die grauhinterlegten Felder sollen die typischen Fälle anzeigen. Im typischen Fall ist ein Wort eine Benennung und hat eine mehr oder weniger idiomatisierte Bedeutung. Und eine Phrase bzw. ein Satz liefert im typischen Fall eine Beschreibung und damit eine kompositionale Bedeutung. Mit "typischer Fall" ist hier gemeint, dass der Ausdruck auch den Zweck erfüllt, für den seine Struktur steht. So wird ein Wort im Lexikon gelistet, um für ein wiederkehrendes Kommunikationsbedürfnis abrufbar zu sein, während ein Satz grammatisch ad hoc gebildet wird, um einem spontanen (okkasionalen) Kommunikationsbedürfnis nachzukommen.

	Wortebene	Satzebene
Benennungen	Wörter mit idiomatischer Semantik	Phrasen/Sätze mit idiomatischer Semantik (Phraseologismen)
Beschreibungen	Wörter mit kompositionaler Semantik	Phrasen/Sätze mit kompositionaler Semantik

Tab. 6.1: Benennungen und Beschreibungen

Damit kommen wir zurück zu unserer Ausgangsfrage: Warum ist gerade die Wortbildung für die wissenschaftliche Beschäftigung mit Sprache, also für die Linguistik, so schwer greifbar? Hier kommt die Antwort. Die Linguistik will nicht zuletzt die Frage beantworten, warum die sprachlichen Formen so sind, wie sie sind. Dieses Ansinnen trifft im Bereich Wortbildungen auf eine ganz prinzipielle Schwierigkeit. Denn mittels Wortbildungen werden, wie wir sahen, neue Benennungen geschaffen. Diese mögen zwar anfangs oftmals noch beschreibungsadäquat (kompositional) sein, sie müssen aber nicht korrekt beschreiben. Weil Wortbildungen nicht beschreibungsadäquat sein müssen, erlauben sie Spielräume für fantasievolle Extravaganzen.

Das Problem für die Wissenschaft ist nun, dass es in der Natur der Sache liegt, dass Extravaganzen oft unvorhersehbar sind. Denn wären extravagante Bildungen (leicht) vorhersehbar, wären sie nicht extravagant. Extravagant zu reden bedeutet ja gerade so zu reden, dass man Konventionen verletzt und dadurch nicht als zu der Gruppe gehörig erkennbar ist (Keller 2014:139). Wer eine extravagante Strategie verfolgt versucht also gerade, sich normalen Erwartungen zu entziehen, um zu überraschen. Oder anders gesagt: Im Bereich der Wortbildungen korrekte Aussagen darüber zu treffen, was mögliche und unmögliche sprachliche Strukturen sind, ist deswegen so schwierig, weil die Sprecherinnen und Sprecher in diesem Bereich oft danach streben zu überraschen. Die maximale Überraschung wäre ein unmögliches Wort.

Wortbildung ist also gerade deswegen ein so faszinierendes und theoretisch schwierig zu fassendes Thema, weil es sich bei den Produkten der Wortbildung um Benennungen handelt, weil Benennungen Spielräume für Extravaganzen erlauben und weil sich Extravaganzen normalen Erklärungsmustern grundsätzlich entziehen. Eine Sprache zu sprechen, was wir alle tun, ist eine hochgradig kreative Praxis. Und wohl nirgends zeigt sich das so deutlich wie im Bereich der Wortneuschöpfungen.

Abb. 6.7: Internet Meme

7 Der besondere Status von Einwortbenennungen

7.1 Überblick

In Kapitel 6 hatte ich den Begriff der "Einwortbenennung" kritisch kommentiert, weil er eine kategorische Grenze zu Mehrwortbenennungen suggeriert, obwohl beide starke Parallelen aufweisen. Jetzt relativiere ich diese Kritik, indem ich herausarbeite, dass Einwortbenennungen in der Tat einen besonderen Status haben, da sie das Ideal 'ein Begriff – ein Wort' verkörpern.

Neue Einwortbenennungen können prinzipiell auf zwei Wegen entstehen (Entlehnungen ignoriere ich an dieser Stelle), nämlich zum einen durch den Prozess der Univerbierung und zum zweiten als Neologismen. Ich werde zunächst den Begriff der Univerbierung erläutern, also wie es dazu kommt, dass sich zur Routine gewordene Wortverbindungen im Laufe der Zeit zu einem Wort verkürzen. Vor diesem Hintergrund werde ich dann mehr oder weniger detailliert auf verschiedene Wortbildungserscheinungen im russischen Lexikon eingehen, die mit "Verkürzungsprozessen" dieser Art in Verbindung stehen. Sodann mache ich darauf aufmerksam, dass neue Einwortbenennungen auch als Neologismen in die Sprache gelangen können. Neologismen sind bewusst geprägte Neubildungen (Okkasionalismen), die sich in der Sprachgemeinschaft durchsetzen (konventionalisieren). Diskutiert werden in diesem Kapitel Binomina, Zwillingsformeln, Blends, Trunkierungen sowie Abkürzungen verschiedener Art.

7.2 Univerbierung und Zipfsches Gesetz

Bedeutungen, die im Deutschen durch Einwortbenennungen zum Ausdruck kommen, werden im Russischen sehr oft durch Mehrwortbenennungen ausgedrückt. (1) zeigt repräsentative Beispiele (Zemskaja 1973a:408).

(1) a. *железная дорога* $\leftrightarrow$ *Eisenbahn*
    b. *детский сад* $\leftrightarrow$ *Kindergarten*

Gladrow et al. (1989:159) konstatieren, dass im Falle von Mehrwortbenennungen "der lange sprachliche Code [...] dem Streben nach Sprachökonomie widerspricht". In (2) sehen wir Beispiele für aktuell vermehrt gebräuchliche Mehrwortbenennungen. Das Beispiel (2e) zeigt, dass nicht alle deutschen Komposita mit *Impf-* als Modifizierer durch Mehrwortbenennungen widergegeben werden.

(2) a. *пункт вакцинации* ('Impfzentrum')
b. *карта профилактических прививок* ('Impfpass')
c. *прививочный лист* ('Impfpass')
d. *обязательная вакцинация* ('Impfpflicht')
e. *антипрививочник* ('Impfgegner')

Weil Mehrwortbenennungen im Konflikt mit dem Wunsch nach Sprachökonomie stehen, halte die russische Sprache zwar nicht immer, aber durchaus oft alternative Bildungen bereit, so dass den Mehrwortbenennungen dann äquivalente Einwortbenennungen zur Seite stehen.[1]

Konkret führen Gladrow et al. (1989) fünf Strategien zur Bildung äquivalenter Einwortbenennungen auf, die sie "suffixale Ableitung" (3a), "Konversion" (3b), "Abbreviatur" (3c), "Komposition" (3d) und "Komposition mit abbreviativ verkürzter Erstkomponente" (3e) nennen.[2] Der Schritt von der Mehrwortbenennung zur äquivalenten Einwortbenennung wird "Univerbierung" genannt. Gladrow et al. (1989) nennen u.a. die folgenden Beispiele:

(3) a. *десятилетняя школа* → *десятилетка* ('Oberschule')
b. *детская комната* → *детская* ('Kinderzimmer')
c. *высшее учебное заведение* → *вуз* ('Hochschule')
d. *птицеводческая ферма* → *птицеферма* ('Geflügelfarm')
e. *специальная школа* → *спецшкола* ('Spezialschule')

Univerbierung bezeichnet das "Zusammenwachsen mehrerer syntagmatisch verbundener Wörter" (Lehmann 2013:220). Weil syntagmatisch verbundene Wörter per definitionem *Wortformen* sind, könnte man die Univerbierung für einen syntaktischen Prozess halten. Tatsächlich handelt es sich jedoch um einen

[1] Diese Sicht spiegelt die Position der russischen Akademiegrammatik wider, die in bezug auf solche alternativen Einwortbenennungen explizit von "эквиваленты словосочетаний" (Äquivalente einer Wortverbindung) spricht (Švedova et al. 1980:140).

[2] Wie überall gehen auch in diesem Bereich die Terminologien in verschiedenen Arbeiten auseinander (vgl. ausführlich Horn-Helf 1997). Eine Terminologie ist im Übrigen – das passt in dieses Kapitel – eine Benennungskultur im Bereich einer Fachsprache, hier der Linguistik.

lexikalischen Prozess, da der Mehrwortausdruck, der der Univerbierung unterliegt, bereits eine Lexikoneinheit ist. Wenn zwei Wortformen in Texten häufig genug im Verbund erscheinen, ist es im "Streben nach Sprachökonomie" effizient, sie zusammenzuziehen, denn bei gleicher Kommunikationsleistung kann ein Wort eingespart werden. So wird aus "einer umständlichen, mehrgliedrigen Zeichenkette ein einziges komplexes Wort als grammatischer Baustein im Satz" (Erben 1993:22). Die Bedeutung bleibt bei diesem Prozess konstant.

Isačenko (1958) und Zemskaja (1973a,b) ordnen Univerbierungen wie in (3) in einen größeren historischen Prozess der "Kondensation" (Isačenko) bzw. "Zusammenziehung" (Zemskaja) sprachlicher Strukturen ein (vgl. Horn-Helf 1997). Demnach kommen neue Begriffe im Russischen zunächst als Mehrwortbenennungen in die Welt, werden sich aber aus Gründen der Sprachökonomie bei hinreichend hoher Textfrequenz im Laufe der Zeit mehr und mehr reduzieren. Dabei hört die Reduktion struktureller Komplexität nicht auf, sobald eine ehemalige Mehrwortbenennung das Einwortstadium erreicht hat. Auch ein einzelnes komplexes Wort lässt sich weiter vereinfachen, wenn z.B. aus *Automobil* das Kurzwort *Auto* wird. Auch Wortbildungen (Einwortbenennungen) stehen so gesehen unter sprachökonomischem Druck, vgl.:

(4) a. *дистанционная работа* ('Homeoffice/Telearbeit')
    b. *дистанционка* (dass.)
    c. *дистант* (dass.)

Wichtig ist zu verstehen, dass der "Kürzungsdruck" nur unter Bedingungen hoher Textfrequenz entsteht. Man kann sich den Zusammenhang – etwas naiv – wie folgt vorstellen. Die Gestalt einer Form ist immer das Ergebnis ihrer Anpassung an die Umwelt. Im Falle sprachlicher Formen sind die maßgeblichen Umweltfaktoren das, was wir im vorigen Kapitel Sprecher- und Hörerfreundlichkeit genannt haben.

Vor diesem Hintergrund kann man jetzt überlegen: Je häufiger ein Ausdruck im Diskurs erscheint, desto vertrauter wird er den Sprecherinnen und Sprechern insgesamt. Je vertrauter der Ausdruck, desto schneller kann er erkannt und verstanden werden. Dem Bedürfnis nach Hörerfreundlichkeit ist also unter Bedingungen hoher Textfrequenz sehr gut entsprochen. Weil das so ist, und weil das sprachliche Verhalten gleichzeitig auch Sprecherfreundlichkeit berücksichtigen muss, kommt diese nun zum Zuge. Die Form wird kürzer, um den Artikulationsaufwand im Sinne der Sprecherfreundlichkeit zu reduzieren.

Natürlich handelt es sich hierbei wieder um einen Unsichtbare-Hand-Prozess auf der Makroebene (vgl. Kapitel 6). Niemand überlegt sich planvoll, dass man diese oder jene Form doch kürzen könnte, weil sie in der Gesamtschau so oft vorkommt. Stattdessen ist man einfach "bequem" und sagt sich bei der konkreten Formulierung im konkreten Sprechakt: Dieses Wort ist dir so bekannt, du erkennt es sicher auch, wenn ich es abgekürzt verwende.

Der Zusammenhang, wonach frequent kommunizierte Bedeutungen dazu tendieren, durch kurze Formen ausgedrückt zu werden, wird nach Zipf (1935) als "Zipfsches Gesetz" bezeichnet: "[T]he magnitude of words stands in an inverse (not necessarily proportionate) relationship to the number of occurrences" (Zipf 1935:25). Das Zipfsche Gesetz betrifft nicht nur die Ebene des Wortes, sondern ist in allen Bereichen der Grammatik wirkmächtig.

Mit dieser theoretischen Einordnung betrachten wir jetzt verschiedene Wortbildungsprodukte, die als Ergebnisse des Prozesses der Kondensation in das russische Lexikon gekommen sind. Wie wir sehen werden, gibt es jedoch auch Wortstrukturen, die wie Univerbierungen aussehen, in Wahrheit aber das Ergebnis einer bewussten Benennungsstrategie sind. Die nun folgenden Arten von Wortbildungen ergänzen jene Wortbildungsverfahren, die ich in Kapitel 5 vorgestellt hatte.

7.3 Binomina

Gemessen an den Wortbildungsverfahren, die wir schon kennengelernt haben – Komposition, Derivation, paradigmatische Derivation, Konversion –, tanzen die sog. Binomina aus der Reihe. Weder werden hier eine lexikalische Basis und ein Wortbildungsaffix miteinander verbunden (Derivation), noch schließen sich zwei lexikalische Basen zusammen (Komposition). Womit wir es im Falle der Binomina zu tun haben ist vielmehr die Verbindung von zwei Wort*formen*, die stets als Duo auftreten.

Dass es sich bei den zwei Komponenten eines Binomens um zwei Wortformen handelt, ist insofern ein Skandal, als dass wir ja Wortbildung als Strukturbildung im Lexikon (Phase 1) definiert hatten, Wortformen aber erst durch das Anfügen der Endung an den Stamm (Phase 2) entstehen – also durch Strukturbildungsprozesse, die sich an dem konkreten syntaktischen Kontext ausrichten, in dem die Form geäußert werden soll. Binomina sind so gesehen also gar keine richtigen Wortbildungsprodukte.

Dass es sich bei den zwei verbundenen Komponenten eines Binomens um

Wortformen handelt, erkennt man daran, dass beide Wortteile ihre Form dem grammatischen Kontext anpassen, in dem der komplexe Ausdruck erscheint. Mit anderen Worten, beide Teile flektieren. Man nennt das Binnenflexion. In (5) zum Beispiel erscheint das Binomen *хлеб-соль* in einem Satzkontext, in dem der Kasuswert Instrumental gefragt ist. Beide Komponenten passen ihre morphologische Gestalt entsprechend an.

(5) *Нас* *встречали* *по* *старому*
1PL.ACC meet.PST.IPFV.3PL along old.DAT.SG.M.LF
русскому *обычаю* *хлебом-солью.*
Russian.DAT.SG.M.LF custom.DAT.SG.M bread-salt.INS.SG.M-F
'Man empfing uns nach alter russischer Sitte mit Brot und Salz.'

Soweit zu den formalen Eigenschaften, wenden wir uns jetzt der Bedeutungsseite der Binomina zu. Betrachten wir unser paradigmatisches Beispiel aus (5) unter dem inhaltlich Gesichtspunkt, so werden wir feststellen, dass *хлеб-соль* nicht einfach nur die Kombination von Salz und Brot benennt, wie etwa in Abbildung 7.1 zu sehen. Über dieses materielle Arrangement hinaus wird durch das Binomen ein Geschenk mit zeremonieller Bedeutung bezeichnet (Lehmann 2013:221).

Abb. 7.1: хлеб-соль

Die kulturelle Bedeutungsdimension des Binomens *хлеб-соль* ist ziemlich komplex und dementsprechend schwer in kurzen Worten zu beschreiben. Hier ein Versuch:

> Hier wird [...] auf der Grundlage zweier konkreter Gegenstände auf eine ganze Situation verwiesen – den Brauch, Gästen als Zeichen der entgegengebrachten Achtung Brot und Salz zu reichen, sie zu bewirten, und, noch weiter von der konkreten Situation abstrahierend, ihnen Gastfreundschaft und Fürsorge zukommen zu lassen. (Bergmann 1999:70)

Offenbar erwuchs einst das Bedürfnis, diese zeremonielle Bedeutung auf eine kurze "sprachliche Formel" zu bringen. Die "Formel" entstand durch Juxtaposition der zwei Wortformen *хлеб* und *соль*. Mit dem theoretischen Beschreibungsapparat aus Kapitel 4 können wir zweierlei feststellen. Erstens, *хлеб-соль* ist [– minimal autonom] (das Wort enthält Komponenten, die selbst autonom sind, nämlich *хлеб* und *соль*). Zweitens, die Komponenten *хлеб* und *соль* sind [– abtrennbar] (es gibt keine Möglichkeit, zwischen *хлеб* und *соль* eine andere Wortform zu stellen, ohne dass die semantische Beziehung zwischen den Komponenten sich ändern würde). Schon das Einfügen des kleinen Wörtchens *и* ('und') würde die semantische Beziehung verändern, da *хлеб и соль* nicht mehr (nur) die oben von Bergmann (1999) beschriebene zeremoniale Bedeutung ausdrückt.

Diese Eigenschaften haben Binomina soweit mit den Komposita gemeinsam. Hinzu kommt jetzt die Binnenflexion, also dass im Falle der Binomina jede der zwei Komponenten für sich (autonom) mit dem syntaktischen Kontext interagiert, in dem das Binomen geäußert wird. Hieran zeigt sich, dass das erste Element eines Binomens einen höheren Grad an linear-syntagmatischer Freiheit besitzt als das erste Element eines (klassischen) Kompositums.[3]

Dass Binomina aus autonomen Wortformen bestehen, die miteinander einen starren Verband bilden, haben sie mit den Phraseologismen gemeinsam. Genau wie letztere haben Binomina eine syntaktische Entstehungsgeschichte und gehören doch zum lexikalischen Wissen. Um das kurz zu erklären (vgl. auch Abschnitt 6.10): Im Grundsatz ist die Syntax der Mechanismus, mit dem Sprecherinnen und Sprecher aus im Lexikon abgespeicherten Wissenseinheiten durch deren Syntaktifizierung (d.h. durch ihre "Realisierung als Wortform") und Verkettung immer wieder neue Sätze für immer wieder neue kommunikative Bedürfnisse bilden können. Im Falle der Binomina und der Phraseologismen wird dieser Grundsatz aber gewissermaßen gebrochen. Hier wird nämlich eine Kette von (oft minimal autonomen) Wortformen von den Sprecherinnen und Spre-

[3] Zum Begriff der "linear-syntagmatischen Freiheit" siehe Kapitel 4.

chern *in toto* im Lexikon memorisiert, bereit zum Einsatz für ein wiederkehrendes Kommunikationsbedürfnis. Insofern *sind* Binomina Phraseologismen.

7.4 Zwillingsformeln

Verbindungen syntaktischer Wörter, die als solche Verbindungen im Lexikon gespeichert sind, nennt man Phraseologismen: "mehr oder weniger feste, 'eingefrorene' Wortkombinationen" (Lehmann 2013:122). Phraseologismen sind typischerweise durch Idiomatizität gekennzeichnet. Idiomatizität ist die Unmöglichkeit, den Sinn des Ganzen aus den Sinnen seiner Teile gemäß irgendwelcher Regeln zu ermitteln.[4] Am Beispiel *хлеб-соль* haben wir das bereits angesprochen. Die Bedeutung dieses Ausdrucks ist mehr als die Bedeutung von *хлеб и соль*, also mehr als nur Salz plus Brot.

(6) zeigt zwei Sätze, in denen zwei phraseologische sprachliche Einheiten (zwei "Verbfügungen" nach Lehmann 2013) zum Einsatz kommen:

(6) a. *Это я зарубил себе на носу.*
    b. *Das habe ich mir hinter die Ohren geschrieben.*

(6a) zeigt einen Phraseologismus der russischen, (6b) einen der deutschen Sprache. Ihre jeweilige Bedeutung ist identisch. Sie lautet in etwa: 'sich etwas merken und es möglichst nie mehr vergessen'. Wenn man die beiden Beispiele wortwörtlich liest, sind sie freilich nicht identisch. Die russische Variante bedeutet wortwörtlich 'sich etwas in die Nase kerben'.

Die zwei Sprachen benutzen hier verschiedene Beschreibungen zur Benennung desselben Sachverhalts.[5] Interlinguale Varianz an dieser Stelle ist keineswegs überraschend: Dass Phraseologismen der Sache nach Benennungen sind, wissen wir ja bereits aus Kapitel 6, und Benennungen derselben Sache können natürlich verschieden sein, in verschiedenen Sprachen allemal.

Die Phraseologismen, die in (6) vorkommen, benennen jeweils ein verbales Konzept. Das erkennt man daran, dass es ziemlich synonyme Verblexeme für diese Bedeutung gibt, nämlich *запомнить* und *sich einprägen*.

[4] In Kapitel 6 hatte ich von vollmotivierten, teilmotivierten und nicht-motivierten Mehrwortbenennungen gesprochen. Idiomatizität ist immer dann gegeben, wenn keine Vollmotivation vorliegt.

[5] Auch wenn eine gewisse Ähnlichkeit in der Art der Beschreibung unverkennbar ist.

Um zu testen, ob es sich wirklich um Synonymie handelt, muss man sich fragen: Gibt es einen Kontext, in dem man (a) sagen kann, (b) aber nicht? Finden Sie einen?

(a) *Schreib dir das hinter die Ohren!*

(b) *Präg dir das ein!*

Die Syntagmen in (6a) und (6b) haben also jeweils eine wörtliche Bedeutung, nach der sie sich unterscheiden, und eine idiomatische Bedeutung, in Hinblick auf die sie äquivalent sind. Auch die Syntagmen in (7) können wir als freie Wortverbindungen, also wortwörtlich, lesen. Dann bezeichnen sie einen Ehemann und eine Ehefrau (nicht unbedingt miteinander verheiratet), einen Tag und eine Nacht (nicht unbedingt aufeinanderfolgend) und einen Donner und einen Blitz (nicht unbedingt aus demselben Gewitter). Daneben haben sie aber auch eine phraseologische Lesart, in der sie mehr bedeuten als "das eine und das andere". Da die Wortverbindungen in dieser Lesart formelhaft für mehr als die Summe der Teile stehen werden sie oft "Zwillingsformeln" genannt:

(7) a. *муж и жена* ('Mann und Frau')
b. *день и ночь* ('Tag und Nacht')
c. *гром и молния* ('Blitz und Donner')

Als Zwillingsformel bezeichnet (7a) nicht einfach nur einen Ehemann und eine Ehefrau, sondern eine Ehegemeinschaft, mit allen Implikationen, die dazugehören. (7b) bezeichnet nicht nur einen Tag und eine Nacht, sondern einen Zeitraum von 24 Stunden ("einmal rund um die Uhr"), und kommt somit der Bedeutung von *immer* oder *ständig* nahe. Außerdem kann die Formel zum Ausdruck eines starken Kontrasts benutzt werden (ähnlich dem deutschen "ein Unterschied wie Tag und Nacht"). (7c) bezeichnet nicht nur einen Blitz und einen Donner, sondern ein Gewitter, und ist als Fluch verwendbar ähnlich wie "Donner und Doria" oder "Himmel, Arsch und Zwirn".

Wenn Sie (7c) und seine deutschsprachige Entsprechung vergleichen, sehen Sie, dass die Reihenfolge der Nomina vertauscht ist. Die deutsche Formel lautet nicht *Donner und Blitz*, ebensowenig lautet die russische *молния и гром*. Gibt es dafür womöglich einen Grund?

Dass im Falle der Beispiele in (7) beide Nominalformen flektieren, kann nicht weiter überraschen. Hier kommt ein Beispiel zur Illustration. Es stammt aus dem russischen Nationalkorpus.

(8) *И, как положено мужу и жене, всё*
and as beseemed husband.DAT.SG.M and wife.DAT.SG.F all
поровну делили: и великие муки
in_half share.PST.IPFV.PL and big.ACC.PL.F.LF agony.ACC.PL.F
и малые радости.
and small.ACC.PL.F.LF pleasure.ACC.PL.F.LF
'Und, wie es sich für Eheleute gehört, teilten sie alles paritätisch: sowohl die großen Qualen, als auch die kleinen Freuden.'

7.5 Zurück zu den Binomina

Es ist umstritten, ob man Zwillingsformeln zu den Binomina zählen sollte. Was dagegen spricht ist, dass sie aus mehr als nur zwei Nomina bestehen. Dadurch entziehen sie sich einer Definition wie der folgenden:[6]

> Binomina sind stabile komplexe Einheiten mit nominativer Funktion, die konventioneller Ausdruck für einen gegliederten Begriff sind. Formal handelt es sich um die Verbindung zweier in der Sprache auch selbständig existierender Substantive, die in der Verbindung ihre grammatische Geformtheit beibehalten. (Bergmann 1999:44)

Ich verstehe das so, dass Zwillingsformeln hier nicht als Binomina betrachtet werden und folge dieser terminologischen Praxis.[7] Mitzudenken ist aber, dass sich Binomina (oftmals) aus Zwillingsformeln entwickelt haben. Die Konjunktion ist dabei zwar auf der Formseite eingespart worden, auf der Inhaltsseite ist sie jedoch noch präsent und liefert uns den Schlüssel für das Verständnis dieser sprachlichen Erscheinung. Je nachdem nämlich, wie die Koordinationsstruktur interpretiert wird, entdecken wir verschiedene Typen von Binomina.

[6] Was aber dafür spricht ist die "klassische Definition" (Kelih 2020:104), wonach nur (!) Zwillingsformeln als Binomina zu bezeichnen sind und jene Fälle, die wir hier als typische Binomina behandeln, zu den (kopulativen) Komposita zählen (s.a. Müller 1997).

[7] Man hätte sich auch anders entscheiden können; für die Sache ist es irrelevant, wie sie metasprachlich bezeichnet wird.

Die folgende Typologie folgt Bergmann (1999) im Grundsatz der Darstellung und in vielen Beispielen, allerdings mit Abweichungen in einigen Details sowie in der Terminologie.

Typ 1: Das Binomen *N1–N2* dient zur Benennung eines Kollektivs. Das Kollektiv wird dadurch identifiziert, dass zwei Mitglieder des Kollektivs aufgezählt werden. Hierbei sind zwei Subtypen zu unterscheiden. Im ersten Fall besteht das Kollektiv genau aus den zwei Mitgliedern. (9) zeigt Beispiele.

(9) a. *отец–мать* ('Eltern')
b. *субботы–воскресенья* ('Wochenenden')
c. *руки–ноги* ('Arme und Beine')
d. *братья–сёстры* ('Geschwister')

Im zweiten Fall besteht das Kollektiv aus mehr als den zwei Dingen. Bergmann (1999:69) bezeichnet die zwei genannten Dinge als "zentral und repräsentativ für die Kategorie" und bietet u.a. die folgenden Beispiele an:

(10) a. *хлеб–чай* ('Essen und Trinken')
b. *чашки–ложки* ('Geschirr')
c. *гуси–лебеди* ('Zugvögel')

Typ 2: Das Binomen *N1–N2* dient zur Benennung eines Individuums, das von seiner Natur her ein Hybridwesen ist und deswegen gleichzeitig durch zwei Benennungen identifizierbar ist. Hier werden durch das Binomen nicht zwei Benennungen für zwei Dinge aufgezählt, sondern zwei Benennungen für ein Ding. Beispiele für diesen Typ sind:

(11) a. *диван–кровать* ('Schlafsofa')
b. *вагон–ресторан* ('Speisewagen')
c. *загрузчик–выгрузчик* ('Be- und Entlader')
d. *самолет–снаряд* ('Cruise missile')
e. *ложка–вилка* ('Göffel')

Typ 3: Das Binomen *N1–N2* dient zur Benennung einer Sache, die für ihre Art so etwas wie das Nonplusultra darstellt und zum Ausdruck dieses hohen Stellenwerts mit zwei synonymen Benennungen gewürdigt wird. (12) bietet Beispiele für diesen Typ:

(12) a. *море–океан* (‘weiter Ozean’)
b. *царь–государь* (‘Herr und Kaiser’)
c. *правда–истина* (‘reine Wahrheit’)

Nach unserer Definition sind auch “kopfinitiale Komposita” (Kapitel 5) als Binomina zu werten. In der Tat könnte man zwei der dort aufgeführten Beispiele mit gewissem Recht zu den Binomina des Typs 2 zählen, nämlich *собака-поводырь* (‘Blindenhund’) und *лошадь-качалка* (‘Schaukelpferd’).

Gleichzeitig ist aber nicht von der Hand zu weisen, dass die jeweils zweite Komponente dieser Begriffe die Bedeutung der ersten näher bestimmt. Bergmann (1999:73) spricht hier von einem “Präzisierungseffekt”. Demnach sind die Ausdrücke köpfig, mit dem ersten Element als Kopf und dem zweiten als Modifizierer. (13) zeigt Beispiele, in denen das zweifellos der Fall ist:

(13) a. *лягушка–бык* (‘Ochsenfrosch’)
b. *нос–пробка* (‘Kartoffelnase’ (wörtlich: “Korkennase”))
c. *джинсы–бананы* (‘Karottenjeans’)

Die Beispiele (13a-c) sind deswegen eindeutig köpfig, weil das jeweils benannte Ding kein Ochse, kein Korken und keine Banane ist. Die Modifikation erfolgt metaphorisch, indem die Ähnlichkeit des Designats mit dem von N2 benannten Ding den Präzisierungseffekt leitet: der Kreis möglicher Referenten wird so von allen Fröschen auf diejenigen Frösche verengt, die (im Rahmen ihrer Froschhaftigkeit) Ähnlichkeit mit einem Ochsen haben.

In den Beispielen unter (14) lässt sich Köpfigkeit nicht so einfach diagnostizieren:

(14) a. *дом–музей* (‘Hausmuseum’)
b. *брат–близнец* (‘Zwillingsbruder’)

Analysieren Sie die folgenden Binomina. Zu welchem oben genannten Typ gehören sie jeweils? Welchen Genuswert haben sie?

(a) *кресло-коляска* (‘Rollstuhl’)
(b) *меч-рыба* (‘Schwertfisch’)
(c) *женщина-врач* (‘Ärztin’)
(d) *экскаватор-погрузчик* (‘Baggerlader’)
(e) *маска-экран* (‘Gesichtsschild, Plastikvisier’)

7.6 Binomina als Neologismen

Wer genau aufgepasst hat, hat bemerkt, dass die Binomina des gegenwärtigen russischen Wortschatzes auf zwei grundsätzlich verschiedene Weisen entstanden sein können.

Zum einen entstehen Binomina als Neologismen. Es werden also nach dem Wortbildungsmuster, das Binomina repräsentieren, ganz bewusst neue Lexeme gebildet. Als Wortbildungsverfahren kommt die Bildung von Binomina nicht zuletzt zur Schaffung neuer Termini im Fachwortschatz zur Anwendung (Horn-Helf 1997). Bei Erfindungen oder Entdeckungen bietet sich dieses Verfahren an, um die neuen Exemplare als Instanzen von Unterarten bekannter Arten auszuweisen.

(15) a. *жук–олень* (‘Hirschkäfer’)
b. *насос-дозатор* (‘Dosierpumpe’)

Natürlich ist dieses Wortbildungsverfahren nicht das einzige, das in Frage kommt. Für einen Hammerhai z.B. gibt es im Russischen drei verschiedene Benennungen.

(16) a. *Молотоголовая акула*
b. *акула-молот*
c. *молот-рыба*

(16a) ist eine Mehrwortbenennung bestehend aus einem Adjektiv und einem Nomen. (16b) ist ein kopfinitiales Kompositum. Und (16c)? Aufmerksamkeit verdient, dass dieses Beispiel feminin ist. Es muss sich also um ein kopffinales Kompositum handeln. Das erkennen wir an (17), einer neuerlichen Mehrwortbenennung.

(17) *малоголовая молот-рыба* (‘Schaufelnasen-Hammerhai’)

Zudem handelt es sich bei (16c) offenbar um kein Binomen, denn der erste Wortteil flektiert nicht. Das belegt die Nominativ Plural Form (18).

(18) *молот-рыбы* (‘Hammerhaie’)

Handelt es sich um ein klassisches kopffinales Kompositum, das entgegen den Regeln der russischen Wortbildung (Kapitel 5) ohne Interfix auskommt? Nein, die Sache ist interessanter. Schauen wir uns die Tabelle in Abb. 7.1 an.

	Singular	Plural
'Hammerhai'	*молот-рыба*	*молот-рыбы*
'Schwertfisch'	*меч-рыба*	*меч-рыбы*
'Sägefisch'	*пила-рыба*	*пилы-рыбы*
'Nadelfisch'	*игла-рыба*	*иглы-рыбы*

Tab. 7.1: Sägefisch et al.

Die These, die man aus den Daten in der Tabelle ableiten kann, ist, dass es sich bei *молот-рыба* nicht um ein klassisches Kompositum handelt, sondern um ein Kompositum der Art von *лягушка-бык*, die wir zu den Binomina zählen. Bei diesen bestimmt, wie wir in Kapitel 5 sahen, die initiale Basis den Genuswert des Kompositums (*лягушка-бык* ist ein Femininum). Weil *молот-рыба* aber mit den anderen Fischarten in der Tabelle 7.1 eine Wortbildungsreihe bildet, und weil der *semantische* Kopf der Elemente dieser Reihe jeweils *рыба* ist, darf *молот* sozusagen nicht flektieren. Denn würde es das tun, wäre analog zu *лягушка-бык* zu erwarten, dass *молот* seinen Genuswert auf den komplexen Ausdruck überträgt – was zu einem Konflikt mit dem Genus des semantischen Kopfes *рыба* führen würde. Bei *пила* und *игла* entsteht dieser Konflikt nicht, weil die Erstelemente hier selbst Feminina sind. So können diese so flektieren, wie es sich für Binomina gehört, und wie es 7.1 zeigt.

Im gesprochenen Russisch werden die aus der Fachsprache kommenden Missverhältnisse übrigens korrigiert, indem das Basislexem *рыба* in die initiale Position gebracht wird. Durch dieses Manöver ist auch dieser Teil des Wortschatzes dann wieder Harmonie mit "normalen" kopfinitialen Komposita. Man spricht also von *рыба-молот*, *рыба-пила*, *рыба-меч* und *рыба-игла*. Und wie heißt wohl das freundliche Exemplar in Abbildung 7.2?

7.7 Binomina als Univerbierungen

Wir haben gesehen, dass Binomina als kreative Neubildungen in die Sprachwelt kommen können. Nun kommen wir zu der zweiten Möglichkeit, wie Binomina entstehen können, nämlich durch den Prozess der Univerbierung. Tatsächlich hatten wir diesen Fall ja schon oben in Abschnitt 7.5 angesprochen.

Ein freies Syntagma des Typs *N1 i N2* entwickelt sich zunächst durch häufigen Gebrauch zu einer "sekundären Nomination" und bringt damit eine idio-

Abb. 7.2: Wie heißt dieser Fisch?

matische Bedeutung hervor. Das ist das Stadium solcher Zwillingsformeln wie *муж и жена*. Hier haben wir es bereits mit einem Phrasem zu tun, mit der Bedeutung 'Eheleute', aber die ursprüngliche syntaktische Struktur ist (noch) erhalten. Dann beginnt die "Kondensation" (Isačenko): die Konjunktion wird von den Sprecherinnen und Sprechern immer häufiger weggelassen mit dem Effekt, dass sich für dieselbe Bedeutung Instanzen des Musters *N1–N2* verbreiten. Schließlich hat sich das Lexem *муж–жена* in der Sprachgemeinschaft so weit etabliert, dass es in aktuelle Wörterbücher aufgenommen wird. Registriert ist es z.B. in Bendixen et al. (2019).[8]

Der Schritt von *муж и жена* zu *муж–жена* oder von *хлеб и соль* zu *хлеб–соль* dürfte dem Zipfschen Gesetz folgen. Aber solange diese Überlegung nicht mit statistischen Daten unterfüttert wird, handelt es sich nur um eine Vermutung.

Zu Univerbierungsprodukten gehören bei weitem nicht nur Binomina, wie bisher betrachtet. Auch andere Wortformen können, wenn sie nur häufig genug im Verband gebraucht werden, "zusammenwachsen":

(19) a. *вечнозелёный* ('immergrün') ← *вечно зелёный*
b. *вначале* ('anfangs') ← *в начале*

In den Beispielen (19) sehen wir Univerbierungen, in denen sich die zwei Wortformen ohne materiellen Verlust der einen und der anderen Form zu ei-

[8] https://russisch.urz.uni-leipzig.de/online-woerterbuch/

ner Worteinheit verbinden. Was hier tatsächlich verloren geht ist einerseits die linear-syntagmatische Freiheit (Mel'čuk 1997, Plungjan 2000) der betreffenden sprachlichen Einheiten und andererseits die Möglichkeit, sie wortwörtlich zu verstehen.

Ist die Bedeutung eines Univerbats identisch mit der Bedeutung des univerbierten Mehrwortausdrucks? Wenn man mitdenkt, dass ja nur eine bestimmte Lesart des Mehrwortausdrucks univerbiert wird, dann ist das korrekt: die Bedeutung ist dieselbe. Was sich aber geändert hat, das ist der Status des Ausdrucks im Sprachsystem.

Wie gesehen greift der Mechanismus der Univerbierung dann, wenn eine Wortfügung sehr häufig in der betreffenden Bedeutung benutzt wird. Wir dürfen uns das vielleicht so vorstellen, dass sich die Bedeutung der Wortfügung durch den häufigen Gebrauch der Wortfügung Wortstatus verdient hat. Dieser Gedanke unterstellt, dass es etwas Besonderes für eine Bedeutung ist, von einem einzelnen Wort ausgedrückt zu werden. Und irgendwie sind Wörter, so schwer der Begriff auch zu definieren ist (vgl. Kapitel 4), ja auch wirklich etwas Besonderes. Denn wenn ein Ausdruck aus mehreren Wörtern besteht, ist es zwar möglich, aber nicht sicher, dass der Ausdruck einen Eintrag im Lexikon hat. Wenn ein Ausdruck aber nur aus einem Wort besteht, so kann man sich, sofern man es nicht mit einem Neologismus zu tun hat, sicher sein, dass dieser Ausdruck auch im Lexikon gelistet ist.

Mehrwortausdrücke, die im Lexikon gelistet sind – Idiome, Sprichwörter, Zitate und sog. Klischees – zeigt beispielhaft (20).

(20)
a. *дать дуба* ('den Löffel abgeben')
b. *Тише едешь, дальше будешь.* ('Eile mit Weile')
c. *Там хорошо, где нас нет.* ('Gut ist es da, wo wir nicht sind.')
d. *Как дела?* ('Wie geht's?')

Aber wie gesagt, von Mehrwortausdrücken erwarten wir nicht, dass sie gelistet sind. Von Wörtern jedoch erwarten wir genau das:

> [T]here is an expectancy that words should be listed, while there is no expectation that phrases or clauses should be listed. (Bauer 2017:10)

Aus dieser Asymmetrie lässt sich etwas ableiten, nämlich: Die Sprecherinnen und Sprecher einer Sprache verfolgen in ihrem kommunikativen Verhalten das Ideal ‘ein Begriff – ein Wort’. Gemessen an diesem Ideal gehört es sich für Phrasen nicht, dass sie im Lexikon gelistet sind. Anders gesagt: gelistete Phrasen sind instabil. Je häufiger ein Phrasem benutzt wird, desto häufiger wird an diese Diskrepanz zwischen Ideal und Wirklichkeit erinnert. Je klarer diese Diskrepanz im Einzelfall ins Bewusstsein tritt, desto stärker die Tendenz, gelistete Phraseme zu univerbieren.

Das folgende Zitat bringt denselben Gedanken in anderen Worten zum Ausdruck.

> [В] лексике каждого языка постоянно протекают процессы, обусловленные необходимостью устранить внутренние противоречия между расчлененностью формы [...] и единством, монолитностью обозначаемого предмета мысли. [...] утрата формальной и семантической расчленимости наименования является одним из основных законов развития лексики вообще. (Isačenko 1958:339)
>
> [Im Lexikon jeder Sprache vollziehen sich permanent Prozesse, die durch die Notwendigkeit bedingt sind, den inneren Widerspruch zwischen der Zergliedertheit der Form und der monolithischen Einheit des bezeichneten Gedankenobjekts zu bereinigen. Die Tilgung der formalen und semantischen Gegliedertheit einer Benennung ist eines der grundlegenden Gesetze der Entwicklung des Lexikons überhaupt.]

Demnach folgen Sprecherinnen und Sprecher in ihrem sprachlichen Verhalten, ohne dass sie sich darüber bewusst wären, dem Ideal ‘ein Begriff – ein Wort’. Eine starke These. Wenn sie stimmt, wäre es gerechtfertigt, den Bereich der Wortbildung auf den lexikalischen Bereich der Einwortausdrücke einzuschränken. Erinnern wir uns an Dokulils (1968:10) Definition aus Kapitel 6: “Wortbildung [hat] es nur mit Einwortbenennungen zu tun”. Unterstellt man das Ideal ‘ein Begriff – ein Wort’, so produziert ein “normaler” Wortbildungsprozess (also einer, der mit diesem Ideal im Einklang ist) Einwortbenennungen. Mehrwortbenennungen sind aus dieser Sicht “unnormal” und folglich instabil. Sie stehen automatisch unter Kürzungsdruck. Das “Streben nach Sprachökonomie”, von dem Gladrow et al. (1989) schreiben (s.o.), ist also die Neigung, diesem Druck nachzugeben, um das Ideal zu erfüllen.

7.8 Stummelkomposita

Kürzungsdruck führt zu Univerbierungen. Als solche können zurecht auch solche Fälle des Zusammenwachsens zweier Wortformen gewertet werden, bei denen phonologisches Material der beteiligten Wortformen eingespart wird. Entsprechende Beispiele werden traditionell unter den Abbreviaturen behandelt. Erinnern wir uns an den Terminus, den Gladrow et al. (1989) für diese Wortbildungsprodukte benutzen: “Kompositionen mit abbreviativ verkürzter Erstkomponente”. Ich bevorzuge Bergers (2006) Bezeichnung “Stummelkompositum”.

(21) a. *теракт* (‘Terrorakt’) ← *террористический акт*
b. *медсестра* (‘Krankenschwester’) ← *медицинская сестра*
c. *запчасти* (‘Ersatzteile’) ← *запасные части*
d. *компромат* (‘kompromittierendes Material’) ← *компрометирующий материал*

Ein interessantes Problem ist die Frage nach den Faktoren, die regulieren, welche Wortteile bei der Einsparung weggelassen werden. Es fällt schwer, eine verallgemeinerbare Regel aufzustellen, also eine, die alle Fälle erklären könnte. Warum etwa heißt es nicht *медсес*, sondern *медсестра*? Es heißt ja auch *компромат* und nicht *компроматериал*. Womöglich ist *медсес* zu kurz, weil es nur aus zwei Silben besteht? Aber es heißt *теракт* (mit zwei Silben) und nicht etwa *терроракт* (mit drei Silben)...

Interessant sind auch die folgenden zwei Beispiele im Vergleich:

(22) a. *универмаг* (‘Kaufhaus’) ← *универсальный магазин*
b. *универсам* (‘Supermarkt’)
← *универсальный магазин самообслуживания*

Hier begegnet uns in (22b) der Fall, dass durch die Univerbierung gleich drei Wortformen auf eine Wortform reduziert werden. So scheint es jedenfalls auf den ersten Blick. Zu beachten ist aber folgendes: Das Lexem *универмаг* tritt in russischsprachigen Texten etwa ab 1920 in Erscheinung, mit einer deutlichen Steigerung nach dem 2. Weltkrieg. Das Lexem *универсам* kommt dagegen erst in den 70er und 80er Jahren in Gebrauch. Das zeigen die Diagramme in Abb.7.3 aus dem Russischen Nationalkorpus.[9]

Für jedes Jahr ist die Häufigkeit pro 1 Millionen Wortformen abgetragen. Von der jeweiligen Kurvenhöhe sollten wir uns nicht täuschen lassen. An den

[9] Lopatin (1973:43) bezeichnet *универсам* als eines der seinerzeit jüngsten Kurzwörter der russischen Sprache (“одно из самых молодых сложносокращенных слов русского языка, в словарях его ещё нет”).

Abb. 7.3: univermag (oben), universam (unten)

Skalenwerten links erkennt man, dass *универсам* in sehr viel geringerer Frequenz erscheint als *универмаг*. Uns interessiert aber weniger die Kurvenhöhe, als vielmehr der Kurvenverlauf. Man erkennt, dass *универсам* zu einer Zeit in Gebrauch kommt, zu der *универмаг* bereits voll im Gebrauch ist. Das könnte man so deuten, dass auch *универсам* eine Univerbierung von nur zwei Wortformen ist, nämlich von *универмаг самообслуживания*.

Ein weiteres, im Russischen sehr häufig benutztes Univerbierungsverfahren funktioniert so: Vorausgesetzt, eine Phrase aus Adjektiv und Nomen wird so häufig gebraucht, dass die Sprecherinnen und Sprecher das Kopfnomen mit hinreichender Wahrscheinlichkeit erraten können, auch ohne dass es explizit genannt wird. Dann wird dieser Schritt, der Verzicht auf die Nennung des Kopfnomens, oft auch tatsächlich vollzogen. Beispiele hatten wir schon in Kapitel 5 unter der Überschrift “Konversion” kennengelernt. Hier kommen weitere:

(23) a. *столовая* (‘Mensa’)
b. *горничная* (‘Zimmermädchen’)[10]
c. *приёмная* (‘Empfangsraum’)
d. *больной* (‘Kranker’)

[10] vgl. Kapitel 3.

e. *взрослый* ('Erwachsener')
f. *наличные* ('Bargeld')

Eine andere Möglichkeit ist, dass das für den Kommunikationserfolg entbehrlich gewordene Kopfnomen durch einen kurzen "Dummy" ersetzt wird. Der neue Kopf ist dabei häufig das Suffix *-k*. Sein semantischer Gehalt könnte abstrakter kaum sein: *-k* bedeutet in etwa soviel wie 'Ding' oder 'Sache'. Zusätzlich bestimmt *-k*, dass das neu entstandene Lexem zum femininen Genus gehört (daran erkennen wir, dass es der Kopf der neuen Form ist). Mit der Verbindung von Adjektivstamm und *-k* ist die Bildung des neuen Stamms abgeschlossen. Weil das neue Lexem ein Femininum ist, tritt im grammatischen Kontext Nominativ Singular die Endung *-a* an den Stamm.

(24) a. *маршрутка* ('Sammeltaxi') ← *маршрутное такси*
b. *открытка* ('Postkarte') ← *открытое письмо*
c. *молочка* ('Milchprodukte') ← *молочный продукт*
d. *электричка* ('Nahverkehrsbahn') ← *электрический поезд*
e. *домашка* ('Hausaufgabe') ← *домашнее задание*

Im Kontext der Corona-Situation sind diesbezüglich u.a. die folgenden Wortbildungen entweder neu entstanden oder aus hinteren Regionen des Lexikons hervorgeholt und in aktualisierter Bedeutung recycelt worden:

(25) a. *удалёнка* ('Homeoffice') ← *удалённый ражим работы*
b. *запрещёнка* ('das Verbotene', 'NoGo') ← *запрещённая вещь*
c. *коронарка* ('Koronainfektion') ← *коронавирусная инфекция*
d. *изолационка* ('angeordnete Isolation') ← *режим самоизолация*

Um nicht den Eindruck zu erwecken, das Suffix *-k* sei das einzige russische Suffix in dieser Dummy-Funktion, füge ich Beispiele an, in denen der "neue Kopf" durch das Suffix *-nik* gebildet wird. Die Ergebnisse dieser Art der Abbreviation sind Maskulina.

(26) a. *беспилотник* ('unbemanntes Luftfahrzeug') ← *беспилотный летательный аппарат*
b. *умник* ('Schlaukopf') ← *умный человек*
c. *квартальник* ('Vierteljahreskalender') ← *квартальный календарь*

d. *зубник* ('Zahnarzt') ← *зубной врач*

Bevor ich zu den Abbreviaturen als den radikalsten Erscheinungsformen der materiellen Reduktion komme, gehe ich zunächst noch auf das Verfahren des Blendings ein.

7.9 Blending (Kontamination)

Auf den ersten Blick scheint das Blending ebenfalls ein Verfahren der Univerbierung zu sein. Auch dieses scheint sich ja auf die Formel 'aus zwei mach eins' bringen zu lassen. Tatsächlich jedoch handelt es sich um ein ganz anderes Phänomen.

Was hier passiert ist nämlich, dass zwei lexikalische Basen, meist Wurzeln, zu einer neuen miteinander "formal vermischt" werden, um ein Phänomen zu bezeichnen, das auch semantisch-konzeptuell eine Mischung aus den durch die beiden lexikalischen Basen jeweils bezeichneten Phänomenen ist.

(27) a. *морфонология* ('Morphonologie') ← *морфология* + *фонология*
b. *рунглиш* ('Runglisch') ← *русский* + *english*
c. *Толстоевский* ('Tolstoevskij') ← *Толстой* + *Достоевский*
d. *собакалипсис* ('Hundeapokalipse') ← *собака* + *апокалипсис*

Das Lexem (27a) bezeichnet jenen Teil der Linguistik, der sich mit sprachlichen Phänomenen im Überlappungsbereich von Phonologie und Morphologie beschäftigt (also z.B. mit Fragen der Allomorphie, etwa wann das Postfix -СЯ als *-ся* realisiert wird, und wann als *-сь*). Das Lexem (27b) benennt eine Mischsprache aus Englisch und Russisch (ähnlich wie das deutsche Wort *Denglisch*). (27c) bezeichnet scherzhaft alle Klassiker der russischen Literatur des 19. Jahrhunderts. Keines der zwei zugrundeliegenden Lexeme kann dabei als semantischer Kopf identifiziert werden.[11] Bei (27d) handelt es sich um einen Romantitel, zitiert aus Sannikov (1999:22).

Recherchieren Sie, was die Lexeme (a) *дерьмократия*, (b) *прихватизация* und (c) *либераст* bedeuten.

[11] Was ein semantischer Kopf ist, hatten wir in Kapitel 5 gelernt.

Blends sind eindeutig Ergebnisse des *Namings*, also als Neologismen entstanden. Ein kreativer Kopf hat einmal eine neue Benennung geschaffen, die sich durchgesetzt hat. Es handelt sich also um ein weiteres Verfahren der Stammbildung, in Ergänzung zu denen, die uns in Kapitel 5 begegenet sind. Auch hier wird lexikalisches Basismaterial "formal erkennbar inhaltlich manipuliert". Das Besondere besteht darin, dass es zwischen den beteiligten Basislexemen keine Hierarchie gibt (kein semantischer Kopf) und dass der neue Wortstamm nicht durch einfache Konkatenation (Verkettung) der zwei lexikalischen Morpheme mittels Fugenelement entsteht, wie bei der Komposition. Vielmehr werden die zwei Basislexeme unter Ausnutzung lautlich ähnlicher Wortteile "übereinander gelegt" (daher der Name des Verfahrens: blending) und teilweise beschnitten. Im Beispiel *морфонология* dient das Segment /fo/ als "Scharnier", im Beispiel *рунглиш* ist es der Vokallaut /u/ bzw. /e/. Im Beispiel *Толстоевский* ist es das Segment /oj/. Im Beispiel *собакалипсис* sind es die einander ähnlichen Lautketten /obaka/ und /apoka/.

Blending ist ein hochgradig kreatives Verfahren. Es wird bewusst eingesetzt, um passende Benennungen für neue, als kommunikationswürdig erachtete "Mischphänomene" zu finden. Hier ein paar aktuelle Beispiele:

(28)
a. *коронеологизм* ('Korona-Neologismus') ← *корона* + *неологизм*
b. *инфодемия* ('Desinformationsepidemie') ← *информация* + *эпидемия*
c. *ковидиот* ('Covidiot') ← *ковид* + *идиот*
d. *ковикулы* ('covidbedingter Urlaub') ← *ковид* + *каникулы*
e. *ковидарность* ('Solidarität mit an Covid-19 Erkrankten') ← *ковид* + *солидарность*
f. *зумби* ('Zoom-Zombi') ← *Zoom* + *зомби*
g. *коронавт* ('medizinisches Personal im Schutzanzug') ← *корона* + *космонавт*
h. *pandemüde* ← *Pandemie* + *müde*

> Welche Lautketten dienen in den Blends in (28) als "Scharnier"? Beispiel (b) tanzt etwas aus der Reihe, inwiefern?

Blends sind oft lustig. Der Humoreffekt beruht nach Sannikov (1999:22) auf einem Dreischritt bei der Verarbeitung eines solchen Wortes. Zuerst ist man angesichts des seltsamen Wortes desorientiert, bis man plötzlich die Logik der ungewöhnlichen Bildung kapiert und sich erleichtert über die Auflösung des unangenehmen Zustands der Desorientierung freut. Der Witz, der dem Verfahren des Blending innewohnt, wird nicht zufällig oft und gerne in der Werbesprache ausgenutzt. So in der folgenden Ritter-Sport Werbung (s.a. Abb. 6.2).

Abb. 7.4: Ritter Sport Werbung

Im biologischen Fachwortschatz wird das Blending oft ausgenutzt, um biologische Kreuzungen zu bezeichnen. (29) zeigt Beispiele:

(29) a. *лигр*
b. *ягупард*
c. *зебросел*
d. *лабрадудль*
e. *бестер*
f. *кама*

> Um was für Tiere handelt es sich bei den genannten? Am Beispiel von *кама* kann man sehen, dass viele dieser Begriffe als Entlehnungen in die russische Sprache gelangt sind. Woran erkennt man das?

7.10 Abbreviaturen

Viele neue Wörter entstehen durch das Verfahren der Abkürzung (Abbreviatur). Dass dieses etwas mit Sprachökonomie zu tun hat, muss wohl nicht gesagt werden. Auch Abbreviaturen haben den Effekt, dass aus einer Mehrwortbenennung eine Einwortbenennung wird.

Abkürzungen relativ umfangreicher Wortfügungen entstehen zum Beispiel dadurch, dass alles sprachliche Material bis auf die ersten Buchstaben (Laute) weggelassen wird.

(30) a. *МГУ ← Московский государственный университет*
b. *РФ ← Российская Федерация*

Viele Abkürzungen sind, so wie jene in (30), Abkürzungen von Eigennamen – Namen von Vereinen, Institutionen, Organisationen, Staaten. Die Abbreviaturen in (30) gehören zum "Buchstabiertyp" (Bruns 2013:132), weil sie Buchstabe für Buchstabe artikuliert werden (also z.B. *МГУ* = [ɛmgɛ'u]).

Wenn sich die aneinandergereihten Anfangslaute im Einklang mit der russischen Silbenstruktur aussprechen lassen, kann eine Abbreviatur als ein phonologisches Wort artikuliert werden. Dieses Verfahren wird in Bruns (2013) als "Sprechtyp" bezeichnet. Beispiele zeigt (31).

(31) a. *вуз* [vus] ← *высшее учебное заведение* ('Hochschule')
b. *СМИ* [smʲi] ← *средство массовой информации* ('Massenmedium')
c. *ООН* [o'on] ← *Организация Обьединённых Наций* ('UNO')

Abbreviaturen, die als phonologische Wörter artikuliert werden, können flektierbar oder nicht-flektierbar sein. So erscheint (31b) im grammatischen Kontext Genitiv Plural als *СМИ*, (31a) dagegen als *вузов*:

(32) *Как пандемия коронавируса*
how pandemic.NOM.SG.F coronavirus.GEN.SG.M
повлияла на работу российских
influence.PST.PFV.SG.F on work.ACC.SG.F Russian.GEN.PL
СМИ.
mass_media.GEN.PL
'Wie die Corona-Pandemie die Arbeit der russischen Massenmedien beeinflusst hat.' (academy-tv.ru)

(33) *Пандемия* *коронавируса* *значительно*
pandemic.NOM.SG.F coronavirus.GEN.SG.M significantly
повлияла *на работу* *российских*
influence.PST.PFV.SG.F on work.ACC.SG.F Russian.GEN.PL
вузов.
academia.GEN.PL
'Die Corona-Pandemie hat die Arbeit der russischen Hochschulen maßgeblich beeinflusst.' (mais.mgik.org)

Interessant ist, dass die nicht-flektierende Abbreviatur ihren Genuswert vom Kopfnomen der motivierenden Wortgruppe erbt (*СМИ* hat wie *средство* den Genuswert Neutrum, *ООН* hat wie *организация* den Genuswert Femininum), während sich die flektierende Abbreviatur in dieser Hinsicht von ihrem "Ursprung" emanzipiert hat (*вуз* ist anders als *заведение* ein Maskulinum).

Bei einer anderen Form der Abbreviatur ist die Tilgung phonologischen Materials auf alles bis auf die ersten Silben beschränkt, so wie aus dem Deutschen für z.B. *Kita* oder *Mofa* bekannt. Dieses Verfahren wird oft "Silbenkürzung" genannt, das Ergebnis ist ein "Silbenkurzwort". Diese Variante der Abbreviatur ist uns bereits oben in (21) begegnet.

(34) a. *филфак* ← *филологический факультет*
b. *молчел* ← *молодой человек*
c. *Комсомол* ← *Коммунистический союз молодёжи*

Viele Eigennamen (etwa von Konzernen) sind das Produkt einer Silbenkürzung. Anders als in den Fällen in (30) fungiert die Abkürzung hier nicht als Kurzvariante des vollen Namens, sondern ist selbst der volle Name. Zwar gibt es eine zugrundeliegende Form, von der das Kurzwort gebildet worden ist, diese bezeichnet jedoch nicht den Referenten des Kurzworts:

(35) a. *Газпром* ← *газовая промышленность* ('Gasindustrie')
b. *Яндекс* ← *языковой индекс* ('Sprachindex')

(35b) ist insofern besonders, als dass hier die erste Silbe des ersten Worts und die letzte Silbe des zweiten Worts zusammengefügt werden.[12]

[12] Es gibt allerdings noch eine zweite Etymologie zu dem Namen *Яндекс*. Demnach handelt es sich um eine Abbreviatur des englischen Syntagmas "Yet another index".

7.11 Clipping (Trunkierung)

Eine nicht zuletzt in der Jugendsprache beliebte Form der Abbreviation ist das Clipping, auch Trunkierung genannt (vgl. Švedova et al. 1980:256). Hierbei wird der hintere Teil des Wortes gleichsam abgeknipst:

(36) a. *комп* ← *компьютер*
b. *магаз* ← *магазин*
c. *универ* ← *университет*
d. *депра* ← *депрессия*
e. *прога* ← *программа*
f. *инфа* ← *информация*

Wie der Vergleich von (36a-c) und (36d-f) zeigt, wird beim Clipping nicht der hintere Teil der Wortform abgeknipst, sondern der hintere Teil des Wortstamms. Die Endung der Zielform ist normalerweise dieselbe wie die der Ausgangsform. In (36a-c) begegnet uns für den grammatischen Kontext Nominativ Singular jeweils eine Nullendung und in (36d-f) jeweils die Endung *-a*.

Das Clipping (russ.: *усечение*) ist also eindeutig ein Verfahren der Stammbildung (Phase 1). (37) stellt beispielhaft die einzelnen Schritte dar, die uns von *информация* zu *инфа* führen:

(37) a. /informacija/
b. /informacij -a/
c. /inf- ormacij -a/
d. /inf- ~~ormacij~~ -a/
e. /inf- -a/
f. /infa/

Aufmerksamkeit verdient zunächst einmal Schritt (37b). Denn hier wird deutlich, dass offenbar ein Bewusstsein für den morphologischen Stamm als linguistische Größe existiert. Wenn wir sprachliches Wissen theoretisch im Rückgriff auf die Kategorien Stamm und Endung modellieren, so betreiben wir also kein akademisches Glasperlenspiel, das von der Realität der Sprecherinnen und Sprecher losgelöst wäre.

Spannend ist dann Schritt (37c): Wo wird beim Clipping der Schnitt am Stamm angesetzt? Warum heißt es *инфа*, und nicht *информа*? Warum heißt es *магаз*, und nicht *маг*? Warum heißt es *универ*, und nicht *ун*, *унив* oder etwa, wie im Deutschen, *уни*? Welche Rolle spielt die Vermeidung von Mehrdeutigkeiten (so existiert z.B. *маг* bereits als Bezeichnung für einen Magier)?

Beim Clipping von Pluralnomina ist im Übrigen gut zu beobachten, dass die Realisierung des Phonems /i/ als [i] (Graphem *и*) oder [ɨ] (Graphem *ы*) von der Qualität des vorangehenden Konsonanten abhängt:

(38) a. *доки* ← *документы*
b. *табы* ← *таблетки*
c. *антибы* ← *антибиотики*

> Rekonstruieren Sie die ungeclippten Formen zu diesen Clippings: *смарт, фейс, ноут, проц, вел, мерс, порш, препод, конфа.*

Das Verfahren des Clipping begegnet uns in seiner Weise auch bei den sogenannten neuen russischen Vokativformen (Danièl' 2009, Kustova 2011). Hier wird bei Personenbezeichnungen, die auf unbetontes /-a/ enden, eben dieser Vokal getilgt. Die resultierende Form wird bei der Anrede der Person benutzt. Eine notwendige Bedingung ist dabei, dass die Betonung auf der vorletzten Silbe des geclippten Namens liegt. Das äußert sich etwa darin, dass die letzte Form in (39) unakzeptabel ist.

(39) a. *Маш* ← *Ма́ша*
b. *мам* ← *ма́ма*
c. *Вань* ← *Ва́ня*
d. *тётъ* ← *тётя*
e. *Серёж* ← *Серёжа*
f. *Годзилл* ← *Годзи́лла*
g. ??*Дракул* ← *Дра́кула*

7.12 Neue Wörter für neue und alte Bedeutungen

Im linguistischen Teilbereich der Wortbildung werden die Verfahren untersucht, die eine Sprache ausnutzt, um neue lexikalische Wörter zu bilden. Betrachtet man die neuen Wörter unter dem Gesichtspunkt ihrer Entstehung, so lassen sich zwei Klassen unterscheiden. Die eine Klasse umfasst jene neuen Einwortbenennungen, die durch Nomination (neudeutsch: *Naming*) entstehen. Gesucht und gefunden wurde ein neuer Name für eine neue Bedeutung. "Gesucht und gefunden" bedeutet dabei, dass der Gebrauch einer okkasionellen Wortbildung unter den Sprecherinnen und Sprechern zur Konvention wurde, sich also durchgesetzt hat. Die andere Klasse umfasst Einwortbenennungen, die daraus resultieren, dass zur Routine gewordene Mehrwortbenennungen dem Prozess der Univerbierung unterliegen. Hier entstehen keinen neuen Benennungen für neue Bedeutungen, sondern neue Benennungen für bereits existierende Bedeutungen. Das neue Wort ist eine Verkürzung eines bereits existierenden Worts oder einer existierenden Wortfügung mit äquivalenter Bedeutung.

Die Tabelle 7.2 zeigt für jedes Wortbildungsverfahren, das ich diskutiert habe, zwei Beispiele. Das erste Beispiel ist jeweils ein Wort, das via Naming als neues Wort mit neuer Bedeutung – also als Neologismus – in die russische Sprache Eingang gefunden hat. Die angeführten Beispiele stammen (bis auf eines) alle aus dem Coronawortschatz (Priemyševa et al. 2021). Das zweite Beispiel ist ein Wort, das via Univerbierung als neues Wort mit alter Bedeutung entstanden ist. Da der Prozess der Univerbierung Zeit in Anspruch nimmt, ist es schwer, hier zur Illustration Corona-Wörter zu finden, siehe aber (4).

Verfahren	Naming	Univerbierung
Komposition	*karantinoturizm*	*pticeferma*
Derivation	*kovidënok*	*distancionka*
Binomina	*maska–èkran*	*muž–žena*
Silbenkürzung	*(Gasprom)*	*kompromat*
Blending	*zumbi*	?
Initialkürzung	?	*MGU*
Clipping	?	*univer*

Tab. 7.2: Wortbildungsverfahren: neues oder kürzeres Wort?

Die Tabelle enthält drei Fragezeichen. Das sind Kombinationen, für die ich keine Beispiele kenne. Ich vermute, dass die als Fragezeichen markierten Lücken systematisch sind. Womöglich *kann* der Prozess der Univerbierung/Kondensation nicht in einer Wortstruktur münden, wie sie für Blends kennzeichnend ist? Und welchen Sinn macht eine Abkürzung nach Art des Buchstabiertyps, wenn es nichts zu buchstabieren gibt? Und, ganz ähnlich, wo soll eine geclippte Form herkommen, wenn es keine zugrundeliegende ("ungeclippte") Form gibt?

Das Beispiel *Gazprom* habe ich eingeklammert, weil es in gewisser Weise besonders ist. Zwar gibt es keine ungekürzte Form derselben Bedeutung, und insofern ist das Wort ein Neologismus. Andererseits jedoch gibt es die Mehrwortbenennung *gazovaja promyšlennost'* ('Gasindustrie'), die für den Eigenamen *Gasprom* quasi als virtuelles Äquivalent Pate stand.

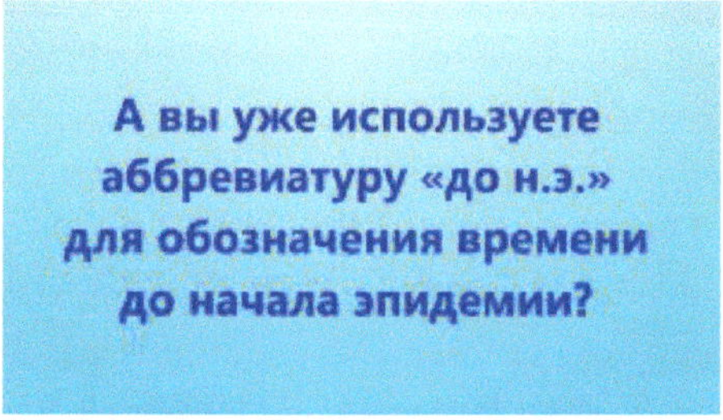

Abb. 7.5: Internet Meme

8 Das Verb und seine grammatischen Kategorien

8.1 Überblick

Die lexikalischen Einheiten einer Sprache lassen sich in verschiedene Wortarten einteilen. Kriterium dafür sind die grammatischen Regeln, die für ein Lexem morphologisch (also in Hinblick darauf, in welcher Form es in Texten erscheint) und syntaktisch (also in Hinblick darauf, in welcher Weise es als Form im Satz mit anderen Formen verknüpft wird) relevant sind. Das hatten wir in Kapitel 2 gelernt. Jetzt wenden wir uns einer zentrale Wortart zu, über die ausnahmslos jede Sprache verfügt: dem Verb.

Ein im deutschsprachigen Raum bekanntes Verblexikon des Russischen ist Daum & Schenk (1976). In diesem sehr empfehlenswerten Nachschlagewerk sind auf über 700 Seiten 20.000 Verblexeme unter der jeweiligen Infinitivform eingetragen. Interessant ist nun Folgendes: Für manche Verben werden in ihrem Lexikoneintrag neben dem Infinitiv weitere Formen angegeben, die notwendig sind, damit man sich das jeweilige Formenparadigma korrekt erschließen kann. Bei anderen Verben werden hingegen keine weiteren Formen angegeben. Stattdessen findet man nur eine Zahl zwischen 1 und 7. Diese Zahlen verweisen einen auf ein Musterparadigma am Anfang des Buches. Es gibt demnach also zwei Arten von Verben. Solche, deren Formen einem wiederkehrenden Muster folgen. Das sind die regelmäßigen Verben. Und solche, für die jeweils eigene (idiosynkratische) Formen angegeben werden müssen. Das sind die unregelmäßigen Verben.

Im vorliegenden Kapitel schauen wir uns die Sache genauer an und nehmen Einblick in die Formenvielfalt unregelmäßiger Verblexeme. Wir erfahren, über welche Klassen regelmäßiger (produktiver) Verben das Russische verfügt und dass russische Verben zwei Stämme haben. Zudem lernen wir *en passant* die grammatischen Kategorien des russischen Verbs kennen.

Das Kapitel ist wie folgt aufgebaut. Zunächst weise ich auf eine Besonderheit im Verhältnis von Stamm und Endung im Bereich des Verbs hin. Die Darstellung unterbreche ich sodann für Kurzportraits der sieben grammatischen Kategorien des russischen Verbs: Aspekt, Genus verbi, Tempus, Modus, Person, Numerus und Genus. Daran anschließend erkläre ich, was es mit der sog. Zweistämmigkeit russischer Verbformen auf sich hat. Den Rest des Kapitels nutze ich, um die bekannte Klassifikation russischer Verben nach Isačenko (1968) vorzustellen. Die Materie ist relativ komplex und vielleicht etwas trocken, aber versuchen sie einmal, sich den Inhalt der acht Seiten konzentriert zu eigen zu machen.

8.2 Wie ein russisches Verb aufgebaut ist

Ein russisches Verb wird grundsätzlich genauso gebaut wie jede Wortform, d.h. so wie wir es in Kapitel 3 kennengelernt haben. In einem ersten "Arbeitsschritt" (Phase 1) entsteht der Wortstamm. Der fertige Verbstamm wird dann in einem zweiten "Arbeitsschritt" (Phase 2) mit einer grammatischen Endung ausgestattet.

Der Aufbau russischer Verbformen ist aber durch eine Besonderheit gekennzeichnet. Um sie zu verstehen, muss man der Endung des Stamms besonderes Augenmerk schenken. Achtung, mit "Endung des Stamms" ist hier nicht die in Phase 2 an den fertigen Stamm tretende grammatische Endung gemeint. Gemeint ist vielmehr das letzte Wortsegment, das zum Stamm gehört. Um terminologisch eindeutig zu sein, werde ich von "Stammende" (Phase-1-Endung) im Gegensatz zu "Flexionsendung" (Phase-2-Endung) sprechen. Dem Stammende ist also besondere Aufmerksamkeit zu schenken, denn:

(1) **Interaktion von Stamm und Endung beim Verb:** Das Stammende variiert für ein und dasselbe russische Verblexem systematisch in Abhängigkeit der zu erwartenden Flexionsendung.

Mit anderen Worten, die Strukturbildung in Phase 1 antizipiert bereits die Strukturbildung in Phase 2. Abstrakt gesprochen: Der Verbstamm hat, für ein und dasselbe Lexem, die Form A, wenn die Flexionsendung X ist, und die Form B, wenn die Flexionsendung Y ist. Der Unterschied zwischen A und B betrifft das Stammende. Sehen wir uns ein Beispiel an:

(2) a. *Прошу* *арестовать* *меня.*
request.PRS.IPFV.1SG arrest.INF.PFV 1SG.ACC
'Verhaften Sie mich bitte!' (lit.: 'Ich bitte, mich zu verhaften.')

b. *Арестуйте* *меня,* *пожалуйста.*
arrest.IMP.PFV.PL 1SG.ACC please
'Verhaften Sie mich bitte!'

In den zwei sinngleichen Sätzen kommt jeweils eine Wortform aus dem Paradigma des Lexems АРЕСТОВАТЬ vor. In (2a) die Infinitivform, in (2b) die Form des Imperativ Plural. Wie lautet nun jeweils der Verbstamm dieser Formen? Im ersten Fall lautet er *арестова-* und im zweiten Fall *арестуй-*. Die zwei Stämme unterscheiden sich durch das jeweilige Stammende. Zur Bildung des Infinitivs ist der eine Stamm gefragt, zur Bildung des Imperativs der andere. Die Flexionsendung, die eigentlich erst in Phase 2 auf den Plan tritt, bestimmt also offenbar maßgeblich die Form des Stamms, der in Phase 1 gebildet wird, mit.

Durch seine Flexionsendung wird, wie wir wissen, das Wort für den grammatischen Kontext passfähig gemacht, in dem die zu bildende Wortform erscheinen soll. Da "grammatische Kontexte" per definitionem nicht anderes sind als verschiedene Wertebelegungen für die grammatischen Kategorien einer Wortart (Kapitel 1), sollten wir uns an dieser Stelle die grammatischen Kategorien des russischen Verbs einmal vollständig vor Augen führen. Es handelt sich dabei um sieben grammatische Kategorien, die an dieser Stelle alle wenigstens einen kurzen individuellen Kommentar verdienen. Wir werden also nun ein wenig von unserem roten Faden abweichen, um ihn danach sogleich wieder aufzugreifen.

8.3 Die grammatischen Kategorien des Verbs

Die Verbalkategorien des russischen Verbs lauten: Aspekt, Genus verbi, Tempus, Modus, Person, Numerus und Genus. Um sich zu merken, dass es sieben sind, hat ein Student einmal vorgeschlagen, sie die "glorreichen Sieben" zu nennen (im Gegensatz zu den "fantastischen Vier" Nominalkategorien Kasus, Numerus, Genus und Belebtheit). Sie sollen im Folgenden in aller Kürze vorgestellt werden. Einen ausführlicheren Überblicksartikel bietet z.B. Mehlig (1999).

8.3.1 Aspekt

Der Aspekt ist im Russischen eine binäre grammatische Kategorie, mit den zwei Bedeutungen 'Perfektiv' und 'Imperfektiv'. Was genau diese zwei Grammeme zum Ausdruck bringen ist Gegenstand umfangreicher Diskussionen.

Indem sie die Verwendung der Formen in russischsprachigen Texten beobachten, versuchen die Linguistinnen und Linguisten, die in diesem Bereich arbeiten, auf den semantischen Gehalt der zwei Grammeme zu schließen. Aus

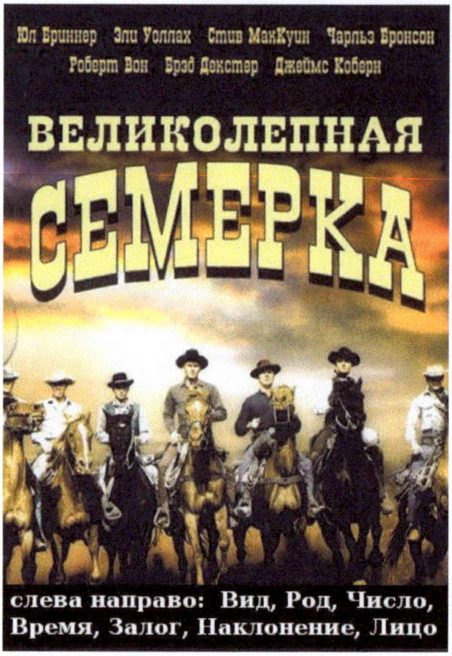

Abb. 8.1: Die glorreichen Sieben

den so hypothetisierten Bedeutungen der Kategorien Perfektiv und Imperfektiv ergeben sich - sozusagen von der anderen Seite aus betrachtet - Voraussagen darüber, in welchen Kontexten perfektive und entsprechend imperfektive Verbformen verwendet werden können. Eine ideale Theorie würde alle tatsächlichen Aspektverwendungen korrekt voraussagen.

In seinem Kernbereich ist die Kategorie des russischen Verbalaspekts seit langem gut verstanden und lässt sich vielleicht am besten so darstellen, dass die Sprecherin[1] mit einer perfektiven Verbform auf ein einzelnes, bestimmtes, vollendetes Ereignis referiert, während eine imperfektive Verbform zu benutzen ist, wenn mindestens eine dieser drei Bedingungen nicht erfüllt ist.[2] Diese Verwendungsbedingungen, die aus Maslovs (1974) klassischer Analyse folgen, fasst (3) noch einmal kurz zusammenfasst:

[1] Ich wechsele wieder in das generische Femininum, um nicht so oft hintereinander das umständliche "die Sprecherin bzw. der Sprecher" sagen zu müssen.

[2] Ich hatte oben von "umfangreichen Diskussionen" gesprochen. Auch diese klassische Theorie ist nicht ohne Widerspruch geblieben.

(3) **Aspektgebrauch im Russischen:**

a. Verben bezeichnen Ereignisse. Verwende eine perfektive Verbform immer dann, wenn (i) das Verb nur ein Ereignis bezeichnet, (ii) das Ereignis als konkret raumzeitlich lokalisiert zu verstehen ist und (iii) das Ereignis als vollendet zu verstehen ist.

b. Ansonsten verwende eine imperfekte Form.

Das ist zugegebenermaßen relativ kompliziert. Schauen wir uns zum besseren Verständnis zwei einfache Beispiele an:

(4) a. *Ваня прочитал письмо от Деда Мороза.*

b. *Ваня читал письмо от Деда Мороза.*

Die Verbform *прочитал* ist perfektiv. (4a) kann deswegen nur in Kontexten verwendet werden, in denen der Sprecher (oder die Sprecherin) sich auf ein einzelnes, bestimmtes und vollständiges (vollendetes) Lesen des Briefes bezieht. Der typische Kontext, der dazu passt, ist einer, in dem die unmittelbaren Folgen des Lese-Ereignisses relevant sind, z.B.: "Vanja hat sich den Brief des Weihnachtsmanns durchgelesen und ist nun völlig konsterniert".

Die Verbform *читал* ist imperfektiv. Das erlaubt eine Verwendung in Kontexten, in denen es um kein einzelnes Ereignis geht: "Vanja hat den Brief des Weihnachtsmanns immer wieder gelesen". Oder wenn es um kein bestimmtes Lese-Ereignis geht, sondern darum, dass Vanja den Brief überhaupt gelesen hat: "Vanja hat den Brief des Weihnachtsmanns gelesen. Wenn du wissen willst, was drinsteht, kannst du ihn fragen." Oder in Kontexten, in denen es nicht um ein vollendetes Ereignis geht: "Als seine Mutter ihn zum Essen rief, hat Vanja gerade den Brief des Weihnachtsmanns gelesen."

Soweit zur inhaltlichen Seite der Aspektkategorie. Was die formale Seite betrifft, so ist die Lage ebenfalls relativ kompliziert. Es gibt kein Morphem, das ein Verb eineindeutig als 'Perfektiv' oder 'Imperfektiv' ausweisen würde. Pi mal Daumen kann man sich für den Anfang folgende Regel merken:

(5) a. Eine russische Verbform ist perfektiv, wenn der Verbstamm eines der Präfixe in (b) besitzt und keines der Suffixe in (c).

b. *v-(vo-), vz- (vs-, vzo-), vy-, do-, za-, iz (is-, izo-), na-, nad- (nado-), o- (ob-, obo-), ot- (oto-), pere-, po-, pod- (podo-), pri-, pro-, raz- (ras-, razo-), s- (so-), u-*

c. *-yva, -iva, -á, -já, -eva, -va*

Diese Verallgemeinerung trifft zwar den Kern, ist aber noch sehr grob und vor allem unvollständig. Wer es genauer verstehen will, der lese zum Beispiel Breu (2009) für eine umfassendere Einführung in die Aspektmarkierung. Eine extrem nützliche russischsprachige Gesamtdarstellung zum russischen Verbalaspekt generell ist Zaliznjak & Šmelev (1997).

Die Aspektkategorie ist in den slavischen Sprachen allumfassend (totalisiert). Damit ist gemeint, dass ausnahmslos jede Verbform, die in einem russischen Text vorkommt, entweder perfektiv oder imperfektiv ist. Das betrifft selbst die Infinitive.

8.3.2 Genus verbi

Es gibt noch eine zweite totale grammatische Verbkategorie. Ausnahmslos jede Verbform, die in einem russischen Text vorkommt, ist entweder aktiv oder passiv. 'Aktiv' und 'Passiv' sind die zwei Grammeme der Kategorie Genus verbi.

Passivformen werden unterschiedlich gebildet je nachdem, ob man es mit einem imperfektiven oder perfektiven Lexem zu tun hat:

(6) a. *Блюд* *готовилось* *несколько.*
dish.GEN.PL.N prepare.PST.IPFV.3SG.PASS.N several
'Speisen wurden mehrere bereitet.'

b. *Много всяких* *вкусных* *блюд*
many all.GEN.PL.LF tasty.GEN.PL.LF dish.GEN.PL.N
было приготовлено.
prepare.PST.PFV.3SG.PASS.N
'Viele der allerleckersten Speisen waren bereitet worden.'

Das Passiv eines perfektiven Verblexems wird durch eine analytische Form gebildet, d.h. durch zwei Wörter: ein Hilfsverb (hier: *было*) und eine nichtfinite Verbform, ein Partizip (hier: *приготовлено*). Weil analytische Formen zwar aus mehreren syntaktischen Wörtern bestehen, aber eine grammatische Form bilden, erhalten sie von mir nur eine Glosse in der Metasprache.

Der Bedeutungsunterschied zwischen 'Aktiv' und 'Passiv' ist nun interessant: rein inhaltlich besteht nämlich keiner. Zumindest, wenn man unter "Inhalt" die Situation versteht, auf die sich eine sprachliche Form bezieht. Satz (7), ein Aktivsatz, bezeichnet exakt dieselbe Situation wie der Passivsatz (6b). Der Unterschied besteht in der Weise, wie die Situation beschrieben wird.

(7) *Приготовили* *много* *всяких* *вкусных*
prepare.PST.PFV.3PL many all.GEN.PL.LF tasty.GEN.PL.LF
блюд.
dish.GEN.PL.N
'Man hatte viele der allerleckersten Speisen bereitet.'

Die Nominalphrase *много всяких вкусных блюд* fungiert im Passivsatz als Subjekt und im Aktivsatz als direktes Objekt. Mehr dazu in Kapitel 9.

Die übrigen fünf grammatischen Kategorien sind, im Gegensatz zu den Kategorien Aspekt und Genus verbi, nicht für alle möglichen Verbformen relevant.

8.3.3 Tempus

Traditionell geht man davon aus, dass die Tempuskategorie über drei Grammeme verfügt: 'Vergangenheit', 'Gegenwart' und 'Zukunft'. Manchmal werden auch Analysen verfolgt, die nur zwei Grammeme ('Vergangenheit' und 'Nicht-Vergangenheit') ansetzen (z.B. Borik 2006). Wir bleiben hier bei der traditionellen Annahme.

Mit der Vergangenheitsform des Verbs wird ausgedrückt, dass die Zeit, über die die Sprecherin eine Aussage treffen will, vor der Sprechzeit liegt. Mit einer Gegenwartsform, dass die Zeit, über die eine Aussage gemacht wird, mit der Sprechzeit zusammenfällt. Und mit der Zukunftsform, dass sie nach der Sprechzeit liegt.

Die "Zeit, über die die Sprecherin eine Aussage treffen will", nennt man in der Tempussemantik oft die Referenzzeit (manchmal auch Topikzeit oder Assertionszeit, vgl. Klein 1992, 1994). Sie ist insofern wichtig und besonders, als dass sie durch die Sprecherin festgelegt wird. Die Sprechzeit (Äußerungszeit) und die Zeit, zu der das berichtete Ereignis stattfindet (Ereigniszeit), sind dagegen objektiv festgelegt. Objektiv soll heißen: sie folgen aus dem faktischen Zustand der Welt, über die gesprochen wird; die Sprecherin hat keinen "Gestaltungsspielraum" in Bezug auf diese Informationen.

Auch die Tempusinformationen des Verbs interagieren eng mit den Aspektinformationen. Wenn ich von einem imperfektiven Lexem eine Präsensform baue, erhalte ich eine Präsensform. Wenn ich aber von einem perfektiven Lexem rein formal eine Präsensform baue, erhalte ich keine Form mit Präsensbedeutung, sondern eine Form mit Futurbedeutung. Das bedeutet nichts anderes als dass ich eine Futurform erhalte. Die Tabelle 8.1 versucht diese "Verschiebung" darzustellen.

	Präteritum	Präsens	Futur
Imperfektiv	*писал*	*пишет*	*будет писать*
Perfektiv	*написал*	*напишет* →	*напишет*

Tab. 8.1: Interaktion von Aspekt und Tempus

Der Grund besteht darin, dass die Bedeutung 'Präsens' und die Bedeutung 'Perfektiv' miteinander semantisch unverträglich sind.

> Nach allem, was Sie in diesem Kapitel schon gelernt haben: Warum vertragen sich die Bedeutungen 'Präsens' und 'Perfektiv' nicht?

Die Festlegung auf eine der drei Bedeutungen 'Vergangenheit', 'Gegenwart' oder 'Zukunft' hat den Moduswert Indikativ zur Voraussetzung. Deswegen sind die Tempusbedeutungen (Tempusgrammeme) für Konjunktiv- und Imperativformen irrelevant, ebenso wie für den Gebrauch des Infinitivs. Was aber ist Modus eigentlich? Das erklärt der folgende Abschnitt.

8.3.4 Modus

Modus ist eine grammatische Kategorie des russischen Verbs, bei der eine von drei Bedeutungen 'Indikativ', 'Konjunktiv' oder 'Imperativ' zum Ausdruck kommen muss.

Ist der Moduswert auf 'Indikativ' gesetzt, indem eine Indikativform benutzt wird, so wird damit zum Ausdruck gebracht, dass der geäußerte Satz sich auf ein Ereignis in der realen Welt bezieht. Als "reale Welt" gilt im Normalfall die Welt, zu der als Realitäten auch die Sprecherin gehört. Narrative Texte, also zum Beispiel Erzählungen, sind in der Hinsicht besonders. Denn in narrativen Texten übernimmt die erzählte Welt die Rolle als Bezugswelt für sprachliche Kategorien (wie z.B. Indikativformen), und im Normalfall fällt die erzählte Welt dann nicht mit der Welt der Erzählerin zusammen (Padučeva 1996).

Wird eine Konjunktivform benutzt (Moduswert: 'Konjunktiv'), so wird dadurch die Bezugnahme auf ein Ereignis in einer Welt ausgedrückt, die von der realen Welt der Sprecherin in mindestens einem Punkt abweicht:

(8) *Если бы у меня была работа,*
if CONJ at 1SG.GEN be.PST.IPFV.3SG.N work.NOM.SG.F
я бы работал. А у меня
1SG.NOM CONJ work.PST.IPFV.3SG.M but at 1SG.GEN
job, и я jobываю.
job.NOM.SG.M and 1SG.NOM work.PRS.IPFV.1SG
'Hätte ich eine Arbeit, würde ich arbeiten. Aber ich habe einen Job, und so jobbe ich.'

Das dritte Grammem der Moduskategorie nennt sich 'Imperativ'. Mit der Äußerung einer Imperativform verbindet die Sprecherin den Auftrag an die Hörerin, diese möge so handeln, dass das, was der Satz beschreibt, Realität wird. Im Bewusstsein darüber, dass der Lauf der Welt durch unser Handeln gestaltet wird, dienen Imperativsätze dazu, andere zum Handeln im eigenen Interesse zu bewegen.

Die Infinitivform kennt keine Modusunterscheidungen.

8.3.5 Person

In Hinblick auf die Kategorie der Person muss eine von drei grammatischen Bedeutungen am Verb ausgedrückt werden: '1.Person', '2. Person' oder '3. Person'. Es handelt sich um eine Kongruenzkategorie. Damit ist gemeint, dass anhand des Person-Werts der Verbform eine Information über den Referenten des Subjekts des Satzes, in dem das betreffende Verb das Prädikat bildet, angezeigt wird. 1.Person: Der Subjektreferent ist die Sprecherin oder eine Gruppe inklusive der Sprecherin. 2. Person: Der Subjektreferent ist die Hörerin oder eine Gruppe inklusive der Hörerin, aber exklusive der Sprecherin. 3. Person: Der Subjektreferent ist weder die Sprecherin noch die Hörerin noch eine Gruppe inklusive Sprecherin oder Hörerin.

Dass die Personkategorie genau diese drei Grammeme umfasst, folgt aus ganz prinzipiellen Kommunikationsbedingungen, die für jede Sprache gültig sind. Was ich meine ist uns ganz am Anfang von Kapitel 1 begegnet, als ich das Organon-Modell erwähnte. Dieses Sprachmodell hat, wie Sie sich vielleicht erinnern, drei Komponenten: den "Sender", den "Empfänger" und die "Gegenstände und Sachverhalte". Es berücksichtigt also die Tatsache, dass sprachliches Handeln grundsätzlich immer darin besteht, dass ein Sprecher (oder eine Sprecherin) einem Hörer (oder einer Hörerin) Informationen über etwas mitteilt. Der Sprecher und der Hörer sind immer Personen. Das "etwas", worüber gesprochen wird, kann auch eine Person sein oder eine Person beinhalten. Das muss aber nicht der Fall sein. Die drei Werte der grammatischen Kategorie Person reflektieren also dieses grundsätzliche Set-up, in dem sich Sprache entwickelt hat und vollzieht.

Neben dem Infinitiv, der keine Person-Unterscheidungen kennt, bleibt die grammatische Kategorie der Person auch im Tempus Vergangenheit und im Modus Konjunktiv unausgedrückt. Während die Person-Abstinenz beim Infinitiv systematisch ist, ist sie in Vergangenheits- bzw. Konjunktiv-Kontexten historisch bedingt. Es hätte also auch anders sein können, wie andere slawische Sprachen belegen:

(9) a. *pisałam / pisałaś / pisała* ('ich/du/sie schrieb'). (Po)
b. *(ja) pisala / (ty) pisala / (ona) pisala* ('ich/du/sie schrieb'). (Ru)

Die Formen in (9) bedeuten jeweils: 'ich schrieb' / 'du schriebst' / 'sie schrieb'. Während das Polnische den Person-Wert durch die Endung unterschiedlich markiert, steht im Russischen eine Form für alle drei Bedeutungen. Eine Konsequenz daraus ist, dass im polnischen Satz das Subjekt-Pronomen problemlos verzichtbar ist (sog. Pro-Drop). Das Weglassen des Subjekts ist im Russischen dagegen nur möglich, wenn aus dem Kontext heraus klar wird, ob im jeweiligen Fall die Sprecherin, die Hörerin oder weder die Sprecherin noch die Hörerin die Schreiberin ist.

8.3.6 Numerus

Der Numerus ist ebenfalls eine Kongruenzkategorie. Am Verb wird hierbei markiert, ob das Subjekt des Satzes ein einzelnes Ding ('Singular') oder mehr als ein Ding ('Plural') bezeichnet. Alle Formen des russischen Verbparadigmas sind für Numerus markiert, bis auf den Infinitiv.

Wenn von der grammatischen Verbkategorie Numerus die Rede ist, ist immer diese Kongruenzkategorie gemeint. Verwechslungsgefahr besteht mit einem anderen Phänomen, das manchmal "verbaler Plural" genannt wird (vgl. Dressler 1968). Ein anderer Begriff für dieselbe Sache ist das englische "Pluractionality", ein schicker Blend aus *plural* und *actionality*. Gemeint ist die Möglichkeit vieler Sprachen, mit lexikalischen (Wortbildungs-) Mitteln Verbformen zu bauen, die explizit eine wiederholte Realisierung eines Ereignisses bezeichnen.

Auch das Russische verfügt über solche "verbalen Pluralia". (10) zeigt ein paar Beispiele. Man liest nicht selten, dass diese Bildungen "archaisch" seien (z.B. Padučeva 2015 mit Verweis auf Švedova et al 1980). Doch dieses Urteil ist zu pauschal (Tatevosov 2013:62-63). Wie spätestens (10d) zeigt, ist das Verfahren produktiv, denn es kommt auch für aktuelle Neubildungen zum Einsatz, die so ziemlich das Gegenteil von archaisch sind (vgl. (8)).

(10) a. *хаживать* ('immer mal wieder wo hingehen')
b. *плакивать* ('von Zeit zu Zeit weinen')
c. *слыхивать* ('hier und da etwas aufschnappen')
d. *джобывать* ('hier und da Geld verdienen', 'jobben')

Um Verwechslungen zu vermeiden ist es ratsam, hier nicht von verbalen Pluralia zu sprechen, obwohl die Analogie zu nominalen Pluralia schon irgendwie einleuchtet. Die Form *хожу* bezeichnet ein einzelnes Gehen-Ereignis[3] und die Form *хаживаю* mehr als ein Gehen-Ereignis.

In der russistischen Linguistik wird der Fall "mehr als ein Ereignis" in der Regel als "Iterativität" bezeichnet. Das Derivationssuffix *-yva/-iva* fungiert demnach in (10) als Iterativmarker.

Um es nochmal klar zu sagen: Mit der grammatischen Verbalkategorie Numerus (Singular vs. Plural) ist nicht der Kontrast zwischen *хожу* und *хаживаю* gemeint, welche rein lexikalischer Kontrast ist, sondern die Opposition von z.B. *хожу* und *ходим*.

8.3.7 Genus

Schließlich das Genus, das ist die dritte Kongruenzkategorie des russischen Verbs. Durch die Genusmarkierung an der Verbform ist erkennbar, ob das Lexem, von dem das Subjekt des Satzes gebildet ist, zur lexikalischen Klasse der Maskulina, Feminina oder Neutra gehört. Allerdings beschränkt sich die Genusmarkierung im Russischen nur auf Kontexte mit der Wertebelegung [Tempus: Vergangenheit] und [Modus: Konjunktiv], und hier wiederum jeweils nur unter der Bedingung [Numerus: Singular].

Das Genus ist (neben dem Verbalaspekt) die einzige klassifizierende grammatische Kategorie des Verbs. Da es sich um eine Kongruenzkategorie handelt, signalisiert das Verb durch seine Genusmarkierung aber nicht seine eigene Klassenzugehörigkeit, sondern die des Subjekt-Nomens. Wenn das Verb z.B.

---

[3] Die Form *хожу* kann sich aber, weil sie imperfektiv ist, im geeigneten Kontext auch auf mehrere Ereignisse beziehen (vgl. 8.3.1).

maskulin ist (*упал*), so heißt das, dass das Kopfnomen (*мешок*) der Subjekt-Phrase (*мешок риса*) lexikalisch als ein Maskulinum klassifiziert ist.

(11) *В Китае* *упал* *мешок*
in China.LOC.SG.M fall.PST.PFV.3SG.M sack.NOM.SG.M
риса.
rice.GEN.SG.M
'In China ist ein Sack Reis umgefallen.'

Wir können es auch so sagen: Das Lexem МЕШОК ist wie alle Nomina "genusfest". Sein (fester) Genuswert ist 'maskulin'. Da es in (11) als Kopf des Satzsubjekts erscheint, und da der Kopf seine Eigenschaften an die Subjektphrase vererbt, ist nach den Regeln der russischen Grammatik im Vergangenheitstempus an der Verbform, die das Prädikat stellt, eben dieser Wert 'maskulin' zum Ausdruck zu bringen.

Ich schrieb oben, dass durch die Genusmarkierung an der Verbform erkennbar sei, ob das Lexem, auf dessen Basis das Subjekt des Satzes gebaut ist, zur lexikalischen Klasse der Maskulina, Feminina oder Neutra gehört. Blamiert sich diese Aussage nicht an dem folgenden sprachlichen Datum (aus dem russischen Nationalkorpus)?

Врач *сделала* *укол.*
doctor.NOM.SG do.PST.PFV.SG.F injection.ACC.SG.M
'Die Ärztin setzte eine Spritze.'

Die Verbform *сделала* ist eindeutig feminin. Welches Genus hat die Subjektform *врач*?

8.4 Die Zweistämmigkeit russischer Verben

Nach diesem kursorischen Überblick über die Verbalkategorien des Russischen kommen wir nun zurück zu unserem roten Faden – der Frage, wie eine russische Verbform aufgebaut ist. Je nachdem, welche der grammatischen Kategorien im gegebenen Kontext relevant sind und welches Grammem einer relevanten Kategorie zum Ausdruck kommt, wird der Verbstamm in einer von zwei Varianten erscheinen. Die zwei Möglichkeiten unterscheiden sich im Stammende.

Traditionell werden die zwei Varianten "Infinitivstamm" und "Präsensstamm" genannt.[4]

Die Tabelle 8.2 listet auf, welche Verbformen auf Basis des Infinitivstamms und welche auf Basis des Präsensstamms gebildetet werden (Partizipialformen habe ich hier weggelassen, s.u.).

vom Infinitivstamm gebildet	vom Präsensstamm gebildet
Infinitive	Präsensformen
Präteritalformen	Imperativformen
Futurformen imperfektiver Verben	Futurformen perfektiver Verben
Konjunktivformen	

Tab. 8.2: Verteilung Präsens- und Infinitivstämme

Um konkret zu werden, sehen wir uns die Sache beispielhaft an dem Formenparadigma des perfektiven Verblexems НАПИСАТЬ an (Tabelle 8.3).

	Fut	Prät	Konj	Imp
1Sg	*напишу*	*написал(а)*	*написал(а) бы*	–
2Sg	*напишешь*	*написал(а)*	*написал(а) бы*	*напиши*
3Sg	*напишет*	*написал(а/о)*	*написал(а/о) бы*	–
1Pl	*напишем*	*написали*	*написали бы*	–
2Pl	*напишете*	*написали*	*написали бы*	*напишите*
3Pl	*напишут*	*написали*	*написали бы*	–

Tab. 8.3: Paradigma von НАПИСАТЬ

Wie lautet der Präsensstamm des Lexems НАПИСАТЬ, wie lautet der Infinitivstamm dieses Lexems? Die Antwort sollten Sie problemlos selbst ermitteln können, indem Sie die Tabellen 8.2 und 8.3 zusammendenken.

[4] Die Annahme der Zweistämmgkeit des russischen Verbs ist nicht unwidersprochen. Analysen, die nur von einem Stamm ausgehen, wurden u.a. von Jakobson (1984[1948]) und Townsend (1975) vorgeschlagen. Timberlake (2004:98) argumentiert, dass auch Jakobsons Analyse bei genauerer Betrachtung auf ein 2-Stamm-System hinausläuft.

Von welchen Stämmen sind jeweils die Partizipialformen gebildet, die zu dem imperfektiven Verblexem ПИСАТЬ und dem perfektiven Verblexem НАПИСАТЬ gehören:

(a) *написа́вший* (Partizip Präteritum Aktiv)
(b) *напи́санный* (Partizip Präteritum Passiv)
(c) *пи́шущий* (Partizip Präsens Aktiv)
(d) *пи́шущийся* (Partizip Präsens Passiv)
(e) *писа́вший* (Partizip Präteritum Aktiv)
(f) *пи́санный* (Partizip Präteritum Passiv)

Als Faustregel für die Bestimmung des Infinitivstamms gilt gemeinhin: Streife die Infinitivendung ab, und du erhältst den Infinitivstamm.[5] Als Faustregel für den Präsensstamm gilt: Streife die Endung der 3.Person Plural Präsens ab, und du erhältst den Präsensstamm. Durch diese Verfahren erschließt man sich in einfacher Weise das Endprodukt der Strukturbildung in Phase 1.

Um einen Überblick über die Vielfalt der Formen des russischen Verbs zu erhalten, muss man sich nun, Wortform für Wortform, die Paradigmen der Verblexeme aus russischen Texten zusammensuchen. Hat man dann die Paradigmen für jedes Verb vervollständigt, so stellt man fest, dass sich die Verben zu baugleichen Klassen zusammenfassen lassen – je nachdem, welche Präsens- bzw. Infinitivstämme im Paradigma benutzt werden. Das funktioniert in etwa so, als würde man Käfer sammeln und nach Arten sortieren, um diese dann wiederum nach morphologischen Gemeinsamkeiten zu klassifizieren. Diese Arbeit wurde zum Glück schon gemacht, und ich stelle im Folgenden das Ergebnis der Käfersammlung von Isačenko (1968) vor. Wie sich zeigt fallen die russischen Verblexeme in eine am Ende doch überschaubare Zahl verschiedener morphologischer Klassen.

8.5 Verbklassen nach Isačenko (1968)

Zunächst sind produktive und unproduktive (nicht mehr produktive, fossilisierte) Verbklassen zu unterscheiden. Produktive Verbklassen versammeln solche Verblexeme, nach deren Muster neue russische Verblexeme entstehen, nicht zuletzt durch Entlehnungen aus einer anderen Sprache, wie im Falle von z.B.

[5] Ein paar wenige Verben "entkommen" dieser Faustregel, z.B. *печь* ('backen') oder *погибнуть* ('sterben'), vgl. Isačenko (1968:214).

фейковать 'eine Falschnachricht verbreiten' (vgl. Kap. 5). Unproduktive Verbklassen dokumentieren dagegen Bildungsmuster, die für die Erweiterung des Verbwortschatzes heute keine Rolle mehr spielen.

Das eben Gesagte bedeutet nicht, dass Verben, die unproduktive Muster an den Tag legen, für die Sprache unwichtig(er) wären. Ganz im Gegenteil, möchte man sagen. Gerade in den unproduktiven Klassen findet man viele Lexeme, die besonders häufig benutzt werden. Das ist kein Zufall. Es gibt einen Grund, warum unregelmäßige Formen ("Ausnahmen") in Texten hochfrequent sind. Wenn Sprecherinnen und Sprecher in ihrer Kommunikation eine Form häufig verwenden, erinnern sie sich nämlich dadurch gegenseitig immer wieder aufs Neue daran, dass es diese "unsystematische" Form gibt. So entfällt die Notwendigkeit, die Wortform im Rückgriff auf ein regelmäßiges morphologisches Bildungsverfahren zu generieren. Anders gesagt: Formen müssen erkennbar sein (Kommunikation gelingt mir nur, wenn das Zeichen, das ich sende, von meinem Gegenüber auch richtig erkannt wird). Wenn sie durch ihr häufiges Erscheinen in Texten gut memorisierbar sind, erfüllen Formen diese grundlegende kommunikative Bedingung auch dann, wenn sie nicht gemäß produktiver Regeln gebildet sind.

Es liegt in der Natur der Sache, dass sich Ausnahmen voneinander sehr unterscheiden und entsprechend in der Gesamtschau ein ziemlich heterogenes Bild abgeben. Isačenko (1968) hat die wohl bestmögliche Systematisierung innerhalb der Diversität unproduktiver Verbformen vorgeschlagen. Ich verweise darauf und beschränke mich hier auf eine Aufzählung mehr oder weniger willkürlich ausgewählter Verblexeme, aus deren Paradigma ich jeweils die Formen Infinitiv, 1.Person Singular Präsens, 3.Person Plural Präsens und 3.Person Singular Präteritum Maskulin angebe (Abb. 8.4). Viele morphologische Besonderheiten, die hier den Rahmen sprengen würden, bleiben dadurch notgedrungen verborgen (für viel mehr Verben und viel mehr Details siehe Isačenko 1968:237ff.).

> Machen Sie sich mit den "Vokabeln" in Abb. 8.4 vertraut. In dieser Liste kommen gleich zwei russische Verblexeme mit der Bedeutung 'nehmen' vor. Warum? Ermitteln Sie, welchen Aspektwert (perfektiv oder imperfektiv) die Verblexeme 1-28 jeweils haben!

Soweit haben wir uns die Formen unproduktiver Verben angesehen, die auch manchmal als "fossilisiert" bezeichnet werden. Wenden wir uns nun, um bei

	Infinitiv	1Sg.Präs	3Pl.Präs	Sg.Masc.Past	
1	*писáть*	*пишý*	*пи́шут*	*писáл*	'schreiben'
2	*плáкать*	*плáчу*	*плáчут*	*плáкал*	'weinen'
3	*лежáть*	*лежý*	*лежáт*	*лежáл*	'liegen'
4	*искáть*	*ищý*	*и́щут*	*искáл*	'suchen'
5	*брать*	*берý*	*берýт*	*брал*	'nehmen'
6	*сорвáть*	*сорвý*	*сорвýт*	*сорвáл*	'abreißen'
7	*кричáть*	*кричý*	*кричáт*	*кричáл*	'schreien'
8	*услы́шать*	*услы́шу*	*услы́шат*	*услы́шал*	'hören'
9	*ви́деть*	*ви́жу*	*ви́дят*	*ви́дел*	'sehen'
10	*шумéть*	*шумлю*	*шумят*	*шумéл*	'lärmen'
11	*вы́сохнуть*	*вы́сохну*	*вы́сохнут*	*вы́сох*	'austrocknen'
12	*привы́кнуть*	*привы́кну*	*привы́кнут*	*привы́к*	'sich gewöhnen an'
13	*нести́*	*несý*	*несýт*	*нёс*	'tragen'
14	*сесть*	*сяду*	*сядут*	*сел*	'sich setzen'
15	*упáсть*	*упадý*	*упадýт*	*упáл*	'fallen'
16	*взять*	*возьмý*	*возьмýт*	*взял*	'nehmen'
17	*начáть*	*начнý*	*начнýт*	*нáчал*	'anfangen'
18	*умерéть*	*умрý*	*умрýт*	*ýмер*	'sterben'
19	*разби́ть*	*разобью*	*разобют*	*разбил*	'zerschlagen'
20	*мыть*	*мóю*	*мóют*	*мыл*	'waschen'
21	*пережи́ть*	*переживý*	*переживýт*	*пережи́л*	'überleben'
22	*запéть*	*запою*	*запоют*	*запéл*	'zu singen beginnen'
23	*стать*	*стáну*	*стáнут*	*стал*	'sich stellen'
24	*идти́*	*идý*	*идýт*	*шёл*	'gehen'
25	*хотéть*	*хочý*	*хотят*	*хотéл*	'wollen'
26	*есть*	*ем*	*едят*	*ел*	'essen'
27	*отдáть*	*отдáм*	*отдадýт*	*отдал*	'zurückgeben'
28	*забыть*	*забýду*	*забýдут*	*забы́л*	'vergessen'

Tab. 8.4: Unproduktive Verben, Auswahl

dieser Metapher zu bleiben, dem "lebendigen" Teil des russischen Verbwortschatzes zu. Lebendig in dem Sinne, dass diese Formen nach Regeln gebildet werden, die zum aktiven Wissen der Sprecherinnen und Sprecher gehören (auch wenn sie sich dessen nicht immer bewusst sind).

Wenden wir uns also dem Formenbestand produktiver Verblexeme zu. Isačenko (1968:222) unterscheidet fünf produktive Verbklassen. Damit wir die Formen klar erkennen können, müssen wir von einer Widergabe in kyrillischer Schrift Abstand nehmen. Stattdessen wählen wir eine phonologische Verschriftung, bei der jedem Phonem ein Graphem entspricht. Die Phoneme /ch/ und /šč/ sind durch Bigraphen dargestellt. Palatalisierte (weiche) Konsonanten sind an einem hochgestellten "j" erkennbar.

Verben der Klasse I bilden ihren Infinitivstamm auf *-a*. Er kommt zum Beispiel in der Form *работать* vor. Der Präsensstamm von Verblexemen der Klasse I endet auf *-aj*, wie in *работаем*. Dass das Phonem /j/ in der kyrillischen Verschriftung kein eigenes Graphem erhält, wissen Sie ja bereits.

Infinitivstamm	Präsensstamm	
/rabota-/	/rabotaj-/	'arbeiten'
/gul^{j}a-/	/gul^{j}aj-/	'spazierengehen'
/n^{j}ervn^{j}iča-/	/n^{j}ervn^{j}ičaj-/	'nervös sein'

Tab. 8.5: Klasse I

Die Formen der Verblexeme der Klasse II haben einen Stamm, der auf den Vokal *-e* auslautet (Infinitivstamm). Dieser Stamm ist die morphologische Basis zum Beispiel der Infinitivform *белеть*. Diese Verbklasse stellt einen zweiten Stamm bereit, der auf *-ej* endet (Präsensstamm). Mit diesem Stamm ist zum Beispiel die 3.Person Singular Präsens Form *белеет* gebildet.

Infinitivstamm	Präsensstamm	
/b^{j}el^{j}e-/	/b^{j}el^{j}ej-/	'weiß schimmern/werden'
/um^{j}e-/	/um^{j}ej-/	'können'
/vyzdorov^{j}e-/	/vyzdorov^{j}ej-/	'gesunden'

Tab. 8.6: Klasse II

Die Klasse III bildet den Infinitivstamm auf *-ova* oder *-eva* und den Präsensstamm auf *-uj*. In diese Klasse fällt zum Beispiel das Verblexem, zu dem die Formen *советовать* und *советовует* gehören.

Infinitivstamm	Präsensstamm	
/sov^{j}etova-/	/sov^{j}etuj-/	'Rat geben'
/nočeva-/	/nočuj-/	'übernachten'
/ževa-/	/žuj-/	'kauen'

Tab. 8.7: Klasse III

Verbformen der Klasse IV haben einen Infinitivstamm auf *-nu* (z.B. *крикнуть*) und einen Präsensstamm, der mal auf *-n* endet (so in *крикну* 'ich werde aufschreien') und mal auf *-n^j* (so in *крикнешь* 'du wirst aufschreien').

Infinitivstamm	Präsensstamm	
/kr^{j}iknu-/	/kr^{j}ikn-/ $\sim$ /kr^{j}ikn^j-/	'aufschreien'
/razv^{j}ernu-/	/razv^{j}ern-/ $\sim$ /razv^{j}ern^j-/	'auspacken'
/gnu-/	/gn-/ $\sim$ /gn^j-/	'biegen'

Tab. 8.8: Klasse IV

Schließlich kommen wir zu Klasse V. Hier endet der Infinitivstamm auf *-i* (vgl. z.B. *говорить* 'sprechen') und der Präsensstamm auf einen weichen Konsonanten (*говорю* 'ich spreche'). Im Fall von *ходить* ('gehen') beobachten wir im Formenparadigma einen allomorphischen Wechsel, wenn das letzte Phonem des Wurzelmorphems mal als *хож* und mal als *ход* realisiert wird.

Infinitivstamm	Präsensstamm	
/govor^{j}i-/	/govor^j-/	'sprechen'
/uči-/	/uč-/	'lehren'
/chod^{j}i-/	/chož-/ $\sim$ /chod^j-/	'gehen'

Tab. 8.9: Klasse V

Die folgende Tabelle fasst die Stammendungen produktiver russischer Verben noch einmal zusammen:

Klasse	Infinitivstamm	Präsensstamm
I	/...a-/	/...aj-/
II	/...e-/	/...ej-/
III	/...ova-/	/...uj-
IV	/...nu-/	/...n-/ ~ /...n^j-/
V	/...C^ji-/	/...C^j-

Tab. 8.10: Überblick

Soweit der schnelle Überblick. Abschließend möchte ich noch eine kurze Charakterisierung der fünf produktiven Klassen jenseits der reinen Formbeschreibung geben. Es versteht sich wohl von selbst, dass das jeweils nicht mehr als ein kurzes Schlaglicht sein kann.

8.6 Die produktiven Verbklassen im Einzelnen

8.6.1 Klasse I

Verben, die dem Bildungsmuster der Klasse I folgen, machen den mit Abstand größten Teil des russischen Verblexikons aus. Isačenko (1968:223) spricht von einem Anteil über 50%. Diese hohe Quote hat ihren Grund nicht zuletzt in der Totalität der Aspektkategorie (s.o.). Zu (fast) jedem perfektiven Verblexem gehört ein imperfektives Pendant. Diese "Paarigkeit" wird dadurch gesichert, dass imperfektive Lexeme von perfektiven systematisch durch einen Wortbildungsprozess (sog. sekundäre Imperfektivierung) abgeleitet werden. Das Derivat dieser Suffigierung ist immer ein Lexem der Klasse I – und zwar völlig unabhängig davon, in welcher Weise die perfektive lexikalische Basis gebildet ist.

In den Beispielen in (12) steht jeweils links vor dem Pfeil die vom perfektiven Lexem gebildete Form einmal im Infinitiv (1.Zeile) und einmal in der 3. Person Präsens (2.Zeile).[6] Rechts hinter dem Pfeil steht die entsprechende

[6] Die Präsensform eines perfektiven Verblexems erhält systematisch eine futurische Interpretation, vgl. Tabelle 8.1.

Form, wie sie vom qua Suffigierung abgeleiteten imperfektiven Lexem gebildet wird. Wir sehen anhand der fettgedruckten Stammausgänge: alle Verbformen, die aus dem Prozess der sekundären Imperfektivierung hervorgehen, fallen in die morphologische Verbklasse I.

(12) a. *podp*^{j}*isa-t'* → *podp*^{j}*isyv**a**-t'* (‘unterschreiben’)
podp^j*iš-et* → *podp*^{j}*isyv**aj**-et*

b. *ugovor*^{j}*i-t'* → *ugovar*^{j}*iv**a**-t'* (‘überreden’)
ugovor^j*-it* → *ugovar*^{j}*iv**aj**-et*

c. *spas-ti* → *spas**a**-t'* (‘retten’)
spas^j*-ët* → *spas**aj**-et*

d. *od*^{j}*e-t'* → *od*^{j}*ev**a**-t'* (‘anziehen’)
od^j*en*^{j}*-et* → *od*^{j}*ev**aj**-et*

e. *vybra-t'* → *vyb*^{j}*ir**a**-t'* (‘auswählen’)
vyber^j*-et* → *vyb*^{j}*ir**aj**-et*

8.6.2 Klasse II

Nach dem Muster der Klasse II werden Verblexeme von adjektivischen Wurzeln gebildet. Man nehme eine adjektivische Wurzel, z.B. *бел-* (‘weiß’), und füge das für diese Klasse spezifische Stammende hinzu, also *e-* bzw. *ej-*. Dann muss man diese zwei Stämme noch mit den entsprechenden Flexionsendungen ausstatten, und so man hat das Formenparadigma des Lexems von *белеть* (‘weiß sein/werden’) abgeleitet. Andere Beispiele für Verben der Klasse II wären etwa *толстеть* (‘dick werden’) oder *беднеть* (‘arm werden’).

(13)

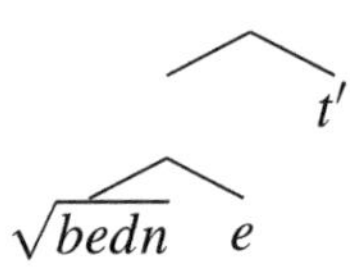

Dass es sich tatsächlich um ein produktives Muster handelt, davon können wir uns leicht überzeugen. Kein Wörterbuch des Russischen verzeichnet das Verb *талантливеть* (‘talentiert(er) werden’). Und doch lassen sich Korpusbelege für eine sinnvolle Verwendung dieses Lexems finden. Man betrachte (14). Offensichtlich hat zlatovlaska_1 am 7. Oktober 2015 das Muster der Verbklasse II benutzt, um spontan die Form *талантливеет* in Analogie zu *умнеет* zu bilden. Letzteres Verb, *умнеть*, hat schon seit langem Eingang in die Wörterbücher gefunden (es findet sich z.B. in Daum & Schenk 1976:656).

(14) *Почему-то про грипп и температуру 40+ никто*
somehow about flu.ACC.SG.M and fever.ACC.SG.F 40+ nobody
не говорит, что от них человек
NEG say.PRS.IPFV.3SG that from 3PL.GEN human.NOM.SG.M
умнеет или талантливеет.
get_smarter.PRS.IPFV.3SG ili get_gifted.PRS.IPFV.3SG
'Über Grippe und über Fieber von über 40 Grad sagt aus irgendeinem Grund niemand, dass der Mensch davon klüger und talentierter wird.' (maiorova.livejournal.com)

8.6.3 Klasse III

Das Muster der Klasse III (*...ova-/...uj-*) dient vor allem zur Integration fremdsprachiger Stämme in das Russische. Viele Verben wie *организовать* oder *рисовать* ('zeichnen') gehören schon lange zum Bestand des russischen Lexikons. Dasselbe gilt für viele Entlehnungen aus dem Deutschen auf *-ировать*: *регистрировать, демократизировать, инсталировать* (in Ergänzung zu *устанавливать*) usw. Hinzu sind jede Menge neue Bildungen mit dem Englischen als entlehnende Sprache gekommen, wie *фейковать, флиртовать* oder *сурфовать*.

Die Mitglieder der Klasse III sind aber nicht immer fremdsprachigen Ursprungs. Keine Entlehnungen sind beispielsweise *наименовать* ('einen Namen geben'), *короновать* ('krönen') oder *ревновать* ('eifersüchtig sein'). Keine Entlehnung ist natürlich auch *яндексовать*, das Pendant zu *гуглить*, welches ein Mitglied der Klasse V ist (s.u.).

Der Infinitivstamm muss bei diesem Muster also auf *ova-* und der Präsensstamm auf *uj-* enden. Darüber hinaus ist verlangt, dass bei letzteren, mittels Präsenstamm gebildeten Verbformen der Vokal /u/ betont wird. Man vergleiche die zwei quasi synonymen Verblexeme *блаженствовать* und *кайфовать*. Beide bedeuten sowas wie 'seelig sein'. Nur letzteres gehört jedoch zur Klasse III (vgl. *кайфует* im Gegensatz zu *блаженствует*). Von der Forderung nach Betonung des /u/ ausgeklammert sind Bildungen auf *-ировать*, bei welchen das /i/ die Betonung immer auf sich zieht.

Das Verblexem *блаженствовать* gehört also nicht in die Klasse III, obwohl wir es von der Schrift aus betrachtet vielleicht in diese Klasse einsortieren möchten. Tatsächlich ist das Muster seiner Formen aber unproduktiv. Selbiges gilt für *исследовать* ('untersuchen'), *жертвовать* ('opfern') u.a.

8.6.4 Klasse IV

Verblexeme der Klasse IV (*...nu-/...n- ∼ ...n'-*) haben einen Infinitivstamm, der auf *-nu* endet. Wichtig ist zu beachten, dass das Morphem *nu* im Einklang mit den geltenden Regeln (vgl. Tab. 8.2) auch in den Präteritalformen erscheint, wie in (15) zu sehen:

(15) *Протянул один вальдшнеп.*
pass.PRS.PFV.3SG.M one.NOM.SG.M woodcock.NOM.SG.M
'Eine Waldschnepfe zog vorbei.'

Das ist deswegen wichtig, weil es im Russischen eine Menge Verben gibt, die im Infinitiv das Suffix *-nu* führen, es in den Präteritalformen jedoch ablegen. *Diese* Verben gehören nicht zur Klasse IV, sie repräsentieren kein produktives Muster. Ein paar Beispiele zeigt (16). Man beachte das fehlende *-nu* in den Vergangenheitsformen nach dem Semikolon:

(16) a. *замёрзнуть* ('zufrieren'); *замёрз* ('er fror zu')
b. *изчезнуть* ('verschwinden'); *изчез* ('er verschwand')
c. *сохнуть* ('trocknen'); *сох* ('er trocknete')

Das Muster der Klasse IV kommt produktiv zum Einsatz, um von imperfektiven Verblexemen perfektive Verblexeme abzuleiten, die eine kurze, einmalige Realisierung jener Handlung bezeichnen, die das imperfektive Ausgangslexem beschreibt. Eines der Beispiele in (17) stammt nicht aus Isačenko (1968:230). Welches?

(17) a. *кричáть* ('schreien') → *крúкнуть* ('kurz aufschreien')
b. *трóгать* ('berühren') → *трóнуть* ('kurz berühren')
c. *улыбáться* ('lächeln') → *улыбнýться* ('einmal kurz lächeln')
d. *стрелять* ('schießen') → *стрельнýть* ('einmal schießen')
e. *твúтить* ('twittern') → *твúтнуть* ('einmal kurz twittern')

8.6.5 Klasse V

Das Muster der Klasse V wird oft benutzt, um neue Verblexeme mit einer Semantik zu gewinnen, die sich abstrakt auf die Formel in (18a) bringen lässt. In (18b) paraphrasiere ich die Formel:

(18) a. X CAUSE: Y-α BECOME Y-β

b. Ein Ding X bewirkt, dass ein Ding Y mit der Eigenschaft α zu einem Ding Y mit der Eigenschaft β wird.

Will man ein neues Verb nach dem Rezept der Klasse V bilden, funktioniert das so: Man wähle eine lexikalische Basis. Diese liefert die Eigenschaft β. Die lexikalische Basis erweitere man um den Vokal *-i*, um den Infinitivstamm des neuen Verbs zu erhalten. Oder man lasse sie unverändert (außer, dass der Endkonsonant erweicht wird, wenn er nicht sowieso weich ist), um den Präsensstamm zu gewinnen. Jetzt füge man alle Flexionsendungen gemäß Tabelle 8.2 an, fertig ist die Gesamtheit der Formen des neuen Lexems.

Das neue Verblexem ist transitiv. Das bedeutet, es verlangt in der Syntax (bei seiner Realisierung als syntaktisches Wort) zwingend ein Subjekt und ein Objekt neben sich. Diejenige Nominalphrase, die das Subjekt stellt, referiert auf das Ding X und diejenige, die das Objekt stellt, auf das Ding Y mit der Eigenschaft α. Unser neues Verb trägt eine kausative Bedeutung. Mit den genannten Festlegungen können wir diese Bedeutung auf die Formel (18) bringen. Ein Beispiel dürfte hilfreich sein:

(19) *Нет, я ещё не чистил зубы.*
no 1SG.NOM still NEG clean.PST.IPFV.SG.M tooth.ACC.PL.M
'Nein, ich habe noch keine Zähne geputzt.'

In diesem Beispiel sehen wir die Verbform *чистил*, die zu einem Verblexem der Klasse V gehört. Die Eigenschaft β wird von der lexikalische Basis *čist* geliefert: β = 'sauber'. Das Ding X wird durch das Nominativ-Subjekt *я* in die Semantik gespeist: X = Sprecher. Das Ding Y schließlich lesen wir dem Akkusativ-Objekt *зубы* ab: Y = Zähne. So entsteht nach der Formel (18) der Bedeutungskern des Satzes: 'der Sprecher bewirkte, dass die Zähne sauber werden' (was impliziert, dass die Zähne vorher nicht sauber waren). Oder kurz: 'der Sprecher putzte die Zähne'. Hinzu kommt in (19) dann noch die Bedeutung der Negation ('der Sprecher putzte die Zähne nicht') und die Bedeutung der Partikel *ещё* ('der Sprecher putzte die Zähne nicht, entgegen der Erwartung, dass der Sprecher die Zähne putzte').

Aber bringen Neubildungen der Klasse V wirklich immer die Bedeutung (18) zum Ausdruck?

(20) *Трамп твитил что у него*
T. tweet.PST.IPFV.3SG.M that at 3SG.M.GEN
прекрасное настроение.
wonderful.NOM.SG.N mood.NOM.SG.N
'Trump twitterte, dass er glänzende Laune hat.' (echo.msk.ru)

In Bezug auf (20) könnte man eventuell noch argumentieren, dass der Satz im Einklang mit (18) zum Ausdruck bringt, dass Trump (X) bewirkt, dass die (vermeintliche) Tatsache, dass er blendende Laune hat (Y), die neue Eigenschaft erhält, ein Tweet geworden zu sein (β).

Aber spätestens bei (21) wird es schwierig:

(21) *Вы когда-нибудь гуглили себя?*
2PL.NOM once google.PST.IPFV.PL REFL
'Haben Sie sich schon mal selbst gegoogelt?'

Das Verblexem ГУГЛИТЬ ist formal klarerweise eine Neubildung nach dem Muster der Klasse V. Aber der Satz (21) bringt wohl kaum die Frage danach zum Ausdruck, ob der Addressat (X) sich (Y=X) schon mal zu einem Google (β) gemacht hat. Daraus ist zu schließen, dass (18) zwar eine prototypische Zielbedeutung des Bildungsmusters V ist, aber nicht die einzige.

> Oder sehen Sie doch eine Möglichkeit, wie man vielleicht begründen könnte, dass die Bedeutung des Verbs *гуглили* in (21) mit dem Schema X CAUSE: Y-α BECOME Y-β im Einklang ist?

9 Das Nomen und seine grammatischen Kategorien

9.1 Überblick

In diesem Kapitel widmen wir uns dem Nomen und seinen grammatischen Eigenschaften. Ich werde zunächst kurz auf die fundamentale Rolle, die Nomina in der sprachlichen Kommunikation spielen, eingehen, nämlich auf ihre referenzielle Funktion: dass sie zum Einsatz kommen, um die Aufmerksamkeit der Gesprächspartnerin bzw. des Gesprächspartners auf die Dinge zu lenken, über die gesprochen werden soll. Danach werde ich nacheinander auf die vier grammatischen Kategorien des Nomens eingehen und dabei ihre für die russische Sprache spezifischen Besonderheiten herausstellen.

Jeder Nominalkategorie ist dabei ein eigener Abschnitt gewidmet, so dass ich ihrer Darstellung mehr Raum geben kann, als es mir für die Verbalkategorien im vorigen Kapitel möglich war. Dennoch bleibt auch hier vieles ungesagt, und ich verweise auf einschlägige Handbuchartikel zur tieferen Beschäftigung. Eine diesbezüglich wichtige Wissensquelle, sozusagen die erste Anlaufstelle im deutschsprachigen Raum, ist Kempgen et al. (2009).

Der erste dieser Abschnitte ist dem Genus gewidmet, der zweite der Belebtheitskategorie, der dritte dem Numerus und der vierte schließlich dem Kasus.

9.2 Lexikalische Bedeutung und Referenz

Wenn ein Wort zur Wortart "Nomen" gehört, wird es prototypischerweise zum Zwecke der Referenz verwendet (Croft 2001). Oder anders gesagt: Wenn mir ein Wort dieser lexikalischen Klasse begegnet und es keine besonderen grammatischen Anzeichen dafür gibt, dass es anders wäre, dann darf ich davon ausgehen, dass das Wort meine Aufmerksamkeit auf ein Stückchen Welt lenken soll. In diesem Sinne sind Nomina Benennungen von Dingen in der Welt.

Alle "Dinge in der Welt" zusammengenommen, also alle möglichen Referenten, werden in der semantischen Fachsprache gerne mit dem Nomen *Entität* benannt. Mit diesem Begriff an der Hand können wir sagen, dass Nomina zum Zwecke der Bezugnahme (Referenz) auf verschiedene Arten von Entitäten zum

Einsatz kommen. Mit manchen Nomina kann man gezielt auf einzelne (fiktive oder echte) Entitäten Bezug nehmen, Menschen oder andere (1a). Mit anderen auf Mengen von Entitäten, die einander in irgendeiner Hinsicht ähneln (1b). Mit wieder anderen auf Zahlen (1c).

(1) a. *Kleopatra, Robinzon Kruzo, Supermen, Čeburaška, Putin, Gazprom, Evropa, Atlantida, Kamčatka, Bajkal, Èl'brus, Vatikan, Berlin, Vladivostok, Spartak, ...*
    b. *jabloko, verbljud, koška, gora, gorod, dostoprimečatel'nost', ...*
    c. *odin, dva, tri, devjatsot devjanosto sem' tysjač šest'sot trinadcat', pi, ...*

In der russischsprachigen Terminologie wird entsprechend zwischen drei Sorten von Namenswörtern (Nomina) unterschieden: *имена собственные* (1a), *имена нарицательные* (1b) und *имена числительные* (1c). Im Deutschen spricht man von *Eigennamen*, *Gattungsnamen* und *Zahlwörtern*.[1]

Sehen wir uns den Fall der Gattungsnamen einmal genauer an. In Abhängigkeit davon, welche Art von Entität ein solches Nomen (oft auch "Appelativum" genannt) kraft seiner Bedeutung denotiert, eignet es sich zur Referenz auf diese oder jene Entität im konkreten Verwendungskontext. Der Gattungsname *Apfel* denotiert relativ zu dem Ausschnitt der Welt, über den gerade gesprochen wird, die Menge aller Äpfel und eignet sich deswegen zur Referenz auf... Äpfel. Das klingt erstmal trivial. So trivial ist es aber gar nicht, denn es ist möglich, ein Nomen auch außerhalb seiner ursprünglichen/hauseigenen denotativen Bedeutung zu verwenden. Dieses Phänomen lässt sich ausgiebig im Bereich des Mat-Wortschatzes studieren. Ein stubenreines Beispiel (aus dem russischen Nationalkorpus) wäre:

(2) *Этот* *верблюд* *просто*
this.NOM.SG.M camel.NOM.SG.M simply
контрреволюционер, *товарищ*
counter-revolutionary.NOM.SG.M comradeNOM.SG.M
корреспондент!
correspondent.NOM.SG.M
'Dieses Kamel ist einfach ein Konterrevolutionär, Genosse Korrespondent!'

[1] Der Begriff *Zahlname* oder *Zahlenname* existiert, ist aber im linguistischen Diskurs wenig geläufig.

Das Kamel-Beispiel illustriert den Fall einer metaphorischen Bedeutungsübertragung. Sie “besteht in der Bezeichnung der gemeinten Erscheinung (des Referenten, des Referenzobjekts) mit einem Wort, das eigentlich eine andere, der gemeinten Erscheinung ähnliche Erscheinung bezeichnet” (Lehmann 2013:119). Die in (2) mit *верблюд* gemeinte Entität ist ein Mensch, die ähnliche Entität ist ein Paarhufer mit zwei Höckern, angepasst an ein Leben in der Wüste.

Wenn eine solche “falsche Verwendung” häufig genug geschieht, wenn das Nomen also regelmäßig erfolgreich zur Referenz auf etwas benutzt wird, das es “eigentlich” gar nicht denotiert, dann spricht sich diese Gebrauchsoption in der Sprachgemeinschaft gewissermaßen herum – und das Nomen hat schließlich, zumindest für die beteiligten Sprecherinnen und Sprecher, eine neue Bedeutung entwickelt. Seine lexikalische Bedeutung (Denotation) hat sich metaphorisch erweitert, das Nomen ist polysem geworden.

Neben der metaphorischen spielt die metonymische Bedeutungsübertragung als “Link” zwischen dem Gesagten und dem Gemeinten eine wichtige Rolle. Das in der Literatur wohl am meisten diskutierte Beispiel stammt von Nunberg (1995). Es handelt sich um einen Dialog zwischen zwei Kellnern in einem Bistro:

(3) A: *Who is the ham sandwich?*
B: *The ham sandwich is at table 7.*

Mit *ham sandwich* wird hier klarerweise nicht auf das Schinkensandwich referiert, denn das befindet sich ja (noch) gar nicht an Tisch 7. Mit *ham sandwich* wird der Mensch bezeichnet, der das Schinkensandwich bestellt hat. Der erfolgreiche Referenzakt nutzt die metonymische Verbindung zwischen dem Gesagten und dem Gemeinten aus:

> Die auf einer Metonymie (metonomíja) beruhende Übertragung besteht in der Bezeichnung der gemeinten Erscheinung mit einem Wort, das eigentlich eine andere, mit der gemeinten Erscheinung in Verbindung stehende, sich objektiv berührende (kontige) Erscheinung, bezeichnet (Lehmann 2013:119)

Welche “objektive Berührung” in (9.2) relevant ist, hatte ich bereits gesagt: zwischen Mensch und Sandwich besteht in der konkreten Situation eine Beziehung des Bestellthabens. Dass die Frage von Kellner A auf dieser Verbindung operiert, ist für Kellner B nicht schwer zu erraten, da solcherart Verbindungen in ihrem gemeinsamen Arbeitskontext Alltag sind.

Referieren Sie bitte mit dem Wort *велосипед* auf einen Apfel!

Die lexikalische Bedeutung eines Nomens legt also sein referenzielles Potenzial fest. Dieses Potenzial bleibt über alle syntaktischen Kontexte hinweg, in denen das Nomen erscheinen kann, grundsätzlich dasselbe. Allerdings kann die Realisierung eines Teils des Referenzpotenzials in einem bestimmten Kontext unwahrscheinlich werden. So ist die Interpretation von *верблюд* als Tierbezeichnung im Kontext (2) ziemlich unwahrscheinlich. Verschiedene mögliche Realisierungen des referenzielles Potenzials, das ein Wort kraft seiner lexikalischen Bedeutung hat, nennt man auch Lesarten.

Auch grammatische Bedeutungen können Lesarten ausschließen. Machen wir uns das am Beispiel der Numeruskategorie bewusst. Das Singular-Nomen *Gummi* kann die Substanz Gummi, ein Ding aus Gummi oder eine Gummiart bezeichnen:

(4) a. *Der erste Schnuller aus Gummi wurde übrigens im Jahre 1845 hergestellt.*[2]
 b. *Das Gummi an der Waschmaschinen-Trommel ist kaputt.*[3]
 c. *Welches Gummi eignet sich für die Steinschleuder?*[4]

Das Plural-Nomen *Gummis* hingegen eignet sich nur zur Referenz auf Dinge aus Gummi oder auf Gummiarten.

(5) a. **Schnuller aus Gummis werden seit 1845 hergestellt.*
 b. ✓*An Waschmaschinen gehen oft die Gummis an der Trommel kaputt.*
 c. ✓*Welche Gummis eignen sich für die Steinschleuder?*

Der Grund für diese Einschränkung besteht darin, dass die Pluralbedeutung ihrer Natur nach die Zählbarkeit der bezeichneten Entität zur Voraussetzung hat. Diese Voraussetzung erfüllt das Nomen *Gummi* in den Lesarten "Ding aus Gummi" und "Gummiart", nicht aber in der Lesart "Substanz Gummi".

2 https://www.elternalltag.de/baby-schnuller-eltern-wissen-842/

3 https://www.hausjournal.net/waschmaschine-trommel-gummi-kaputt

4 https://deine-steinschleuder.de/steinschleuder-gummi/

Das Nomen *любовь* bezeichnet etwas nicht zählbares. Was bezeichnet die Form *любовей* im folgenden Beispiel?

Любовей *всегда бывает* *по меньшей мере*
love.GEN.PL.F always be.PRS.HAB.3SG at the least
две *одновременно.*
two.NOM.F simultaneously
'Lieben gibt es immer mindestens zwei gleichzeitig.'

Wie jedes Wort bedarf auch ein Nomen der morphologischen Anpassung an den grammatischen Kontext, in dem es im Text erscheinen soll. Bei der Realisierung eines Nomens als Wortform im Text (= als syntaktisches Wort) ist im Russischen auf vier Parameter zu achten: Genus, Belebtheit, Numerus und Kasus. Das sind die grammatischen Kategorien des Nomens, die wir uns jetzt der Reihe nach ansehen wollen.

9.3 Genus

Die erste grammatische Kategorie des russischen Nomens, die ich besprechen möchte, ist das Genus. Der Begriff "Genus" verweist auf eine Partitionierung des russischen Nominallexikons mit grammatischer Relevanz. Es handelt sich um eine Dreifach-Kategorisierung, die wir abstrakt wie folgt abbilden können:

(6)

Genus		
m	f	n

Genera (oder allgemeiner: Nominalklassen) sind eine lexikogrammatische Erscheinung in vielen Sprachen. Woran erkennt man aber, dass eine Sprache grammatische Nominalklassen besitzt? Die klassische Definition hilft uns bereits, das zu verstehen: "Genders are classes of nouns reflected in the behaviour of associated words" (Hockett 1958).

So sind auch im Russischen systematische morphologische Reflexe an den Ausdrücken im Kotext von Nomen zu beobachten. Dieses Phänomen heißt Kongruenz, zu beobachten in Tabelle 9.1. In jeder Spalte dieser Tabelle erscheint jeweils ein Nomen: *ведро* ('Eimer'), *стакан* ('Glas') und *книга* ('Buch'). Jetzt vergleichen Sie, Zeile für Zeile, die Formen, wie sie mit diesen Nomen zusammen auftreten. Sie stellen Unterschiede fest. Diese Unterschiede sind kein

Zufall, sondern systematisch. Sie sind Reflexe der unterschiedlichen Klassenzugehörigkeit der drei Nomina: *ведро* ist ein Neutrum, *стакан* ist ein Maskulinum und *книга* ist ein Femininum. Die "assoziierten Wörter" kongruieren mit dem jeweiligen Nomen.

Neutrum	Maskulinum	Femininum
зелёное ведро	*зелёный стакан*	*зелёная книга*
ведро, которое...	*стакан, который...*	*книга, которая...*
одно ведро	*один стакан*	*одна книга*
два ведра	*два стакана*	*две книги*
ведро стоило 5 евро	*стакан стоил 5 евро*	*книга стоила 5 евро*

Tab. 9.1: Kongruenzmuster

Wie kommt es zu den Grammembezeichnungen "Maskulinum" und "Femininum"? Selbstverständlich haben Bücher nichts genuin feminines an sich, und Gläser nichts genuin maskulines. Und dennoch ist die traditionell etablierte Terminologie nicht völlig unbegründet. Warum, erkläre ich jetzt, im Rückgriff auf Corbett (1982, 1991).

Corbett (1982) hat für das russische Genussystem eine Theorie entwickelt, die Voraussagen darüber macht, welches Nomen in welche Nominalklasse fällt. Wie ein meteorologisches Modell versucht, das Wetter korrekt vorherzusagen, so versucht ein linguistisches Modell sprachliches Verhalten korrekt vorauszusagen. Wenn Corbetts Modell funktioniert, sollte es das tatsächliche sprachliche Verhalten der Sprecherinnen und Sprecher des Russischen korrekt abbilden, also wie diese Nomina als Maskulina, Feminina oder Neutra klassifizieren. Schauen wir uns an, wie und wie gut es funktioniert.

Die erste Komponente seines Modells sind zwei semantische Zuweisungsregeln:

(7) **Semantic assignment:** Für Nomina, die entweder Menschen oder höhere Tiere bezeichnen, gilt.

a. Wenn das Geschlecht des Bezeichneten männlich ist, dann ist das Genus des Nomens maskulin.

b. Wenn das Geschlecht des Bezeichneten weiblich ist, dann ist das Genus des Nomens feminin.

Diese Regel alleine kann natürlich noch nicht das Ende vom Lied sein. Sie erklärt zwar die Genuswerte der Nomina in (8), aber sie allein kann die Genuswerte der Nomina in (9) nicht erklären. Aus dem einfachen Grund, dass die von den Nomina in (9) bezeichneten Entitäten keine Menschen oder höheren Tiere sind.

(8) a. MASKULINA: *отец, брат, дядя, лев, ...*
b. FEMININA: *мать, сестра, тетя, львица, ...*

(9) a. MASKULINA: *журнал, дом, автомобиль, вечер, ...*
b. FEMININA: *газета, школа, машина, ночь, ...*
c. NEUTRA: *письмо, здание, такси, утро, ...*

Deswegen wird der semantischen Zuweisungsregel eine morphologische Zuweisungsregel zur Seite gestellt:

(10) **Morphological assignment:** Für alle Nomina gilt.
a. Wenn das Nomen zum Deklinationstyp I gehört, dann ist das Genus des Nomens maskulin.
b. Wenn das Nomen zu den Deklinationstypen II oder III gehört, dann ist das Genus des Nomens feminin.
c. Ansonsten ist das Genus des Nomens neutrum.

Diese Regel setzt natürlich eine Klärung der Frage voraus, was für Deklinationstypen es im Russischen gibt. Deklinationstypen sind Verallgemeinerungen der spezifischen Formenparadigmen, die die Nomina einer Sprache bilden. Also eine Klassifikation der verschiedenen Nominalparadigmen in verschiedene Arten von Nominalparadigmen. Die Literatur zu diesem Thema ist umfangreich und verwirrend. Verschiedene Arbeiten kommen zu verschiedenen Sortierungen, je nachdem, wie grob- oder feinkörnig die Sache betrachtet wird.

Egal um was es geht, eine Klassifikation ist nie Selbstzweck. Wenn eine Klassifikation vorgeschlagen wird, sollte sie auch irgendeine Relevanz haben. Das ist bei den vielen Vorschlägen zu den russischen Deklinationen leider nicht immer der Fall. Corbett (1991) geht von vier Deklinationstypen für das Russische aus. Für seine Annahme reklamiert er Relevanz und damit Gültigkeit, gerade *weil* sie es ermöglicht, das russische Genussystem elegant zu modellieren. Seinen Vorschlag bildet die Tabelle 9.2 ab (Corbett 1982:227).

	I	II	III	IV
N,sg	*закон*	*школа*	*кость*	*вино*
A,sg	*закон*	*школу*	*кость*	*вино*
G,sg	*закона*	*школы*	*кости*	*вина*
D,sg	*закону*	*школе*	*кости*	*вину*
L,sg	*законе*	*школе*	*кости*	*вине*
I,sg	*законом*	*школой*	*костью*	*вином*
N,pl	*законы*	*школы*	*кости*	*вина*
A,pl	*законы*	*школы*	*кости*	*вина*
G,pl	*законов*	*школ*	*костей*	*вин*
D,pl	*законам*	*школам*	*костям*	*винам*
L,pl	*законах*	*школах*	*костях*	*винах*
I,pl	*законами*	*школами*	*костями*	*винами*

Tab. 9.2: Deklinationstypen nach Corbett

Diese vier Deklinationstypen sind also als gegeben unterstellt, auf sie nimmt Regel (10) Bezug. Den zwei Regeln (7) und (10) ist jetzt noch eine Zusatzannahme hinzuzufügen:

(11) **Zusatzannahme:** Die semantischen Zuweisungsregeln des Russischen sind stärker als die morphologischen Zuweisungsregeln.

Diese Zusatzannahme muss eigentlich nicht extra formuliert werden. Man beachte, dass die semantischen Zuweisungsregeln einen engeren Anwendungsbereich haben als die morphologischen. Während die morphologischen Zuweisungsregeln ausnahmslos alle Nomina in den Blick nehmen ("für alle Nomina gilt"), gelten die semantischen nur für eine Teilmenge aller Nomina. Nämlich nur für solche, die Menschen oder höhere Tiere bezeichnen. In dieser Konstellation, wenn zwei Regeln miteinander konkurrieren, von denen eine enger definiert ist als die andere, greift ein universelles Prinzip (Stump 2001:22):

(12) **Panini's principle:** The narrowest rule takes precedence.

Die Regeln in (7) und (10) muss man also mit (12) zusammen denken. Der Name "Panini-Prinzip" geht auf einen Gelehrten des antiken Indiens zurück. In Abbildung 9.1 sehen Sie ihn bei der Arbeit.

Abb. 9.1: Panini

> Worin besteht die fundamentale Bedeutung Paninis für die moderne Linguistik? Eine sehr ergiebige erste Informationsquelle ist hierzu, wie so oft, die englischsprachige Wikipedia.

Zusammen erklären uns (7), (10) und (12), warum die russischen Nomina in (13) tatsächlich maskulin sind, obwohl sie laut der morphologischen Zuweisungsregel (10) ja eigentlich feminin sein müssten.

(13) MASKULINA: *мужчина, дядя, дедушка, юноша, папа, слуга, ...*

Mitunter kommt es trotz (12) zu Regelkonflikten. Im folgenden Beispiel geht es um das Nomen *врач*.

(14) *Новый врач пришла.* ('Die neue Ärztin ist gekommen')

Die semantische Zuweisungsregel (weibliches Geschlecht → feminines Genus) ist offenbar für die Genuskongruenz des Verbs verantwortlich, während die morphologische Zuweisungsregel (Deklinationstyp I → maskulines Genus) die Genuskongruenz des Adjektivs erklärt. Solche genderbedingten Regelkonflikte und ihre sprachlichen Auflösungen werden viel diskutiert, sind aber noch nicht besonders gut verstanden.

Im Dorf erwartete man schon lange die Ankunft der neuen Ärztin. Jetzt war sie endlich da... Fragen Sie jemanden mit Russisch als Muttersprache, welche der Sätze in dieser Situation wie akzeptabel sind.

a. *Новый врач пришёл.*
b. *Новая врач пришла.*
c. *Новый врач пришла.*
d. *Новая врач пришёл.*

Soweit konnte das Modell von Corbett schon ziemlich vielen russischen Nomina ihren tatsächlichen Genuswert korrekt zuweisen. Eine Lücke besteht noch im Bereich der indeklinablen Nomina. Das gilt nicht für Indeklinablia, die Menschen oder höhere Tiere bezeichnen, da diese ja von der semantischen Zuweisungsregel erfasst werden. Beispiele sind:

(15) a. MASKULINA: *атташе, наци, тореро, рефери, ...*
b. FEMININA: *мадам, леди, фрейлейн, ...*

Auch hier kommt es, ähnlich wie bei *врач*, zu Verwicklungen, weil ja auch Frauen Nazis oder Schiedsrichter sein können.

Eine Erklärungslücke besteht für Indeklinablia, die keine Menschen oder höheren Tiere bezeichnen. Indeklinable Nomina gehören logischerweise keinem der vier Deklinationstypen an. Gemäß (10c) wäre vorausgesagt, dass sie alle neutrum sind. Das ist aber nicht der Fall, so ist das indeklinable Nomen *какаду* beispielsweise ein Maskulinum. Und so schlägt Corbett (1991) eine zweite semantisch begründete Zuweisungsregel vor, um dieser Tatsache gerecht zu werden.

(16) **Semantic assignment 2:** Für indeklinable Nomina, die weder Menschen noch höhere Tiere bezeichnen, gilt.
a. Wenn das Bezeichnete belebt ist, dann ist das Genus des Nomens maskulin.
b. Wenn das Bezeichnete unbelebt ist, dann ist das Genus des Nomens neutrum.

Jetzt haben wir alle Teile beieinander und machen auch im Bereich der Indeklinablia (weitestgehend) die richtigen Voraussagen.

(17) a. MASKULINA: *кенгуру, боа, коала, какаду, ...*
b. NEUTRA: *пальто, такси, казино, карате, ...*

Weil das russische Nomen *кенгуру* indeklinabel ist und ein Lebewesen bezeichnet, gehört es zu den Maskulina. Wie passt das zu dem folgenden Datum (Rozental' 2019:456)?

Кенгуру	*несла*	*в*
kangaroo.NOM.SG.M	carry.PST.IPFV.3SG.F	in

сумке	*кенгурёнка.*
bag.LOC.SG.F	baby_kangaroo.ACC.SG.M

'Das Känguru trug in seinem Beutel ein kleines Känguru.'

Wenn man die Corbettschen Regeln der Genuszuweisung in der Gesamtschau betrachtet, fällt auf, dass es keine Regel gibt, die ein Nomen dem Genus Neutrum zuweisen würde. Das Neutrum scheint ein Default-Genus zu sein, in das ein Nomen einsortiert wird, wenn es keine Gründe für eine andere Klassifikation gibt. Unter diesem Gesichtspunkt können wir die Genusregeln vielleicht wie folgt zusammenfassen.

(18) R1 Alle russischen Nomina haben das Genus Neutrum.
R2 Alle russischen Nomina, die etwas Belebtes bezeichnen, haben das Genus Maskulin.
R3 Alle russischen Nomina, die zum Deklinationstyp I gehören, haben das Genus Maskulin.
R4 Alle russischen Nomina, die zum Deklinationstyp II oder III gehören, haben das Genus Feminin.
R5 Alle russischen Nomina, die etwas Belebtes männlichen Geschlechts bezeichnen, haben das Genus Maskulin.
R6 Alle russischen Nomina, die etwas Belebtes weiblichen Geschlechts bezeichnen, haben das Genus Feminin.

R1 ist die Default-Regel. Sie sorgt dafür, dass kein Nomen ohne Genuswert "davonkommt". Alle anderen sind spezifische Regeln in dem Sinne, dass sie nur für eine Teilmenge aller Nomina anwendbar sind. Welche Teilmenge das jeweils ist, gibt jede Regel an. Mit (12) soll gelten: Wenn für ein Nomen mehr als eine Regel anwendbar ist, gewinnt die spezifischste anwendbare Regel. Es gelte ferner die folgende Spezifizitätshierarchie innerhalb dieser Regeln.[5]

(19) R1 < R2 < R3,R4 < R5,R6

Mit diesem Regelapparat können wir das Sprachverhalten der Sprecherinnen und Sprecher des Russischen in Bezug auf die Genuskategorie sehr gut abbilden. Es gibt allerdings ein paar bekannte Sprachdaten, die das Modell nicht erfassen kann (und von denen natürlich auch Corbett weiss).

Der erste Fall ist das Nomen *кофе*. Nach den Regeln in (18) müsste es ein Neutrum sein. Denn es ist indeklinabel und bezeichnet nichts, was belebt wäre. Aber Ihre Russischlehrerin (oder Ihr Russischlehrer) wird Ihnen vielleicht einen Fehler anstreichen, wenn sie zum Beispiel *кофе стояло на столе* schreiben. Richtig sei, würde sie vermutlich sagen, *кофе стоял на столе*, denn das Genus der Nomens *кофе* ist maskulin.

Nun ist aktuell allerdings zu bebachten, dass sich der Gebrauch des Nomens *кофе* als Neutrum mehr und mehr ausbreitet. Es scheint, als vollziehe sich gerade eine Entwicklung, die die Verwendung des Nomens regelkonform macht. Nicht regelkonform nach dem Verständnis Ihrer Lehrerin, aber regelkonform im Sinne von (18): im Sinne des grammatischen Wissens, welches das Sprachverhalten der Sprecherinnen und Sprecher mutmaßlich leitet. In diesem Punkt zeigt sich einmal in aller Deutlichkeit der prinzipielle Unterschied zwischen Präskription und Deskription (vgl. Kapitel 3): *кофе* als Neutrum zu verwenden widersprach lange und widerspricht teilweise noch heute präskriptiven Regeln, aber es ist (mehr und mehr) im Einklang mit dem tatsächlichen Sprachverhalten, das Sprecherinnen zeigen, und das die deskriptive Linguistik zu erfassen sucht. Und wenn Ihre Lehrerin darauf beharrt, dass Sie einen Fehler gemacht haben, dann weisen Sie sie vielleicht auf das folgende Beispiel hin. Es stammt von Michail Bulgakov (und ist auch im russischen Nationalkorpus zu finden).

(20) *Кофе* *в чашке* *стояло* *на*
coffee.NOM.SG.N in cup.LOC.SG.F stand.PST.IPFV.3SG.N on
письменном *столе.*
writing.LOC.SG.M table.LOC.SG.M
'Der Kaffee in der Tasse stand auf dem Schreibtisch.'

Der Fall *путь* ('Weg'). Das Nomen *путь* ist ein Maskulinum. (18) macht hier eindeutig eine falsche Voraussage. Da die von diesem Nomen bezeichnete Sache nicht belebt ist, sind die Regel R2, R5 und R6 nicht anwendbar. Da

[5] X < Y bedeutet: Y ist spezifischer als X. Je "spezifischer", desto "enger" im Sinne von (12).

das Nomen nicht zum Deklinationstyp I gehört, ist auch R3 aus dem Spiel. Die Regel, die greift, ist R4. In der Tat gehört *путь* aufgrund seines Formenparadigmas zum Deklinationstyp III (vgl. Tab. 9.3). Gemäß R4 müsste es eigentlich ein Feminimum sein. Ist es aber nicht.

	Sg.	Pl
N	*путь*	*пути*
A	*путь*	*пути*
G	*пути*	*путей*
D	*пути*	*путям*
L	*пути*	*путях*
I	*путём*	*путями*

Tab. 9.3: Paradigma des Maskulinums ПУТЬ

Weiterhin falsch vorausgesagt sind Nomina wie *салями* ('Salami'), *евро* ('Euro'), *бри* ('Brie (Käse)') oder *торнадо* ('Tornado'). Sie sind alle indeklinabel und bezeichnen unbelebte Dinge. Ihr Genus sollte also Neutrum sein. Tatsächlich aber ist *салями* feminin und *евро*, *бри* und *торнадо* sind maskulin. Das liegt an zwei Gründen, die man zusammen denken muss. Erstens handelt es sich bei diesen Wörtern um Entlehnungen. Zweitens benennen sie, intuitiv gesprochen, eine bestimmte Art von etwas (eine Unterart von Wurst, eine Unterart von Geld, eine Unterart von Käse, eine Unterart von Wind).

Offenbar können sich neu in die russische Sprache kommende Nomina einer Subsumption unter die geltenden Genuszuweisungsregeln unter Umständen entziehen. Die Umstände, unter denen das passieren kann, sind gegeben, wenn bereits eine Reihe von Lexemen existiert, die andere Unterarten derselben Sache bezeichnen, und wenn die Lexeme einer solchen Reihe – mit Löbner (2015:242) Heteronyme genannt – sich durch einen gemeinsamen Genuswert auszeichnen. Man vergleiche:

(21) a. MASKULINA: *ураган, шторм, фён, циклон, ...*
b. MASKULINA: *камамбер, чеддер, пармезан, ...*

In einer solchen Situation kommt es zu einem Konflikt. Wenn sich das neue Wort harmonisch in das System der Genusregeln des Russischen einfügt, wird es dadurch aus der Reihe seiner Heteronyme tanzen. Wenn sich das neue Wort hingegen dem Genuswert seiner Heteronyme anschließt, widersetzt es sich den Genusregeln. *бри* hat sich "entschlossen", dem Beispiel von *камамбер, чеддер* und *пармезан* zu folgen (die im Übrigen alle flektieren) und ein Maskulinum zu sein.

Andere Käse-Wörter sind den anderen Weg gegangen. Sie haben sich nicht in die Reihe der Maskulina in (21b) gefügt, entsprechen dafür aber den Regeln der russischen Genuszuweisung: sie deklinieren nach dem Muster von Deklinationstyp II und sind entsprechend Feminina (22a).

(22) a. FEMININA: *моцарелла, гауда, ...*
     b. MASKULINA: *камамбер, чеддер, пармезан, ...*

Es ist sehr verlockend, das gemeinsame Genus der Reihen in (21) durch das Genus ihres jeweiligen Hyperonyms zu erklären, also auf das Maskulinsein von *ветер* und *сыр*. Dann wären diese Lexeme womöglich als kopfinitiale Komposita (s. Kapitel 5) zu analysieren, deren Kopf elliptisch weggelassen werden kann (Isačenko 1954:83). Die Weglassbarkeit ist dadurch gegeben, dass es keine Verwechslungsgefahr mit anderen Lexemen gibt (*ураган, торнадо* usw. kommen nur als Benennungen von Winderscheinungen vor). Auf diese Weise lassen sich auch die Indeklinablia in (23c) als Feminina erklären.

(23) a. *~~ветер~~-ураган, ~~ветер~~-шторм, ~~ветер~~-торнадо, ...*
     b. *~~сыр~~-камамбер, ~~сыр~~-чеддер, ~~сыр~~-бри, ...*
     c. *~~муха~~-цеце, ~~колбаса~~-салями, ~~капуста~~-кольраби, ...*

Fazit: Die Genusregeln, die Corbett (1991) für das Russische identifiziert hat, bilden die tatsächlichen Verhältnisse im Russischen sehr gut ab. Wenn Ausnahmen vorkommen, dann vor allem im Bereich des Lehnwortschatzes, was die Regeln gar nicht in Frage stellt – denn die Intergration "fremden" lexikalischen Materials unterliegt *per se* besonderen Bedingungen, weil diese Wörter nun einmal im Kontext des Regelsystems einer anderen Sprache zur Welt gekommen sind (eine kritischere Diskussion des Corbettschen Modells bietet Doleschal 2004).

9.4 Belebtheit

Bei der Nominalkategorie Genus handelt es sich um eine sog. klassifizierende grammatische Kategorie (Zaliznjak 1967:31). Damit ist gemeint, dass jedes Nomen "genusfest" ist. Egal, in welchem syntaktischen Kontext es erscheint, stets wird es denselben Genuswert tragen. Wir kommen nunmehr zur zweiten klassifizierenden grammatischen Kategorie des russischen Nomens, der Belebtheit.

Doch zuvor noch ein genereller Gedanke zu dieser Art grammatischer Kategorien im Gegensatz zu flektierenden grammatischen Kategorien (wie z.B. dem Numerus, s.u.). In Kapitel 2 hatten wir Wortarten als grammatisch relevante lexikalische Partitionen definiert. Jetzt fällt auf, dass klassifizierende Kategorien wie Genus oder Belebtheit im Grunde nichts anderes sind. Beim Genus handelt es sich um eine lexikalische Partitionen mit grammatischer Relevanz *innerhalb der Klasse der Nomina*. Jedes Nomen gehört pauschal zu dieser oder jener Genusklasse, und nach Maßgabe seiner Klassenzugehörigkeit kongruieren im Verbund mit ihm auftretende Wörter in dieser oder jener Weise: "Genders are classes of nouns reflected in the behaviour of associated words" (Hockett 1958). Wir können also mit Fug und Recht konstatieren, dass maskuline Nomina, feminine Nomina und neutrale Nomina sachlich betrachtet drei verschiedene Wortarten des Russischen sind.

Innerhalb der Klassen der Maskulina, Feminina und Neutra kommt es nun noch zu einer weiteren Unterteilung von grammatischer Relevanz, der Einteilung in belebte und unbelebte Nomina.

Die Rede von "belebten Nomina" ist natürlich streng genommen Unsinn. Nicht die Nomina sind belebt, sondern die Entitäten, die von ihnen bezeichnet werden. Behalten wir das im Auge, wenn wir abkürzend von der Belebtheit (*одушевлённость*) eines Nomens sprechen.

Corbett (1991) spricht konsequenterweise davon, dass das Russische sechs Genera besitzt, soll heißen, dass die russischen Nomina in sechs verschiedene Klassen fallen. Allerdings werden die auf der Belebtheitskategorie begründeten Klassen als "weniger wichtige Subgenera" erachtet:

> [I]n Russian there is ample evidence for three genders, from verbs, adjectives and pronouns. However, just within targets which mark case, within the accusative case, there is evidence for a split between animates and inanimates. This animacy distinction fully crosscuts the main genders (including the neuter). When we apply the agreement class approach, it is evident that we have six agreement classes. Since the animacy distinction is restricted to just one case value, it is often treated as a sub-gender, that is, as a less important distinction, subordinate to the main genders. (Corbett & Fedden 2016:513)

Die in Tabelle 9.4 angegebenen Prozentzahlen beziehen sich auf die Verteilung russischer Nomina über diese sechs Klassen, wie sie Zaliznjak (1967:145) auf der Basis seines Textkorpus ermittelt hat.

	mask.	fem.	neutr.	Σ
belebt	13,7 %	8,4 %	0,4 %	22,5 %
unbelebt	26,8 %	34,6 %	16,1 %	77,5 %
Σ	40,5 %	43,0 %	16,5 %	100 %

Tab. 9.4: Prozentuale Verteilung der sechs Nominalklassen

Davon, dass die Partition des Lexikons in maskuline, feminine und neutrale Nomina grammatisch relevant ist, hatten wir uns überzeugt (Tabelle 9.1). Worin besteht nun die grammatische Relevanz der Partition in belebte und unbelebte Nomina? Ich gebe hier die Regeln wider, die Tauscher/Kirschbaum (1958:70f.) diesbezüglich formuliert haben:

(24)
1. Der **Akkusativ Plural** aller belebten Nomen ist formgleich mit dem Genitiv Plural; der **Akkusativ Plural** aller unbelebten Nomen ist hingegen formgleich dem Nominativ Plural.
2. Der **Akkusativ Singular** der belebten maskulinen Nomen der Deklination I und der maskulinen nominalisierten Adjektive und Partizipien, die Lebewesen bezeichnen, ist formgleich mit dem Genitiv Singular; der **Akkusativ Singular** der übrigen Nomen (mit Ausnahme der Nomen der Deklination II und der femininen nominalisierten Adjektive und Partizipien) ist hingegen formgleich mit dem Nominativ Singular.
3. Die Nomen der Deklination II und die femininen nominalisierten Adjektive und Partizipien weisen im **Akkusativ Singular** eine besondere Endung auf, die weder mit der Nominativ- noch mit der Genitivendung übereinstimmt (*-у / -ю* bzw. *-ую*).

Es geht bei der Belebtheitskategorie also um die Gestalt der Akkusativform einen Nomens. Manchmal gleicht sie der Nominativform, manchmal der Genitivform und manchmal hat sie eine eigene Markierung. Wann eine Akkusativform welche Kodierung an den Tag legt, richtet sich nach der Belebtheitsklasse, zu der das Lexem gehört, von dem sie eine Form ist.

(25) fasst die in (24) ausbuchstabierten Regeln, die das Verhalten der Sprecherinnen und Sprecher in diesem Bereich mutmaßlich leiten, noch einmal formelhaft zusammen, zum schnelleren Überblick.

(25)	R1	Nomen [ ]	: Akk → Nom
	R2	Nomen [+bel]	: Akk Pl → Gen Pl
	R3	Nomen [+bel, +mask, Dekl.I]	: Akk Sg → Gen Sg
	R4	Nomen [Dekl.II]	: Akk Sg → *-у* / *-ю*

Die Realisierung der Akkusativformen als Nominativformen ist als Default-Regel formuliert (R1). Sie ist auf alle Nomina anwendbar. Das ist daran abzulesen, dass die eckige Klammer leer ist. Die Regel R2 ist demgegenüber auf belebte Nomina beschränkt, was in der eckigen Klammer als "+bel" notiert wird. Für all diese gilt, dass ihre Formen im Akkusativ Plural die Gestalt der Formen des Genitiv Plurals haben. Da R1 auch auf belebte Nomina anwendbar ist und ebenfalls auch den Akkusativ Plural betrifft, kommt es hier zu einem Regelkonflikt. Dieser wird aber auf Basis des Panini-Prinzips (12) aufgelöst. Die Regel mit dem spezifischeren Anwendungsgebiet macht für den grammatischen Kontext Akkusativ Plural das Spiel. Das ist R2.

Regel R3 wiederum knüpft spezifischere Bedingungen an seine Anwendung als R2. Die betreffenden Nomina müssen nicht nur belebt sein, sondern zudem maskulin sein und zum Deklinationstyp I gehören. Allerdings ist der Wirkungskreis von R3 komplementär zu dem von R2, so dass es zwischen diesen beiden Regeln zu keinem Konflikt kommt: R2 betrifft nur Pluralkontexte, R3 nur Singularkontexte.

R4 betrifft ebenfalls Akkusativ Singular Kontexte. Ein Konflikt mit R3 entsteht aber auch hier nicht, weil R4 für Nomina des Deklinationstyps II definiert ist, wie die eckige Klammer zeigt, und somit für andere Nomina als die, für die R3 definiert ist.

Russische Nomina sind also nicht nur genusfest, sondern auch "belebtheitsfest". Allerdings hatten wir gesehen, dass die Genusfestigkeit des Nomens nicht ohne Ausnahme ist. Genusschwankungen sind in solchen Kontexten beobachtbar, in denen das biologische Geschlecht des bezeichneten Individuums relevant wird, vgl. (14). Hier ein weiteres Beispiel (Corbett 1982:219):

(26) *Шимпанзе* *кормила* *детёныша.*
chimp.NOM.SG.M feed.PST.IPFV.3SG.F child.ACC.SG.M
'Die Schimpansin fütterte ihr Junges.'

Das Nomen *шимпанзе* ist nach den russischen Genusregeln “eigentlich” ein Maskulinum (indeklinabel + belebt $\rightarrow$ maskulin). Als Subjekt eines Prädikats jedoch, das aufgrund seiner Bedeutung die Interpretation auf ein weibliches Exemplar als Subjektreferenten festlegt, ändert sich das scheinbar. Die Preisfrage ist: Ist *шимпанзе* in (26) ein maskulines Nomen, so wie ich es glossiert habe, weil es immer ein maskulines Nomen ist? Oder ist *шимпанзе* in (26) tatsächlich ein feminines Nomen? Die Preisfrage umformuliert lautet: Zeigt das Prädikat *кормила* durch seine Femininendung das Genus des Subjekt-Nomens an? Dann wäre *шимпанзе* ein Femininum. Oder zeigt *кормила* das biologische Geschlecht (des Referenten) des Subjekt-Nomens an, das von seinem “grammatischen Geschlecht” (Genuswert) abweichen kann?

Schwankungen ähnlicher Art lassen sich auch im Bereich der Belebtheit beobachten. Das Nomen *робот* zum Beispiel wird in Kontexten, in denen es als das verstanden werden soll, was es ist, nämlich eine Maschine (z.B. ein Industrieroboter), als unbelebt klassifiziert. Wenn dieses Nomen jedoch in einem Science Fiction Szenario einen Humanoiden bezeichnet, wird es als belebt klassifiziert. Der Unterschied äußert sich in der Form des Akkusativs.

Das Nomen *креветка* bedeutet ‘Krabbe’. Ob es als belebtes oder unbelebtes Nomen behandelt wird, zeigt sich in Akkusativ Plural Kontexten. Und in solchen sind beide Varianten beobachtbar. Und keine dieser zwei Varianten ist falsch!

(27) a. *Как приготовить креветок?*
b. *Как приготовить креветки?*

Finden Sie raus, welche Variante in (27) häufiger vorkommt.

Warum gibt es Genusklassen und Belebtheitsklassen überhaupt? Verkompliziert das nicht die Grammatik unnötig? Man muss die Sache vom Zweck her denken, dann versteht man, dass es schon “nicht unpraktisch” ist, wenn eine Sprache ihre Nomina in Klassen sortiert, so dass sie unterschiedliche grammatische Reflexe an den Wörtern hervorrufen, mit denen sie erscheinen. Ich versuche es in ganz einfachen Worten zu erklären.

Es geht bei Kommunikation um das Mitteilen und das Verstehen von Botschaften. In der sprachlichen Kommunikation werden die Botschaften von Sätzen transportiert, die aus Wörtern bestehen. Um sich die Botschaft hinter einem Satz zu erschließen, muss man die Bedeutungen der Wörter, aus denen der

Satz besteht, ins richtige Verhältnis zueinander setzen. Man muss analysieren: Welches Wort bezieht sich semantisch auf welche anderen Wörter? Zu dieser Analyse liefern Genus- und Belebtheitsinformationen wertvolle Hinweise.

Wenn ein Adjektiv mit einem Nomen im Satz grammatisch kongruiert, so wissen wir, dass die Bedeutung dieses Adjektivs die Bedeutung dieses Nomens modifiziert. Und nicht die eines anderen Nomens, das sich möglicherweise im selben Satz befindet.

Ein fundamental wichtiger Analyseschritt ist die Identifikation des Subjekts des Satzes. Wenn mehrere Nomina (genauer: Nominalphrasen) im Satz vorkommen, brauche ich einen Hinweis, welches Nomen (welche Nominalphrase) als Subjekt zu interpretieren ist. Verschiedene Sprachen liefern verschiedene Arten von Hinweisen. Im Englischen hilft die Reihenfolge der Nomina. Es ist eindeutig, wer in (28) der Liebhaber und wer der Geliebte ist.

(28) *The kangaroo loves the cockatoo.*

Das russische Pendant ist nicht so eindeutig. Wer liebt hier wen?

(29) *Кенгуру любит какаду.*

Es kommt darauf an, welche Nominalphrase das Subjekt ist und welche das direkte Objekt. Und das wiederum erkennt man nicht an der Wortstellung, sondern am Kasuswert: Nominativ → Subjekt; Akkusativ → Objekt. Den aber kann man an der morphologischen Form der Nomina *кенгуру* und *какаду* nicht ablesen – sie sind indeklinabel. Wenn jedoch kongruierende Adjektive ins Spiel kommen, klärt sich die Situation auf:

(30) *Молодого* *кенгуру* *любит*
young.ACC.SG.M kangaroo.ACC.SG.M love.PRS.IPFV.3SG
старый *какаду.*
old.NOM.SG.M cockatoo.NOM.SG.M
'Das junge Känguru liebt der alte Kakadu.'

An der Form des Adjektivs *молодого* erkennen wir, dass *кенгуру* den Wert Akkusativ haben muss. Und folglich, dass *молодого кенгуру* das direkte Objekt des Satzes ist. Und folglich, dass das Känguru das Objekt der Liebe ist. Ob es die Liebe des Kakadus erwidert ist ungeklärt.

Einer der Sätze ist ungrammatisch. Welcher? Wer liebt jeweils wen?

(a) *Отец любит сына.*
(b) *Отца любит сын.*
(c) *Отец любит сын.*
(d) *Мать любит дочь.*

Fassen wir zusammen: Für erfolgreiche Kommunikation ist entscheidend, die Satzglieder, und hier nicht zuletzt das Subjekt und das direkte Objekt, zu identifizieren. Die grammatische Belebtheitskategorie hilft dabei, Subjekte und direkte Objekte zu differenzieren. Sie tut das immer dann, wenn von belebten Individuen die Rede ist. Das ist eine große Hilfe, denn von belebten Individuen ist sehr oft die Rede. Im Plural differenziert die Belebtheitskategorie alle Nomina, im Singular maskuline Nomina des Deklinationstyps I. Nomina des Deklinationstyps II verfügen durch die Endung *-у* über eine ihnen eigene Akkusativmarkierung, so dass der differenzierende Effekt der Belebtheitskategorie hier funktional entbehrlich ist.

Abschließend sei noch bemerkt, dass die Bedeutungen von Nomina, die grammatisch als "belebt" klassifiziert sind, nicht immer Beschreibungen von tatsächlich lebendigen Dingen sind, vgl.:

(31) a. *опознавать уби́того* (den Getöteten identifizieren)
b. *покупать копчёного лосо́ся* (geräucherten Lachs kaufen)
c. *играть а́нгела* (einen Engel spielen)
d. *лепить снеговика́* (einen Schneemann bauen)
e. *верить в бо́га* (an Gott glauben)
f. *брать слона́* (einen Läufer nehmen)

Durch die Besprechung der Belebtheitskategorie haben wir automatisch bereits das Thema Kasus angeschnitten. Doch bevor ich dieses vertiefe, ein paar Worte zur Numeruskategorie.

9.5 Numerus

Die grammatische Kategorie des Numerus ist eine Flektionskategorie *par excellence*. Zwei Grammeme, Singular und Plural, stehen als alternative Bedeutungen zur Wahl (Kandidatenmenge), eine der beiden Bedeutungen muss an der

Wortform zum Ausdruck kommen (Obligatheit), und es können niemals beide gleichzeitig ausgedrückt werden (Eindeutigkeit).

Das Mittel des Ausdrucks der Numerusbedeutung ist systematisch die Suffigierung.[6] Eine Besonderheit, wenn man das so nennen will, besteht darin, dass die Numerusinformation im Russischen in einem Morphem zusammen mit der Kasusinformation kodiert wird. Man spricht von der Fusion oder auch Kumulation zweier Bedeutungen in einem Marker. Betrachten wir die Tabelle 9.5. Sie zeigt jeweils einen Ausschnitt aus dem Formenparadigma des ossetischen[7] und des russischen Nomens in der Bedeutung 'Kopf'.

Ossetisch	Sg.	Pl.	Russisch	Sg.	Pl.
Nom	sær	særtæ	Nom	golova	gólovy
Gen	særə	særtə	Gen	golovy	golov
Dat	særæn	særtæn	Dat	golove	golovam

Tab. 9.5: 'Kopf', Ossetisch und Russisch, 1

Schauen wir uns das Formeninventar genau an und versuchen wir, den jeweiligen Wortstamm zu identifizieren, der die lexikaliche Bedeutung 'Kopf' trägt, sowie die grammatischen Endungen. Wir gelangen vermutlich alle zu der morphologischen Segmentierung in Tabelle 9.6.

Ossetisch	Sg.	Pl.	Russisch	Sg.	Pl.
Nom	sær	sær-tæ	Nom	golov-a	gólov-y
Gen	sær-ə	sær-tə	Gen	golov-y	golov
Dat	sær-æn	sær-tæn	Dat	golov-e	golov-am

Tab. 9.6: 'Kopf', Ossetisch und Russisch, 2

Jetzt fragen wir uns: Welches Element (Morphem) bringt in den beiden Sprachen den Genitiv zum Ausdruck? Welches Morphem bringt den Dativ zum Ausdruck? Welches Morphem bringt die Pluralbedeutung zum Ausdruck? Dazu müssen wir die Endungen in Tabelle 9.6 analysieren. Und dabei fällt auf,

[6] Zu morphologischen Grundbegriffen wie "Suffix" siehe Kapitel 3.

[7] Das Ossetische ist eine iranische Sprache der indoeuropäischen Sprachfamilie. Sie wird im Grenzgebiet von Russland und Georgien gesprochen. Das Beispiel stammt aus Abaev (1964).

dass sich Ossetisch und Russisch hier prinzipiell unterscheiden. Ossetisch verfügt über Morpheme, die auf den Ausdruck des Genitivs (-ə), Dativs (-æn) und Plurals (-t) spezialisiert sind, vgl. Tabelle 9.7.

Ossetisch	Sg.	Pl.	Russisch	Sg.	Pl.
Nom	sær	sær-t-æ	Nom	golov-a	gólov-y
Gen	sær-ə	sær-t-ə	Gen	golov-y	golov
Dat	sær-æn	sær-t-æn	Dat	golov-e	golov-am

Tab. 9.7: 'Kopf', Ossetisch und Russisch, 3

Das Russische hingegen verfügt über keine derartigen Spezialmorpheme. Stattdessen transportiert das Morphem, das jeweils die Wortendung bildet, zwei Informationen gleichzeitig. Es bringt stets sowohl einen Kasuswert als auch einen Numeruswert zum Ausdruck:

(32) Nom + Sg $\leftrightarrow$ -a
Nom + Pl $\leftrightarrow$ -y
Gen + Sg $\leftrightarrow$ -y
Gen + Pl $\leftrightarrow$ -∅
Dat + Sg $\leftrightarrow$ -e
Dat + Pl $\leftrightarrow$ -am

Das Ossetische verfolgt an dieser Stelle das Prinzip des agglutinierenden Sprachbaus (ein Morphem – eine grammatische Bedeutung), das Russische zeigt dagegen das fusionierende/kumulative Bauprinzip (ein Morphem – mehrere grammatische Bedeutungen).

Weil das Russische die Numerusinformation kumulativ mit der Kasusinformation zum Ausdruck bringt, ist eine umfassende Darstellung der Mittel zum Ausdruck der zwei Grammeme 'Singular' und 'Plural' relativ komplex. In den meisten Lehrbüchern versucht man diese Komplexität dadurch zu reduzieren, dass man den Blick (zunächst) auf den Kontext Nominativ beschränkt. Dem schließe ich mich hier an.

Im Kontext Nominativ wird die Pluralbedeutung, in Abhängigkeit vom jeweiligen Deklinationstyp, zu dem das Nominallexem gehört, durch die in Tabelle 9.8 angezeigten Suffixe zum Ausdruck gebracht. (33) zeigt sodann ein paar Beispiele, in denen diese (Nominativ-)Plural-Morpheme zum Einsatz kommen.

Deklinationstyp	Morphem	Schriftausdruck
I	-i oder -a	-ы/-и oder -а/-я
II	-i	-ы/-и
III	-i	-и
IV	-a	-а/-я

Tab. 9.8: Nominativ-Plural-Morpheme

(33) a. (Deklination I:) стол – столы; писатель – писатели; город – города; край – края
b. (Deklination II:) лампа – лампы; неделя – недели
c. (Deklination III:) ночь – ночи
d. (Deklination IV:) окно – окна; поле – поля

In nicht wenigen Fällen verändert sich der Wortstamm im Vergleich zum Singular (Gladrow et al. 1989:17). Es tritt das Phonem /j/ an den Singularstamm. Zudem erkennen Sie punktuell weitere Veränderungen, die ich hier unbeachtet lasse. Aus den in Kapitel 3 ausführlich dargelegten Gründen muss ich zur sauberen Darstellung von kyrillischen zu lateinischen Buchstaben wechseln. Achtung, es handelt sich hier wieder um keine Transliteration, sondern um eine phonematische Notation (die Schrägstriche, die das normalerweise anzeigen, lasse ich hier weg). Tabelle 9.9 zeigt Beispiele.

Singular	Plural
brat	bratj-a > братья
drug	drugj-a > друзья
derev-o	derevj-a > деревья
syn	synovj-a > сыновья
neb-o	nebes-a > небеса

Tab. 9.9: Pluralformen mit Stammveränderung

Soviel zum ausdrucksseitigen Verhältnis von Singular und Plural, also zum Verhältnis von Singular- und Pluralformen. Jetzt komme ich zum inhaltseitigen Verhältnis von Singular- und Pluralbedeutungen.

Es gibt, in Bezug auf ihren denotativen Gehalt, verschiedene Arten von Nomina, die auf verschiedene Weise mit der Bedeutung des Grammems Plural kompatibel sind. Die Nomina, die wir bisher in (33) gesehen haben, sind allesamt *zählbare Nomina*. Sie bilden problemlos Pluralformen, weil die Pluralbedeutung und die lexikalische Wortbedeutung ohne Einschränkung miteinander kompatibel sind.

Worin besteht in diesem Fall die Wortbedeutung? Zählbare Nomina wie *стол*, *лампа* usw. denotieren Mengen von Individuen. Individuen sind spezielle Entitäten, die präzise definiert sind. Sie zeichnen sich dadurch aus, dass ihre jeweiligen Bestandteile "maximal stark miteinander verbunden" sind. Das Kriterium "maximal stark miteinander verbunden" ist so zu verstehen, dass (i) jeder Teil der Entität (eines Tisches zum Beispiel) mit der ganzen Entität verbunden ist und (ii) nichts, was ebenfalls ein Tisch ist, mit der Entität überlappt, ohne ein Teil von ihr zu sein (Grimm 2012:135). Einfacher gesagt: Zwei Entitäten, die jeweils korrekt als Tisch bezeichnet werden können, überlappen sich nicht.

Wir können dasselbe auch so sagen: Das Singularnomen *стол* dient als Benennung für alle Individuen, die die Eigenschaften haben, die für Tische kennzeichnend sind. Also ein Möbelstück mit einer mit einer glatten Oberfläche in gewisser Höhe zu sein, so dass mensch davor sitzen oder stehen kann, um gewisse Tätigkeiten (schreiben, essen, basteln,...) bequemer verrichten zu können. So ungefähr. Die Menge aller Individuen mit diesen Eigenschaften entspricht der Bedeutung von *стол*.

Was benennt nun das Pluralnomen *столы*? Die Antwort lautet: alles, was eine Summe aus den Individuen darstellt, die das Singularnomen denotiert. Also alles, was mindestens zwei Tische sind. Der Schritt von Singular zu Plural ist der Schritt von einzelnen Individuen zu Summen einzelner Individuen (Link 1983, Grimm 2012).

Warum muss das so kompliziert sein? Weil man sonst das nicht versteht, was jetzt kommt. Es gibt im Russischen viele Nomina, die keine zählbaren Nomina sind. Ihre Singularformen denotieren keine Menge von Individuen. Die Existenz von Individuen ist aber die Voraussetzung dafür, Summen von Individuen bilden zu können. Einfach gesagt passt in diesen Fällen die Pluralbedeutung nicht zu der Bedeutung, die die Singularformen solcher Nomina mitbringen.

Nicht-zählbare Nomina sind, erstens, Substanz-Nomina wie *вода* ('Wasser'), *железо* ('Eisen'), *молоко* ('Milch') und dergleichen. Diese Nomina denotieren Entitäten, deren Teile nicht "maximal stark miteinander verbunden", sondern lediglich "stark verbunden" sind. Ich versuche anhand von *вода* zu erklären, was das nun wieder bedeutet.

Zu zeigen ist, dass die von *вода* denotierten Entitäten keine "maximal stark miteinander verbundenen" Entitäten (also keine Individuen) sind. Wir können uns leicht davon überzeugen, dass Substanznomina wie *вода* Entitäten bezeichnen können, die mit anderen ebenfalls als *вода* bezeichenbaren Entitäten überlappen können, ohne dass ein überlappendes Wasserquantum ein Teil des anderen sein muss. Stellen wir uns einen mit Wasser gefüllten Eimer vor. Die oberen 2/3 können wir genauso korrekt als *вода* bezeichnen wie die unteren 2/3 (so wie überhaupt alle Quanten Wasser in dem Eimer). Die oberen 2/3 sind de facto kein Teil der unteren 2/3 oder umgekehrt. Die von dem Nomen *вода* bezeichneten Entitäten können also keine Individuen sein, gemäß der Bedingung (ii), die wir oben kennengelernt hatten. Da Nomina wie *вода* somit die Voraussetzung zur Pluralisierung fehlt, stellen sie im Russischen Singularia tantum dar (Gladrow et al. 1989:19).

Die zweite Klasse von Nomina, die keine Individuen denotieren und deswegen ein defektives Numerusparadigma haben, sind Aggregatsnomina[8]. Aggregatsnomina sind zum Beispiel *песок* ('Sand') oder *рис* ('Reis'). In diesem Fall denotiert das Singularnomen Summen von Individuen (Entitäten, deren Teile "maximal stark miteinander verbundenen" sind), die als *песок* oder *рис* bezeichnet werden können. Bis hin zu kleinsten Individuen, den Sand- bzw. Reiskörnern.

Grimm (2012) spricht davon, dass diese Nomina clusterbildende Individuen bezeichnen. Die Cluster können durch direkten Kontakt der Individuen zustande kommen (granulare Aggregate) oder durch Nähe der Individuen zueinander (kollektive Aggregate) (Grimm 2012:147).

Weitere russische Aggregatsnomina sind z.B.: *горох* ('Erbsen'), *картофель* ('Kartoffeln'), *виноград* ('Weintrauben'), *морковь* ('Möhren'). Man beachte die Übersetzung ins Deutsche durch Pluralformen. Die deutschen Nomina *Erbse, Kartoffel, Weintraube* und *Möhre* sind zählbare Nomina und bilden entsprechend reguläre Pluralformen. Nicht immer gehen die zwei Sprachen in dieser Hinsicht auseinander, vgl. russisch *скот* und deutsch *Vieh*, die beide Aggregats-Nomina sind.

Von nominalen Lexemen, die Aggregate denotieren, lassen sich im Russischen mit Wortbildungsmitteln systematisch Lexeme ableiten, die Individuen

[8] Die Aggregation ist eine (lockere) Zusammenlagerung von Atomen, Molekülen und/oder Ionen zu einem größeren Verband, dem Aggregat (Wikipedia).

denotieren (also zählbare Nomina). Das wichtigste ist das Suffix *-in*, das etwa den Stamm *картофель-* (Deklinationstyp I) in den Stamm *картофелин-* (Deklinationstyp II) überführt. Daneben tritt auch das Suffix *-k* mit diesem Effekt in Erscheinung (34e).

(34) a. *картофель* → *картофелина*
b. *горох* → *горошина*
c. *виноград* → *виноградина*
d. *скот* → *скотина*
e. *морковь* → *морковка*

Während also die Aggregatsnomina zur Linken in (34) Singularia tantum sind, besitzen die zählbaren Nomina zur Rechten regelmäßige Pluralformen.

9.6 Kasus

Zur Funktion der Kasusmarkierungen wurde bereits Wesentliches gesagt, als wir uns einen Reim auf die grammatische Kategorie der Belebtheit gemacht haben: Kasusmarkierungen am Nomen helfen, die Rolle zu identifizieren, die der Referent des Nomens in der Satzbedeutung spielt. Man kann sich die Bedeutung eines Satzes in der Tat wie ein kleines Bühnenstück vorstellen. Das (finite) Verb benennt die Handlung. Die Argumente des Verbs (Subjekt, ggf. Objekt, ggf. indirektes Objekt) benennen die Protagonisten. Diese spielen in der beschriebenen Szene bestimmte Rollen.

Für verschiedene semantische Rollen haben sich in der Linguistik verschiedene Termini etabliert. Mit “Agens” bezeichnet man die Rolle des/der Handelnden.[9] “Patiens” wird die Rolle der Figur genannt, auf die die Handlung gerichtet ist. “Instrument” ist der Fachausdruck für die Rolle des Mittels, mit dem eine Handlung ausgeführt wird. “Benefaktiv” ist die Rolle des Profiteurs der Handlung. Usw.

Betrachten wir einen Beispielsatz:

[9] Die grammis-Terminologiedatenbank habe ich ja schon verschiedentlich empfohlen. Unter https://grammis.ids-mannheim.de/terminologie/18 finden Sie genauere Informationen über die semantische Rolle des Agens sowie Verweise auf Beschreibungen anderer semantischer Rollen wie Patiens, Thema usw.

(35) *Старик* *ловил* *неводом*
old_man.NOM.SG.M catch.PST.IPFV.3SG.M net.INS.SG.M
рыбу.
fish.ACC.SG.F
'Die alte Mann fing mit dem Netz einen Fisch.'

Dieser Satz handelt von einem Fangen (*ловил*). An der Szene sind drei Protagonisten beteiligt: ein alter Mann, ein Netz und ein Fisch. Der alte Mann übernimmt die Rolle des Agens, das Netz die Rolle des Instruments und der Fisch die Rolle des Patiens. Woher wissen wir das? Zum einen können wir uns das denken, denn jede andere Rollenverteilung wäre absurdes Theater. Aber man weiß ja nie.

(36) *Старика* *ловил* *невод*
old_man.ACC.SG.M catch.PST.IPFV.3SG.M net.NOM.SG.M
рыбой.
fish.INS.SG.F
'Den alten Mann fing das Netz mit einem Fisch.'

> Denken Sie sich ein Szenario aus, in dem (36) Sinn ergibt.

Um sicher zu sein, wer oder was welche semantische Rolle spielt, müssen wir auf die Kasuswerte der Nomina achten. In unserem Satz (35) stellen die Nomen allein die drei Argumente des Verbs, also die Satzglieder Subjekt, direktes Objekt und adverbiale Bestimmung. Das muss nicht so sein. In Beispiel (37) werden die Satzglieder von Nominal*phrasen* gebildet. Genauer gesagt, von Kombinationen aus Adjektiven und Nomina, die grammatisch miteinander kongruieren (achten Sie auf die Glossierungen):

(37) *Слепой* *старик* *ловил*
blind.NOM.SG.M.LF old_man.NOM.SG.M catch.PST.IPFV.3SG.M
разорванным *неводом* *редкую* *рыбу.*
torn.INS.SG.M.LF net.INS.SG.M rare.ACC.SG.F.LF fish.ACC.SG.F
'Die blinde alte Mann fing mit einem zerrissenen Netz einen seltenen Fisch.'

Also präzisiere ich: Um sicher zu sein, wer in einem Satz welche semantische Rolle spielt, müssen wir auf den Kasuswert des Nomens achten, das den

Kern (Kopf) der Nominalphrase bildet, die das Satzglied (Subjekt, Objekt, adverbiale Bestimmung,...) darstellt. Ich werde im Folgenden der Einfachheit halber mit minimalen Nominalphrasen arbeiten, also mit Nominalphrasen, die nur aus einem Nomen bestehen. Wir sollten aber im Blick behalten, dass es eben Nominalphrasen sind, die semantische Rollen ausfüllen. Diese Phrasen bilden die Satzglieder und erben den Kasuswert ihres Kopfnomens. Wenn ich also von "Nomen" spreche, ist das eine Vereinfachung der tatsächlichen Verhältnisse.

(38) Für Sätze, in denen die Argumente des Verbs von alleinstehenden Nomina realisiert werden, gilt:
  a. Jedes Nomen beschreibt eine bestimmte Partizipantenrolle (Agens, Patiens, ...)
  b. Jedes Nomen hat eine bestimmte Satzgliedfunktion (Subjekt, Objekt, ...)
  c. Jedes Nomen trägt einen bestimmten Kasus (Nom, Akk, ...)

In Satz (35) bündeln die Nomina die drei in (38) genannten Eigenschaften in folgender Weise:

(39) a. старик: {Subjekt, Nominativ, Agens}
  b. не́водом: {Adverbial, Instrumental, Instrument}
  c. рыбу: {Objekt, Akkusativ, Patiens}

Jetzt betrachten wir einen anderen Satz, nämlich (40):

(40) *Мальчик* *ловил* *сачком*
boy.NOM.SG.M catch.PST.IPFV.3SG.M dip_net.INS.SG.M
бабочку.
butterfly.ACC.SG.F
'Der Junge fing mit dem Catcher einen Schmetterling.'

Wie verteilen sich die semantische Rollen, die syntaktischen Funktionen (Satzgliedfunktionen) und die Kasuswerte hier auf die Nomina? Wie folgt:

(41) a. мальчик: {Subjekt, Nominativ, Agens}
  b. сачком: {Adverbial, Instrumental, Instrument}
  c. бабочку: {Objekt, Akkusativ, Patiens}

Wir erkennen: Die Nominalformen in (40) bündeln die Informationen in derselben Weise wie jene in (35). Der Unterschied besteht lediglich darin, dass andere Nomina zum Einsatz kommen, d.h. in anderem lexikalischen Material. Die Grammatik der zwei Sätze (35) und (40) ist identisch.

(42) *Старик* *ел* *рыбу*
old_man.NOM.SG.M eat.PST.IPFV.3SG.M fish.ACC.SG.F
руками.
hand.INS.PL.F
'Die alte Mann aß den Fisch mit den Händen.'

In Satz (42) habe ich das Verblexem gewechselt, bei konstanter grammatischer Form: *ел* statt *ловил*. Wir beobachten auch hier dieselbe Bündelung der Informationen über syntaktische Funktion, semantische Rollen und Kasus:

(43) a. старик: {Subjekt, Nominativ, Agens}
b. руками: {Adverbial, Instrumental, Instrument}
c. рыбу: {Objekt, Akkusativ, Patiens}

Zeit für ein Zwischenfazit. In Sätzen mit solchen transitiven Verbformen (im Genus verbi Aktiv, s.u.), wie sie durch die Verbformen *ловил* und *ел* repräsentiert sind, erkennt man am Kasus Nominativ die syntaktische Konstituente, die das Subjekt stellt und deren Referent die Rolle des Agens spielt. Und am Kasus Akkusativ erkennt man die Konstituente, die das direkte Objekt stellt und deren Referent die Rolle des Patiens spielt. Und am Kasus Instrumental eine Konstituente, die als adverbiale Bestimmung die Rolle des Instruments spielt. Solche transitiven Verben (wie *ловил* und *ел*) sind Handlungsverben – sie beschreiben willentlich durchgeführte Handlungen.

Es gibt im Russischen auch transitive Verben, die keine Handlungen beschreiben. Ein Beispiel wäre (44).

(44) *Мальчик* *видит* *бабочку.*
boy.NOM.SG.M see.PRS.IPFV.3SG butterfly.ACC.SG.F
'Der Junge sieht den Schmetterling.'

Das Nomen *мальчик* bildet auch hier das Subjekt des Satzes und steht im Nominativ. Aber welche semantische Rolle spielt der Junge in der Szene, von der dieser Satz berichtet? Ganz sicher nicht die eines handelnden Agens. Denn etwas zu sehen ist keine aktive Handlung. Man spricht hier von der Rolle des

Experiencers, also des Protagonisten, der etwas “erfährt” (im Sinne einer Sinneserfahrung). Für die Rolle des Schmetterlings bietet sich vielleicht “Quelle” an, zu verstehen als Quelle des Sinneseindrucks.

(45) a. Мальчик: {Subjekt, Nominativ, Experiencer}
b. бабочку: {Objekt, Akkusativ, Quelle}

Zum sprachlichen Wissen, über das die Sprecherinnen und Sprecher einer Sprache verfügen, gehört das Wissen über die Verben der Sprache. Zum Wissen über die Verben gehört wiederum das Wissen über den mit jedem Verb verbundenen Kasusrahmen. Mit Kasusrahmen ist gemeint, welche semantischen Rollen, die aus der lexikalischen Verbbedeutung folgen, durch welche Kasuswerte an den Nomina im Satz zu markieren sind. Und somit: welche semantischen Rollen bei welchem Verb an welche Satzglieder geknüpft sind (vgl. Fillmore 1968).

Jetzt vergleichen wir (44) mit (46):

(46) *Мальчику видна бабочка.*
boy.DAT.SG.M visible.NOM.SG.F.SF butterfly.NOM.SG.F
‘Der Junge sieht den Schmetterling.’

Beide Sätze sind ziemlich bedeutungsgleich. Deswegen habe ich dieselbe Übersetzung gewählt. Und dennoch gibt es einen zwar schwer formulierbaren, aber spürbaren Bedeutungsunterschied zwischen (44) und (46).

Die Korrelation der grammatischen Kasus, syntaktischen Funktionen und semantischen Rollen in (46) zeigt (47). Wie durch die Fragezeichen angedeutet ist unklar, welche Konstituente das Satzsubjekt stellt. Wenn man “Subjekt” inhaltlich denkt, kommt man zu dem Schluss, dass мальчику trotz Dativ-Kasus das Subjekt sein muss, weil der Junge doch gefühlt das ist, wovon der Satz handelt (also das Topik). Wenn man “Subjekt” hingegen formal denkt, wird man бабочка als Subjekt favorisieren, weil es im Nominativ steht. Oder ist die Frage falsch gestellt? Womöglich besteht der Clou dieser Sätze gerade darin, dass das inhaltliche und das formale Subjekt nicht wie sonst zusammenfallen? Oder, noch extremer, haben diese Sätze womöglich gar kein Subjekt? Wer sich mit dieser Problematik vertieft auseinandersetzen möchte, findet in Letučij (2017) einen geeigneten Einstieg in die Materie.

(47) a. Мальчику: {Subjekt (?), Dativ, Experiencer}
b. бабочка: {Subjekt (?), Nominativ, Quelle}

Wie ist mit dem folgenden Satz zu verfahren?

(48) *Антон* *любит* *Машу.*
Anton.NOM love.PRS.IPFV.3SG Masha.ACC
'Anton liebt Masha.'

Das Russische kodiert wie das Deutsche den Experiencer als Subjekt im Nominativ und die "Quelle des Gefühls" als als Objekt im Akkusativ:

(49) a. Антон: {Subjekt, Nominativ, Experiencer}
b. Машу: {Objekt, Akkusativ, Quelle}

Wechseln wir die Sprache. Derselbe Satz (nur mit anderen Namen) lautet auf Georgisch[10] wie folgt.

(50) *Gelas* *uqvars* *nino.*
Gela.DAT love.3SG3SG.PRS Nino.NOM
'Gela liebt Nino.'

Hier erscheint der Liebende im Dativ und die Geliebte im Nominativ:

(51) a. *Gelas*: {Subjekt (?), Dativ, Experiencer}
b. *Nino*: {Subjekt (?), Nominativ, Quelle}

Das heißt, dass das georgische Verb für 'lieben' in Bezug auf seinen Kasusrahmen ungefähr so funktioniert wie das russische Verb *нравиться* (oder das deutsche Verb *gefallen*):

(52) *Антону* *нравится* *Маша.*
Anton.DAT like.PRS.IPFV.3SG Masha.NOM
'(Dem) Anton gefällt (die) Masha.'

Eine wichtige Funktion der grammatischen Kategorie Kasus besteht also darin, dass Kasūs Hinweise für die Interpretation der Mitspieler des Verbs liefern. Jedes Verb impliziert ja durch seine Lexembedeutung einen Minimalbedarf an

[10] Georgisch ist eine kartvelische Sprache. Die Glossierung 3SG3SG ist kein Tippfehler, denn an einem georgischen transitiven Verb muss die Person/Numerus-Kongruenz sowohl für das Subjekt als auch für das Objekt zum Ausdruck gebracht werden (vgl. Tschenkéli 1958). Das Beispiel stammt von Harris (1981).

syntaktisch zu realisierenden semantischen Rollen. Gleichzeitig macht das Verblexem Vorgaben für die konkrete Realisierung jedes Ausdrucks, der einen Inhaber einer bestimmten Rolle kodiert. So ist jede semantische Rolle eines Verbs stets mit einem Satzglied und mit einem Kasus verknüpft. Die "Dreierbündel", die wir oben für alle Sätze zusammengestellt haben, sollen diese Verknüpfung veranschaulichen.

Wenn das soweit verstanden ist, kann ich jetzt dazu übergehen, den Begriff der sog. Diathese zu erklären. Eine Diathese ist eine mit einer morphologischen Veränderung des Verbs einhergehende Änderung der Verknüpfung von semantischer Rolle, syntaktischer Funktion und Kasus. Das bekannteste Beispiel für eine Diathese ist sicher die Passivierung.

(53) zeigt einen Aktivsatz, und (54) zeigt die mit den Nomina in diesem Satz verbunden Informationsbündel.

(53) *Россия* *закрывает* *границу* *из-за*
Russia.NOM.SG.F close.PRS.IPFV.3SG border.ACC.SG.F due_to
коронавируса.
corona.GEN.SG.M
'Russland schließt seine Grenze wegen Corona.'

(54) a. *Россия*: {Subjekt, Nominativ, Agens}
b. *границу*: {Objekt, Akkusativ, Patiens}

(55) zeigt nun den entsprechenden Passivsatz. Er unterscheidet sich von (53) in zweierlei Hinsicht. Erstens hat sich das Verb morphologisch verändert, denn es trägt als zusätzliches Morphem das Postfix *-ся*. Zweitens hat sich der Kasusrahmen verändert, also die Art der Verknüpfung von Kasuswerten, semantischen Rollen und syntaktischen Funktionen.

(55) *Граница* *закрывается* (*Россией.*)
border.NOM.SG.F close.PRS.IPFV.PASS.3SG Russia.INS.SG.F
'Die Grenze wird geschlossen (durch Russland).'

(56) a. *граница*: {Subjekt, Nominativ, Patiens}
b. *Россией*: {Adverbial, Instrumental, Agens}

Das war eine Passiv-Diathese auf Basis eines imperfektiven Verbs. Auf Basis eines perfektiven Verbs funktioniert die Passivierung etwas anders. Nicht was den Kasusrahmen betrifft. Der ist im perfektiven Aktivsatz genauso wie im imperfektiven Aktivsatz (54), und er ist im perfektiven Passivsatz genauso wie im imperfektiven Passivsatz (56). Der Unterschied betrifft die Formveränderung des Verbs. Aus der perfektiven (Aktiv-)Form *закрыла* wird die analytische (Passiv-)Form *была закрыта*

(57) *Россия* *закрыла* *границу.*
Russia.NOM.SG.F close.PST.PFV.3SG.F border.ACC.SG.F
'Russland hat seine seine Grenze geschlossen.'

(58) *Граница* *была закрыта* (*Россией.*)
border.NOM.SG.F close.PST.PFV.PASS.3SG.F Russia.INS.SG.F
'Die Grenze ist geschlossen worden (durch Russland).'

Passivierung ist bei weitem nicht die einzige Form der Diathese, die man in den Sprachen der Welt beobachten kann. Auch im Russischen gibt es andere Diathesen.

(59) *Дверь* *закрылась*
door.NOM.SG.F close.PST.PFV.ANTIC.3SG.F
(*от сквозняка.*)
from_draught.GEN.SG.M
'Die Tür hat sich geschlossen (durch einen Windstoß).'

Diese Diathese heißt Antikausativ (hier als "ANTIC" glossiert), weil durch die morphologische Veränderung der Verbform angezeigt wird, dass an der Handlung (die dann keine Handlung im wörtlichen Sinne mehr ist) kein volitionaler Verursacher beteiligt ist. Man beachte die morphologische Veränderung an der Verbform: wieder erscheint das Postfix *-ся*, nur tritt es dieses Mal an die perfektive (Aktiv-)Form.

Die umgekehrte Diathese, die Kausativierung, fehlt im Russischen. Es gibt also keine morphologische Strategie, bei der man die Verbform verändert mit dem Effekt, dass der vom Verb beschriebenen Situation eine weitere semantische Rolle, nämlich die des Verursachers der Situation, hinzugefügt wird. Deswegen wechseln wir wieder ins Georgische.

Das Wurzelmorphem der folgenden zwei Sätze ist *c'er* ('schreiben'). Das Verbalpräfix *v* ist ein Subjektmarker, der anzeigt, dass das Subjekt des Satzes den grammatischen Wert '1.Person' hat (das Subjekt selbst bleibt in diesem Fall unausgedrückt). Das Präfix *a* in (60b) ist ein sog. Versionsvokal, der eine Änderung der Zahl der Situationsmitspieler anzeigt, das Suffix *eb* ist ein

Transitivmarker, und schließlich ist das Suffix *in* ein Kausativmarker (Gurevich 2007:138).

(60) a. *v-c'er* *mas.*
1SUBJ-write it.DAT
'Ich schreibe es.'

b. *v-a-c'er-in-eb* *mas.*
1SUBJ-VER-write-CAUS-TS it.DAT
'Ich bewirke, dass er es schreibt.'

9.7 Schlussbemerkung

Ich hoffe, dass es mir in diesem Kapitel gelungen ist, die grammatischen Kategorien des russischen Nomens in einer gewissen Erklärungstiefe vorzustellen. Es muss nicht gesagt werden, dass in Anbetracht der gebotenen Kürze von mir trotzdem nur die Oberfläche berührt werden konnte.

Nichts würde mich mehr freuen, als wenn die eine Studentin oder der andere Student mit dem hier referierten Wissen unzufrieden ist und die sie oder ihn interessierende Thematik selbständig weiter ergründet – vielleicht im Rückgriff auf die von mir genannte Fachliteratur. Oder auf die in der von mir genannten Fachliteratur genannten Fachliteratur. Diese Schlussbemerkung gilt für alle Kapitel.

Abb. 9.2: Internet Meme

Literaturverzeichnis

Abaev, V. I. (1964). *A Grammatical Sketch of Ossetic. Edited by H. H. Paper and translated by Steven P. Hill.* Bloomington: Mouton and Company.

Anderson, S. R. (1992). *A-Morphous Morphology.* Cambridge: CUP.

Anderson, S. R. (2010). How many languages are there in the world? In: LSA (Hg.), *FAQ available from the Linguistic Society of America, Washington, DC.*

Baranov, A. N., V. A. Plungjan, & E. V. Rachilina (1993). *Putevoditel' po diskursivnym slovam russkogo jazyka.* Moskva: Pomovskij i partnery.

Barz, I. (2007). Wortbildung und Phraseologie. In: H. Burger, D. Dobrovol'skij, P. Kühn & N. Norrick (Hgg.), *Phraseologie. Ein internationales Handbuch zeitgenössischer Forschung. Band 1,* 27–36. Berlin, New York: de Gruyter.

Bauer, L. (2017). *Compounds and Compounding.* Cambridge: CUP.

Bendixen, B. et al. (2019). *Das Universalwörterbuch russisch – deutsch (RUW). Version 10.1.* Wiesbaden: Harrassowitz.

Berger, T. (2006). Das Russische. In: P. Rehder (Hg.), *Einführung in die slavischen Sprachen. 5. durchgesehene Auflage,* 49–93. Darmstadt: WBG.

Bergmann, A. (1999). Zur Entwicklung von Binomina im Russischen. In: T. Anstatt (Hg.), *Entwicklungen in slavischen Sprachen,* 41–82. München: Sagner.

Birnbaum, H. & J. Schaeken (1999). *Altkirchenslavische Studien II: Die altkirchenslavische Schriftkultur – Geschichte, Laute und Schriftzeichen, Sprachdenkmäler.* München: Sagner.

Borik, O. (2006). *Aspect and Reference Time.* Oxford: OUP.

Brehmer, B. (2007). Sprechen Sie Qwelia? Formen und Folgen russisch-deutscher Zweisprachigkeit in Deutschland. In: T. Anstatt (Hg.), *Mehrsprachigkeit bei Kindern und Erwachsenen,* 163–185. Tübingen: Attempto.

Brehmer, B. & G. Mehlhorn (2018). *Herkunftssprachen.* Tübingen: Narr Francke Attempto.

Breu, W. (2009). Verbale Kategorien: Aspekt und Aktionsart. In: S. Kempgen et al. (Hgg.), *Die slavischen Sprachen. Ein internationales Handbuch zeitgenössischer Forschung. Band 1*, 209–225. Berlin: de Gruyter.

Bruns, T. (2013). *Einführung in die russische Sprachwissenschaft*. Tübingen: Niemeyer.

Bühler, K. (1999 [1934]). *Sprachtheorie: Die Darstellungsfunktion der Sprache*. Stuttgart u.a. (3. Auflage): Fischer.

Bunčić, D. (in Vorb.a). Mehrsprachigkeit und Sprachkontakt. In: D. Bunčić, H. Pitsch & B. Sonnenhauser (Hgg.), *Einführung in die Linguistik der slavischen Sprachen*.

Bunčić, D. (in Vorb.b). Phonologie. In: D. Bunčić, H. Pitsch & B. Sonnenhauser (Hgg.), *Einführung in die Linguistik der slavischen Sprachen*.

Bunčić, D., H. Pitsch, & B. Sonnenhauser (in Vorb.). *Einführung in die Linguistik der slavischen Sprachen*.

Carey, S. (1995). Continuity and Discontinuity in Cognitive Development. In: E. Smith (Hg.), *Invitation to Cognitive Science, Part III: Thinking*, 101–129. Cambridge: MIT Press.

Chomsky, N. (1957). *Syntactic Structures*. The Hague: Mouton.

Corbett, G. (1982). Gender in Russian: An Account of Gender Specification and Its Relationship to Declension. *Russian Linguistics 6*(2), 197–232.

Corbett, G. (1991). *Gender*. Cambridge: CUP.

Corbett, G. & S. Fedden (2016). Canonical gender. *Journal of Linguistics 52*, 495–531.

Croft, W. (2001). *Radical Construction Grammar: syntactic theory in typological perspective*. Oxford: Oxford University Press.

Danièl', M. A. (2009). "Novyj" russkij vokativ: istorija formy usečennogo obraščenija skvoz' prizmu korpusa pis'mennych tekstov . In: K. L. Kiseleva, V. A. Plungjan, E. V. Rachilina & S. G. Tatevosov (Hgg.), *Korpusnye issledovanija po russkoj grammatike*, 224–244. Moskva: Probel.

Daum, E. & W. Schenk (1976). *Die russischen Verben*. München: Max Hueber.

de Saussure, F. (1967). *Grundfragen der allgemeinen Sprachwissenschaft*. Berlin: De Gruyter.

Dietrich, R. (2004). Erstsprache – Muttersprache. In: U. Ammon et al. (Hgg.), *Soziolinguistik. Ein Internationales Handbuch zur Wissenschaft von Sprache und Gesellschaft. 2. Auflage*, 305–311. Berlin: de Gruyter.

Dixon, R. (1977). Where have all the adjectives gone. *Studies in Language 1*(1), 19–80.

Dobrushina, N. (2012). What is the jussive for? A study of third person commands in six Caucasian Languages. *50*(1), 1–25.

Dokulil, M. (1968). Zur Frage der Stelle der Wortbildung im Sprachsystem. *Slovo a slovesnost 29*, 9–16.

Doleschal, U. (2004). *Genus als grammatische und textlinguistische Kategorie. Eine kognitiv-funktionalistische Untersuchung des Russischen.* München: Lincom.

Dressler, W. (1968). *Studien zur Verbalen Pluralität. Iterativum, Distributivum, Durativum, Intensivum in der allgemeinen Grammatik, im Lateinischen und Hethitischen.* Wien: Böhlaus.

Erben, J. (1993). *Einführung in die deutsche Wortbildungslehre. 3. neubearbeitete Auflage*. Berlin: Eric Schmidt.

Es'kova, N. A. (2014). *Slovar' trudnostej russkogo jazyka. Udarenie. Grammatičeskie formy* . Moskva: Jazyki russkoj kul'tury.

Fillmore, C. (1968). The Case for Case. In: E. Bach & R. Harms (Hgg.), *Universals in Linguistic Theory*, 1–88. New York: Holt, Rinehart, and Winston.

Fleischer, W. (1997). *Phraseologie der deutschen Gegenwartssprache*. Tübingen: Niemeyer.

Fleischer, W. & I. Barz (2012). *Wortbildung in der deutschen Gegenwartssprache. 4. Auflage; völlig neu bearbeitet von Irmhild Barz unter Mitarbeit von Marianne Schröder*. Berlin, Boston: de Gruyter.

Fuß, E. & M. Geipel (2018). *Das Wort*. Tübingen: Narr Francke Attempto.

Gallmann, P. (1999). Wortbegriff und Nomen-Verb-Verbindungen. *Zeitschrift für Sprachwissenschaft 18*(2), 269–304.

Gladrow, W. et al. (1989). *Russisch im Spiegel des Deutschen. Eine Einführung in den russisch-deutschen und deutsch-russischen Sprachvergleich*. Leipzig: VEB.

Glück, H. (Hg.) (1993). *Metzler-Lexikon Sprache*. Stuttgart, Weimar: Metzler.

Grice, H. (1989). *Studies in the Way of Words*. Cambridge: Harvard University Press.

Grice, H. P. (1993). Logik und Konversation. In: G. Meggle (Hg.), *Handlung, Kommunikation, Bedeutung*. Frankfurt am Main: Suhrkamp.

Grimm, S. (2012). *Number and Individuation. PhD dissertation*. Stanford: Stanford University Press.

Grzybek, P. (2008). Semiotik und Phraseologie. In: H. Burger, D. Dobrovol'skij, P. Kühn & N. Norrick (Hgg.), *Phraseologie. Vol. 1*, 188–208. Berlin, Boston: de Gruyter.

Gurevich, O. (2007). Steal Me an Apple: Version in Georgian. In: F. Hoyt et al. (Hgg.), *Texas Linguistic Society IX: The Morphosyntax of Underrepresented Languages*, 125–144. Stanford: CSLI.

Harris, A. C. (1981). *Georgian syntax*. Cambridge: CUP.

Haspelmath, M. (1999). Why is grammaticalization irreversible? *Linguistics 37*(6), 1043–1068.

Haspelmath, M. & A. Sims (2013). *Understanding morphology*. London, New York: Routledge.

Hauser, M. D., N. Chomsky, & T. Fitch (2002). The Faculty of Language: What is It, Who Has it, and How Did It Evolve? *Science 298*(5598), 1569–79.

Hockett, C. (1958). *A Course in Modern Linguistics*. New York: Macmillan.

Horn-Helf, B. (1997). *Kondensation als terminologisches Prinzip im Russischen*. Tübingen: Gunter Narr.

Isačenko, A. (1954). *Grammatičeskij stroj russkogo jazyka v sopostavlenii s slovackim. Morfologija. Čast' pervaja* . Bratislava: izdatel'stvo slovackoj akademii nauk.

Isačenko, A. (1958). K voprosu o strukturnoj tipologii slovarnogo sostava slavjanskich literaturnych jazykov. *Slavia 27*, 334–352.

Isačenko, A. (1968). *Die russische Sprache der Gegenwart. Band I: Formenlehre*. München: Max Hueber.

Jackendoff, R. (2011). What is the human language faculty? Two views. *Language 87*(3), 586–624.

Jakobson, R. (1971). 'Boas' view of grammatical meaning. In: *Roman Jakobson. Selected Writings Vol. II*, 489–496. The Hague: Mouton de Gruyter.

Jakobson, R. (1984). Russian Conjugation (1948). In: L. Waugh & M. Halle (Hgg.), *Roman Jakobson: Russian and Slavic Grammar. Studies 1931-1981*, 15–26. Berlin, New York, Amsterdam: Mouton de Gruyter.

Jasinskaja, K. (2012). Correction by adversative and additive markers. *Lingua 122*(15), 1899–1918.

Jasinskaja, K. & H. Zeevat (2009). Explaining conjunction systems: Russian, English, German. *Proceedings of Sinn und Bedeutung 13*, 231–246.

Kelih, E. (2020). Gebrauchshäufigkeit und Reversibilität von Binomialen (Paarformeln) im Slowenischen. *Wiener Slavistisches Jahrbuch 87*, 104–121.

Keller, R. (2014). *Sprachwandel. 4. Auflage.* Tübingen: A. Francke Verlag.

Kempgen, S. (1999). Morphemik des Russischen. In: H. Jachnow (Hg.), *Handbuch der sprachwissenschaftlichen Russistik und ihrer Grenzdisziplinen*, 87–108. Wiesbaden: Harrassowitz.

Kempgen, S. et al. (Hgg.) (2009). *Die slavischen Sprachen. The Slavic Languages. Ein internationales Handbuch zu ihrer Struktur, ihrer Geschichte und ihrer Erforschung (Handbücher zur Sprach- und Kommunikationswissenschaft, Bd. 32.1). An International Handbook of their Structure, their History and their Investigation (Handbook of Linguistics and Communication Science 32.1).* Berlin: de Gruyter.

Kibrik, A. E. (1992). *Očerki po obščim i prikladnym voprosam jazykoznaija.* Moskva: Izdatel'stvo MGU.

Kirey-Sitnikova, Y. (2021). Prospects and challenges of gender neutralization in Russian. *Russian Linguistics 45*, 143–158.

Klein, W. (1992). Tempus, Aspekt und Zeitadverbien. *Kognitionswissenschaft 20*, 107–118.

Klein, W. (1994). *Time in Language.* London and New York: Routledge.

Krifka, M. (2013). Response particles as propositional anaphors. *Proceedings of SALT 23*, 1–18.

Krifka, M. & R. Musan (2012). Information structure: Overview and linguistic issues. In: M. Krifka & R. Musan (Hgg.), *The Expression of Information Structure*, 1–44. Berlin: de Gruyter.

Krongauz, M. A. (2006). *Semantika. Zadači, zadanija, testy.* Moskva: Akademija.

Krongauz, M. A. (2018). *Neučebnik po russkomu jazyku. Orfografija. Čast' 1.* Moskva: Klever.

Kustova, G. I. (2011). Padež. In: *Materialy dlja proekta korpusnogo opisanija russkoj grammatiki (http://rusgram.ru). Na pravach rukopisi*. Moskva.

Kuznecova, A. I. & T. F. Efremova (1986). *Slovar' morfem russkogo jazyka. Okolo 52.000 slov*. Moskva: Russkij jazyk.

Langacker, R. W. (1987). *Foundations of Cognitive Grammar. Bd. 1. Theoretical Prerequisites*. Stanford: Stanford University Press.

Langacker, R. W. (1991). *Foundations of Cognitive Grammar. Bd. 2. Descriptive Application*. Stanford: Stanford University Press.

Langacker, R. W. (2008). *Cognitive Grammar: A Basic Introduction*. Oxford: Oxford University Press.

Lehfeldt, W. (1993). *Einführung in die Sprachwissenschaft für Slavisten*. München: Sagner.

Lehmann, C. (2007). *Lexikalisierung und Grammatikalisierung (https://www.christianlehmann.eu/ling/lg_system/grammar/morph_syn/lexikalisierung_grammatikalisierung.php), 20.06.2019*. Erfurt.

Lehmann, C. (2015 [1982]). *Thoughts on grammaticalization. 3rd edition 2015*. Berlin: Language Science Press.

Lehmann, V. (2013). *Linguistik des Russischen. Grundlagen der formal-funktionalen Beschreibung*. München et al.: Sagner.

Letučij, A. B. (2017). *Predikativ. Materialy dlja proekta korpusnogo opisanija russkoj grammatiki (http://rusgram.ru). Na pravach rukopisi*. Moskva.

Lieber, R. (2009). A lexical semantic approach to compounding. In: R. Lieber & P. Štekauer (Hgg.), *The Oxford Handbook of Compounding*, 79–104. Oxford: OUP.

Lieber, R. (2016). Compounding in the lexical semantic framework. In: P. ten Hacken (Hg.), *The Semantics of Compounding*, 38–53. Cambridge: CUP.

Liedtke, F. (2016). *Moderne Pragmatik. Grundbegriffe und Methoden*. Tübingen: Narr.

Link, G. (1983). Link, Godehard. 1983.The logical analysis of plurals and mass terms: A lattice-theoretical approach. In: R. Bäuerle, C. Schwarze & A. von Stechow (Hgg.), *Meaning, use, and interpretation of language*. Berlin: de Gruyter.

Löbner, S. (2015). *Semantik. Eine Einführung. 2. Auflage*. Berlin, Boston: de Gruyter.

Lopatin, V. V. (1973). *Roždenie slova*. Moskva: Nauka.

Lopatin, V. V. & I. S. Uluchanov (2005). Russkij jazyk. In: A. M. Moldovan et al. (Hgg.), *Jazyki mira. Slavjanskie jazyki*, 444–513. Moskva: Academia.

Maienborn, C. (2011). Event semantics. In: C. Maienborn, K. von Heusinger & P. Portner (Hgg.), *Semantics. An International Handbook of Natural Language Meaning; Volume 1 (HSK Handbook Series)*, 802–829. Berlin, New York: Mouton de Gruyter.

Maslov, J. S. (1974). Zur Semantik der Perfektivitätsopposition. *Wiener Slavistisches Jahrbuch 20*, 107–122.

Mehlig, H. R. (1999). Die grammatischen Kategorien des Verbs unter funktionalen Gesichtspunkten. In: H. Jachnow (Hg.), *Handbuch der sprachwissenschaftlichen Russistik und ihrer Grenzdisziplinen*. Wiesbaden: Harrassowitz.

Melčuk, I. A. (1997/1998). *Kurs občšej morfologii, tom I-II.* Moskva, Wien: Jazyki russkoj kul'tury (Wiener Slawistischer Almanach, Sonderband 38/2).

Mueller-Reichau, O. (2013). *Sorting the World. On the Relevance of the Kind-/Object-Distinction to Referential Semantics.* Linguistics and Philosophy 4. Berlin, Boston: de Gruyter. [First published 2011, Ontos: Heusenstamm].

Müller, G. (1997). Beschränkungen für Binomialbildung im Deutschen. *Zeitschrift für Sprachwissenschaft 16*, 5–51.

Nunberg, G. (1995). Transfers of Meaning. *Journal of Semantics 12*, 109–132.

Otaina, G. A. (1978). *Kačestvennye glagoly v nivchskom jazyke.* Moskva: Nauka.

Padučeva, E. (1996). *Semantičeskie issledovaniia: Semantika vremeni i vida v russkom iazyke, semantika narrativa.* Moskva: Jazyki russkoj kul'tury.

Padučeva, E. (2002). Diateza i diatetičeskij sdvig. *Russian Linguistics 26*(2), 179–215.

Padučeva, E. (2015). Glagoly byt' i byvat'. Istorija i sovremennost'. In: *Komp'juternaja lingvistika i intellektual'nye technologii: Po materialam ežegodnoj Meždunarodnoj konferencii Dialog (27 - 30 maja 2015 g.)*, Moskva.

Padučeva, E. (2016). *Ukazatel'nye mestoimenija. Materialy dlja proekta korpusnogo opisanija russkoj grammatiki (http://rusgram.ru). Na pravach rukopisi.* Moskva.

Pavlenko, A. & B. Malt (2011). Kitchen Russian: Cross-linguistic differences and first-language object naming by Russian–English bilinguals. *Bilingualism: Language and Cognition 14*(1), 19–45.

Peirce, C. S. (1993). *Phänomen und Logik der Zeichen.* Frankfurt am Main: Suhrkamp.

Pečenyj, A. (2012). *Tvoritel'nyj padež. Materialy dlja proekta korpusnogo opisanija russkoj grammatiki (http://rusgram.ru). Na pravach rukopisi.* Moskva.

Plungjan, V. (2000a). *Obščaja morfologija. Vvedenie v problematiku.* Moskva: URSS.

Plungjan, V. (2011). *Vvedenie v grammatičeskuju semantiku: grammatičeskie značenija i grammatičeskie sistemy jazykov mira.* Moskva: RGGU.

Plungjan, V. A. (2000b). Die Stellung der Morphologie im Sprachsystem. In: G. Booji et al. (Hgg.), *Morphologie/Morphology: ein internationales Handbuch zur Flexion und Wortbildung/An International Handbook on Inflection and Word-Formation* , 22–34. Berlin: de Gruyter.

Priemyševa, M. et al. (2021). *Slovar' russkogo jazyka koronavirusnoj ėpochi.* Sankt-Peterburg: Institut lingvističeskich issledovanij RAN.

Rachilina, E. V. (2000). *Kognitivnyj analiz predmetnych imen. Semantika i sočetaemost'.* Moskva: Russkie slovari.

Rathmeyer, R. (2009). Die Semantik der Partikeln und der so genannten Diskurswörter. In: S. Kempgen et al. (Hgg.), *Die slavischen Sprachen. Ein internationales Handbuch zeitgenössischer Forschung. Band 1* , 889–902. Berlin: de Gruyter.

Rozental', D. E. (2019). *Universal'nyj spravočnik po russkomu jazyku: Orfografija. Punktuacija. Praktičeskaja stilistika.* Moskva: Mir i obrazovanie.

Sannikov, V. (1999). *Russkij jazyk v zerkale jazykovoj igry.* Moskva: Jazyki russkoj kul'tury.

Schlegel, H. et al. (1992). *Kompendium lingvističeskich znanij.* Berlin: Volk und Wissen.

Schlücker, B. & I. Plag (2011). Compound or phrase? Analogy in naming. *Lingua 121*, 1539–1551.

Shannon, C. & W. Weaver (1949). *The mathematical theory of communication.* Urbana: IL University of Illinois Press.

Sičinava, D. (2018). *Predlog. Materialy dlja proekta korpusnogo opisanija russkoj grammatiki (http://rusgram.ru). Na pravach rukopisi.* Moskva.

Spelke, E., K. Breinlinger, J. Macomber, & K. Jacobson (1992). Origins of Knowledge. *Psychological Review 99*(4), 605–632.

Spencer, A. (1991). *Morphological theory: an introduction to word structure in generative grammar.* Oxford, Cambridge: Basil Blackwell.

Spencer, A. (2004). Generalized Paradigm Function Morphology - a synopsis. *York Papers in Linguistics 20*, 93–106.

Sperber, D. & D. Wilson (1986). Relevance: Communication and Cognition (2nd edition 1995).

Stanforth, A. W. (2002). Effects of language contact on the vocabulary: an overview. In: D. A. Cruse et al. (Hgg.), *Lexikologie: ein internationales Handbuch zur Natur und Struktur von Wörtern und Wortschätzen/Lexicology: an international handbook on the nature and structure of words and vocabularies*, 805–813. Berlin, New York: Walter de Gruyter.

Stump, G. T. (2001). *Inflectional Morphology*. Cambridge: CUP.

Švedova, N. et al. (1980). *Russkaja grammatika (= Akademiegrammatik)*. Moskva: Nauka.

Tatevosov, S. (2013). Množestvennaja prefiksacija i ee sledstvija. *Voprosy jazykoznanija 3*, 42–89.

Tauscher, E. & E.-G. Kirschbaum (1958). *Grammatik der russischen Sprache*. Berlin: Volk und Wissen.

Telija, V. N. (1977). Vtoričnaja nominacija i ee vidy. In: B. Serebrennikov & A. Ufinceva (Hgg.), *Jazykovaja nominacija: vidy naimenovanij*, 129–221. Moskva: Nauka.

Tichonov, A. (1996). *Morfemno-orfografičeskij slovar'*. Moskva: Škola-press.

Tomasello, M. (2009). *Die Ursprünge der menschlichen Kommunikation*. Frankfurt am Main: Suhrkamp.

Townsend, C. (1975). *Russian Word Formation*. Cambridge: Slavica.

TrIQ-Projekt (2015). *Inter* & Sprache. Von Angeboren bis Zwitter*. Berlin.

Tschenkéli, K. (1958). *Einführung in die georgische Sprache*. Zürich: Amirami.

Weber, H. (1992). *Dependenzgrammatik. Ein Arbeitsbuch*. Tübingen: Narr.

Weinrich, H. (1988). Über Sprache, Leib und Gedächtnis. In: H. Gumbrecht & K. Pfeiffer (Hgg.), *Materialität der Kommunikation*, 80–93. Frankfurt am Main: Suhrkamp.

Zaliznjak, A. A. (1967). *Russkoe immenoe slovoizmenenie*. Moskva: Nauka.

Zaliznjak, A. A. & A. D. Šmelev (1997). *Lekcii po Russkoj aspektologii*. München: Otto Sager.

Zemskaja, E. A. (1973a). *Russkaja razgovornaja reč'*. Moskva: Nauka.

Zemskaja, E. A. (1973b). *Sovremennyj russkij jazyk. Slovoobrazovanie*. Moskva: Prosveščenie.

Lösungsvorschläge für die Aufgaben

Aufgabe Seite 11: Nein, denn es handelt sich nur scheinbar um eine "sprachliche Botschaft". Vielleicht lässt sich darüber streiten.

Aufgabe Seite 21: Durch die Spielregel "Mindestens eine Sechs" werden die zweiten und dritten Sechser kontextuell irrelevant.

Aufgabe Seite 29: Es gibt viele Beispiele. Am häufigsten wurde im Unterricht russ. *нога* gegenüber dt. *Fuss* oder *Bein* genannt.

Aufgabe Seite 32: Zu (a) und (b): Die Prädikation (b) sagt mehr über Hans aus, weil sie impliziert, dass Hans überdurchschnittlich reich ist (reich genug, sich einen Benz zu leisten). Dieser informative Mehrwert ist "eine Nachricht wert". Zu (c) und (d): Die Art des Autos spielt bei dieser Prädikation keine Rolle im Sinne von liefert keine besondere Zusatzinformation über Peter. Man vergleiche aber *Peter wurde von einem SUV überfahren.* Dieser Satz ist informativer als (c), weil er eine kommunikationswerte Zusatznachricht enthält: Peter wurde ein weiteres Opfer dieser Monsterautos.

Aufgabe Seite 34: *много* ist ein quantifizierender Ausdruck, der aus einer als gegeben unterstellten Menge mehr als 50% (vielleicht auch mehr als 60% oder 70%, darauf kommt es hier nicht an) auswählt. Die Art der Dinge in der unterstellten Quantifikationsdomäne liefert der nominale Ausdruck im Kasus Genitiv. Damit *много* wie beschrieben funktioniert, muss dieser logischerweise im Plural stehen. Zumindest bei zählbaren Nomina. In Verbindung mit Stoffnamen ist der Singular gefragt: *много молока, много снега, ...*

Aufgabe Seite 36: Das liegt an der Genuskategorie. "Lexemrelevant" sind für Nomina aufgrund ihres lexikalisch fixierten Genuswertes (im Falle von *книга* ist dieser Feminin) nur ein Drittel der 36 möglichen Kombinationen.

Aufgabe Seite 41: *годов*. Die Beispielsuche überlasse ich Ihnen.

Aufgabe Seite 46: *učitel'nicami*: Nomen; Instrumental, Plural, Feminin, Belebt; 'Lehrerin'.

Aufgabe Seite 52: Hier möchte ich Ihrer Fantasie freien Lauf lassen.

Aufgabe Seite 54: Ähnlich adversativ wie in (8b): "Aber nein!"

Aufgabe Seite 59: Die Aussage ist mit (a) und (b) nur vereinbar, wenn man an der sprachlichen Oberfläche unsichtbare Hilfsverben annimmt (sog. Nullformen).

Aufgabe Seite 62: Nach meinem Dafürhalten: (a) Eigennname, (b) Gattungsname, (c) Eigenname oder Gattungsname, (d) Gattungsname, (e) Eigenname oder Gattungsname, (f) Eigenname (Person) oder Gattungsname (Auto), (g) Eigenname (Person), Eigenname (Firma) oder Gattungsname (Restaurant), (h) Eigenname (Metall) oder Gattungsname (Vorkommen des Metalls), (i) Eigenname, (j) Eigenname oder Gattungsname (Titel), (k) Eigenname oder Gattungsname.

Aufgabe Seite 65: Um zur Suchmaschine zu gelangen, müssen Sie auf der Startseite des NKRJa den Link поиск в корпусе finden und anklicken. Dann widmen Sie sich der zweiten Suchmaske (Лексико-грамматический поиск). Im ersten Feld слово tragen Sie "*карий*" ein, im zweiten Feld слово dann "*глаз*". Die Расстояние lassen Sie so eingestellt, wie sie ist. Dann starten Sie die Suche durch Drücken des искать-Knopfes. Am 10.11.21 habe ich 1.180 Kookkurrenzen ermittelt.

Aufgabe Seite 67: Verschiedene Sorten Eis werden nicht anhand der Farbdimension unterschieden, sondern anhand der Geschmacksdimension. Deswegen heißt "braunes Eis" *шоколадное мороженое.*

Aufgabe Seite 72: Das Problem besteht nur scheinbar. Sucht man nach einer Verbform, die durch das Adverb *по-турецки* modifiziert werden kann, findet man im Satz nur *любит*, welches inhaltlich nicht in Frage kommt (was soll "auf türkisch lieben" bedeuten?). Dass der Satz trotzdem funktioniert liegt daran, dass ein Adverb gar nicht wirklich eine Verbform benötigt, sondern eine passende Verb*bedeutung*. Eine solche ist im gegebenen Fall inferierbar: Alain Delon mag Kaffee, der auf türkische Art *zubereitet* worden ist.

Aufgabe Seite 75: Eine "Entität" ist eine ontologische Einheit, also eine Einheit der außersprachlichen Welt. "Feminin" ist dagegen eine Eigenschaft von sprachlichen Einheiten. Nicht die bezeichnete Entität ist also feminin, sondern das Nomen, mit dem die Entität bezeichnet wird.

Aufgabe Seite 76: Das gesuchte Antezendens ist *статьи*, die Genitiv Singular Form des Lexems СТАТЬЯ.

Aufgabe Seite 78: Das Manöver scheint nur zu funktionieren, wenn die Präposition am Satzende im Fokus steht. "Im Fokus stehen" bedeutet, dass die Bedeutung der Präposition eine Bedeutung aus einem Pool von Bedeutungsalternativen ist, die im Gesprächsakt zur Wahl stehen (vgl. Krifka & Musan 2012). Kontexte, in denen diese Bedingung erfüllt ist, liegen für *против* (Alternative: *за*) und *без* (Alternative: *с*) auf der Hand. Für die anderen Präpositionen sind passende Kontexte schwierig bis unmöglich zu finden.

Aufgabe Seite 81: Nach Krongauz (2006:177) muss man eine Liste von Orten, die mit *на* zusammengehen (wie *на стадион*) als Ausnahmen auswendig lernen. Die von einer Studentin vorgeschlagene Regel, wonach die Präposition *в* nur mit solchen Nomina zusammengeht, die Orte bezeichnen, die prototypischerweise überdacht sind, scheint mir aber bedenkenswert.

Aufgabe Seite 87: Ungefähr so: (a) Ivan ist doch weggefahren, wusstest du das nicht?; (b) Ivan ist, wer hätte es gedacht, trotz allem weggefahren; (c) Ivan ist überraschenderweise weggefahren; (d) Ivan ist letztendlich weggefahren; (e) Ivan ist weggefahren, nimm dir ein Beispiel an ihm; (f) Ivan ist leider schon weggefahren; (g) Ivan ist weggefahren, wie zu erwarten war.

Aufgabe Seite 108: In den Varianten *моч* (*моч*), *мог* (z.B. *могу*) und *мож* (z.B. *можешь*). Außerhalb des Verb erscheint es zudem noch in der Variante *мощ* (z.B. *мощный*) (s. Kuznecova & Efremova 1986).

Aufgabe Seite 110: Die Wurzel mit der Bedeutung 'bau-' ist nicht *стро*, sondern *строj*.

Aufgabe Seite 113: Weil das Genus eine klassifizierende grammatische Kategorie ist (s. Kapitel 9). Das bedeutet, dass der Wortstamm Träger der Genusinformation ist. Das Morphem *-a* gehört aber nicht zum Stamm. Nur indirekt signalisiert *-a* insofern feminines Genus, als dass dieses Morphem als Endung im Nominativ Singular von femininen Nomina "aufgerufen" wird (man denke aber an Maskulina wie *дедушка*).

Aufgabe Seite 115: Es sind Vertreter dreier Wortfamilien versammelt (ich gebe als Übersetzung hier nur die Lexembedeutungen grob an). Familie 1, Wurzelmorphem *vod-* ('Wasser'): (a) Wasser; (b) Überflutung; (d) Vodka; (g) Wasser-; (l) Untersee-, (m) Wassermann. Familie 2, Wurzelmorphem *vod-* ('führen'): (c) Fahrer; (e) führen, steuern; (f) übersetzen; (h) hinführen; (j) Kajalstift; (k) Aufzieh-. Familie 3, Wurzelmorphem *dvor-* ('Hof'): (i) Ansiedelung.

Aufgabe Seite 118: *uč-i-tel'-nic-ami*; *uč* = Wurzelmorphem, *i* = lexikalisches Suffix, *tel'* = lexikalisches Suffix, *nic* = lexikalisches Suffix, *ami* = grammatisches Suffix (vgl. Aufgabe Seite 46).

Aufgabe Seite 122: Erste Annäherung: Folgt auf *o* ein Vokal, dann *ob* (b). Folgen auf *o* zwei Konsonanten, dann *obo* (c). Folgen auf *s* zwei Konsonanten, dann *so*. Ansonsten *o* und *s*. Das kann aber nicht die ganze Geschichte sein, vgl. z.B. *o Prage* ('über Prag') oder *s trudom* ('mit Schwierigkeiten'). Die Art der Konsonanten spielt eine Rolle: mehrere hintereinander sind erlaubt, wenn Silbenanfänge entstehen, in denen die Sonorität (Schallfülle) der Konsonanten linear zunimmt. Das ist bei der Kombination *mn* nicht der Fall, bei *pr* und *str* aber schon.

Aufgabe Seite 130: Die folgenden Tests zeigen, welche Formen minimal autonom sind, zu erkennen am "✓": (i) *Кто читает?* – ✓*Студент.* (ii) *Что студент читает?* – ✓*Книгу.* (iii) *Чью книгу студент читает?* – ?*Профессора.* (✓*Книгу профессора.*) (iv) *Чью книгу студент читает?* – ?*Снайдера.* (✓*Книгу Снайдера.*) [Vergleiche aber: *Кого студент ненавидит?* – ✓*Профессора.*] (v) *Где студент читает книгу?* – **Библиотеке.* (✓*В библиотеке.*) Dass die Form *библиотеке* schwach autonom (= abtrennbar) ist zeigt z.B.: *Студент читает книгу в городской библиотеке.*

Aufgabe Seite 135: (a) Proklitikum, (b) Proklitikum, (c) Enklitikum, (d) Enklitikum.

Aufgabe Seite 137: *не X* wird getrennt geschrieben, wenn die Bedeutung von *X* im Kontext eine denkbare Alternative zu der Bedeutung von *не X* ist. Wenn *неX* zusammen geschrieben wird, steht die Bedeutung von *X* als Alternative nicht zur Debatte.

Aufgabe Seite 138: Kraft seiner Semantik signalisiert das Enklitikum *ли*, dass die Bedeutung des Wortes davor und die Negation dieser Bedeutung als mögliche Alternativen im Raum stehen. Das motiviert die Getrenntschreibung von *не* (vgl. Aufgabe Seite 137).

Aufgabe Seite 149: Die Beispielsuche überlasse ich Ihnen. Als weiteres Motiv für Neuprägungen kommt vielleicht der Wunsch nach Euphemismen in Frage (wie in der Aufgabe auf Seite 180). Allerdings könnte man sprachliches Schönfärben wohl auch als eine Operation auf dem Parameter Prestige verstehen.

Aufgabe Seite 153: Ihre Fantasie ist gefragt.

Aufgabe Seite 154: Nichts spricht dagegen, soweit ich sehe (korrigieren Sie mich bitte, wenn ich Unrecht habe).

Aufgabe Seite 159: Wäre das Wort *коронавирус* aus den Wurzeln *корон* und *вирус* komponiert, so müsste es *короновирус* lauten. Deswegen ist die Annahme plausibler, dass das Wort *coronavirus* aus der internationalen medizinischen Fachsprache (die lateinische Termini benutzt) materialentlehnt und im Ganzen als neuer Stamm ins russische Lexikon integriert wurde.

Aufgabe Seite 163: (a) Der Junge wusch sich lange [Patiens]; (b) Sie umarmten sich und weinten [Patiens]; (c) Das Haus wurde von einem berühmten Architekten gebaut [Agens]; (d) Das Buch liest sich in einem Zug [Agens]; (e) Die Tür schloss sich [Agens]; (f) Der Hund beißt nicht [Patiens]; (g) Sie lächelt [–].

Aufgabe Seite 169: Die Definition bestimmt exakt das als Konversion, was Lehmann als "paradigmatische Derivation" bezeichnet. Solche terminologischen Widersprüchlichkeiten begegnen Ihnen in der linguistischen Literatur auf Schritt und Tritt.

Aufgabe Seite 171: Weitersuchen!

Aufgabe Seite 172: Das Wort *лесостепь* erbt seinen Genuswert 'feminin' von *степь* (*лес* ist maskulin). Es heißt also *байкальская лесостепь* und nicht etwa **байкальский лесостепь*.

Aufgabe Seite 184: Hausmeister.

Aufgabe Seite 185: Nach Tichonov (1996) besteht der Stamm dieser Adjektivformen nur aus jeweils einem Morphem, регулярн bzw. популярн. Folgen Sie dem Link https://corpora.uni-leipzig.de/de?corpusId=rus_mixed_2013 und geben Sie als Suchanfrage "*лярное" ein. Auf diese Weise ermitteln Sie eine umfangreiche Liste von Wörtern wie биполярное, модулярное oder молекулярное.

Aufgabe Seite 208(1): Denkt man länger nach, so stößt man auf viele Dinge, die man sich nicht hinter die Ohren schreiben, wohl aber einprägen kann (Gefühle, Bilder, Melodien, ...). Deswegen funktioniert "Präg dir das Gitarrensolo ein", aber schwerlich "Schreib dir das Gitarrensolo hinter die Ohren".

Aufgabe Seite 208(2): Auf den ersten Blick scheint die Silbenanzahl entscheidend zu sein: das wenigersilbige Wort kommt zuerst. Tatsächlich ist die Sache aber deutlich komplizierter, zumindest für das Deutsche (vgl. z.B. *Leben und Tod*). Faktoren, die die Abfolge mitbestimmen, sind 'Wichtigeres vor Unwichtigerem' sowie für die betreffende Sprache geltende Regeln des Wortakzents, dem Zwillingsformeln unterliegen. Eine detailierte Analyse für das Deutsche bietet Müller (1997), der abweichend von unserer Praxis Zwillingsformeln als Binominale bezeichnet.

Aufgabe Seite 211: (a) Neutrum, Typ 2; (b) Femininum, Typ 2; (c) Femininum, Typ 2; (d) Maskulinum, Typ 2; (e) Femininum, Typ 2.

Aufgabe Seite 220: (a) *демократия* + *дерьмо* ('Scheiße'); (b) *приватизация* + *прихватить* ('mitnehmen, stehlen'); (c) *либерал* + *педераст*.

Aufgabe Seite 221: Die Lautketten, deren Ähnlichkeit für das Blendingverfahren ausgenutzt wird, sind: (a) *na* ↔ *neo*; (c) *id* ↔ *id*; (d) *kovi* ↔ *kani*; (e) *kovid* ↔ *solid*; (f) *zum* ↔ *zom*; (g) *korona* ↔ *kosmona*; (h) *mie* ↔ *mü*. Beispiel (b) ist insofern besonders, als dass hier kein Blend im strengen Sinne vorliegt. Stattdessen wird der erste Teil eines Wortes (*info*) mit dem zweiten Teil eines anderen Wortes (*demija*) verbunden.

Aufgabe Seite 222: (a) *лев* + *тигр*; (b) *ягуар* + *леопард*; (c) *зебра* + *осёл*; (d) *лабрадор* + *пудль*; (e) *белуга* + *стерлядь*. Zu (f): Ein Kama ist sprachlich wie biologisch eine Kreuzung aus Kamel und Lama. Da Kamel auf Russisch *верблюд* heißt, muss der Name bereits als Blend entlehnt worden sein.

Aufgabe Seite 226: *смартфон, фейсбук, ноутбук, процессор, велосипед, мерседес, порше, преподаватель, конференция*.

Aufgabe Seite 236: Eine perfektive Verbform knüpft an ihre Verwendung die Bedingung, dass das vom Verb beschriebene Ereignis zu der Zeit, über die die Aussage gemacht wird, vollendet vorliegt (3a, iii). Das Ereignis muss also *zuvor* abgeschlossen worden sein. Die Präsensbedeutung ist dadurch gekennzeichnet, dass die Zeit, über die die Aussage gemacht wird, mit der Sprechzeit zusammenfällt. Kombiniert man beide Bedingungen, so folgt, dass das Ereignis in der Vergangenheit liegen muss. Für diesen Fall ist aber die morphologische Vergangenheitsform (auf *-л, -ла, -ло, ли*) zuständig. Deswegen kann die morphologische Präsensform nicht in Präsensbedeutung (= als semantisches Präsens) interpretiert werden, wenn das Verb perfektiv ist. Sie kann aber als semantisches Futur interpretiert werden, denn eine morphologische Futurform gibt es (für perfektive Verben) nicht.

Aufgabe Seite 240 Nach Doleschal (2004:35) ist *врач* lexikalisch eindeutig für den Wert 'maskulin' spezifiziert, löst jedoch in diesem Fall eine von der Spezifikation abweichende Genuskongruenz aus. Demnach stimmt es *nicht*, dass man an der Kongruenz des Verbs das Genus der Subjekt-NP ablesen kann (vgl. Aufgabe Seite 262).

Aufgabe Seite 242: (a) Infinitivstamm; (b) Infinitivstamm; (c) Präsensstamm; (d) Präsensstamm; (e) Infinitivstamm; (f) Infinitivstamm.

Aufgabe Seite 243: Wie schon verraten kommen in der Liste perfektive und imperfektive Verben vor. *брать* (5) ist das Imperfektivum in der Bedeutung 'nehmen', *взять* (16) das Perfektivum derselben Bedeutung. Ansonsten: Imperfektiva: 1, 2, 3, 4, 7, 9, 10, 13, 20, 24, 25, 26; Perfektiva: 6, 8, 11, 12, 14, 15, 17, 18, 19, 21, 22, 23, 27, 28.

Aufgabe Seite 252: Möglicherweise so: Der Adressat (X) hat bewirkt, dass er selbst

(X=Y) zum Gegenstand einer Google-Anfrage wurde.

Aufgabe Seite 256: Das ist ganz einfach: Malen Sie mit einem Edding eine Lokomotive auf eine Birne und ein Fahrrad auf einen Apfel und sagen Sie dann "*Дайте мне, пожалуйста, велосипед!*"

Aufgabe Seite 257: Der Plural *любовей* bezeichnet Liebesbeziehungen (gleichzeitige Liebe zu verschiedenen Personen).

Aufgabe Seite 261: Das recherchieren Sie bitte selber.

Aufgabe Seite 262: Eine empirische Aufgabe. Ich bin gespannt, was Sie herausfinden.

Aufgabe Seite 263: In diesem Fall ist das Geschlecht (Sexus) relevant, deswegen greift Regel (7b), als Genuswert wird 'feminin' zugewiesen, vgl. (15).

Aufgabe Seite 270: Eine einfach Google-Anfrage zeigt, dass (b) wesentlich häufiger ist.

Aufgabe Seite 272: Satz (c) ist ungrammatisch. In (a) liebt der Vater den Sohn und in (b) der Sohn den Vater. Satz (d) wird normalerweise so verstanden, dass die Mutter die Tochter liebt, erlaubt in besonderen Kontexten mit besonderer Betonung aber auch die gegenteilige Interpretation.

Aufgabe Seite 279: Hier ist nochmal Ihre Kreativität gefragt.